上海对外经贸大学
法学文库

跨境电子商务在线纠纷解决
国际立法及中国的应对研究

唐琼琼／著

法律出版社
LAW PRESS · CHINA
北京

图书在版编目(CIP)数据

跨境电子商务在线纠纷解决国际立法及中国的应对研究／唐琼琼著. -- 北京：法律出版社，2022
ISBN 978-7-5197-7461-5

Ⅰ. ①跨… Ⅱ. ①唐… Ⅲ. ①电子商务－国际法－立法－研究②电子商务－法规－研究－中国 Ⅳ. ①D996.1②D922.294.4

中国版本图书馆CIP数据核字(2022)第254729号

跨境电子商务在线纠纷解决国际立法及中国的应对研究
KUAJING DIANZI SHANGWU ZAIXIAN JIUFEN JIEJUE GUOJI LIFA JI ZHONGGUO DE YINGDUI YANJIU

唐琼琼 著

策划编辑 沈小英
责任编辑 刘晓萌
装帧设计 臧晓飞

出版发行 法律出版社
编辑统筹 法治与经济出版分社
责任校对 王 丰
责任印制 吕亚莉
经　　销 新华书店

开本 710毫米×1000毫米 1/16
印张 16　**字数** 306千
版本 2022年12月第1版
印次 2022年12月第1次印刷
印刷 北京虎彩文化传播有限公司

地址：北京市丰台区莲花池西里7号(100073)
网址：www.lawpress.com.cn
投稿邮箱：info@lawpress.com.cn
举报盗版邮箱：jbwq@lawpress.com.cn
销售电话：010-83938349
客服电话：010-83938350
咨询电话：010-63939796

书号：ISBN 978-7-5197-7461-5
定价：88.00元
凡购买本社图书，如有印装错误，我社负责退换。电话：010-83938349

总　序

“上海对外经贸大学法学文库”(以下简称“上外贸法学文库”)是上海对外经贸大学法学院科研成果的集体呈现,其目的不仅是提升上海对外经贸大学法学院的科研水平,促进法学各学科的发展,而且希望为加快我国法治建设和促进法学研究的繁荣作出贡献。

上海对外经贸大学法学院的前身是原对外经贸部(现商务部)直属高校上海对外贸易学院的国际经济法系,于1984年由全国人大常委会法制工作委员会原副主任、我国著名法学家、上海对外贸易学院名誉院长裘劭恒教授奠基,是教育部批准设立的第一批国际经济法学系。1985年开始招收国际经济法专业硕士研究生,是上海最早招收国际经济法专业硕士研究生的法律院系之一,也是最早承担全国涉外律师培训的基地之一(华东涉外律师培训中心),具有深厚的法学教育传统。1995年其改制成立法学院,是上海最早设立的法学院之一,我国中青年法学家,上海市政协副主席、民建主委,原上海对外贸易学院副院长周汉民教授担任首任院长(现为名誉院长)。

上海对外经贸大学法学院由其前身国际经济法系发展为法学学科门类较为齐全的法学院的过程,正是我国国内法治建设不断发展完善的过程,也是我国不断深化对外开放、加强涉外法治体系建设的过程。党的十八大以来,习近平总书记高度重视全面依法治国,用“十一个坚持”系统阐述了新时代推进全面依法治国的重要思想和战略部署，深刻回答了我国社会主义法治建设一系列重大理论和实践问题，形成了内涵丰富、论述深刻、逻辑严密、系统完备的习近平法治思想。在当今世界正经历百年未有之大变局背景下，习近平总书记进一步强调，改革开放越深入越要强调法治，需要坚持统筹推进国内法治和涉外法治。“上外贸法学文库”是新时代上海对外经贸大学法学院中青年教师对国内法治、涉外法治的思考与研究成果的集中展示，我们将以此为中国特色社会主义法治建设添砖加瓦。

是为序。

上海对外经贸大学法学院院长

2021 年 7 月 10 日

Contents

目录

引　言 …… 1

一、跨境电子商务纠纷的现状及解决困境 …… 1

二、ODR 的概念及其在跨境电子商务纠纷解决方面的潜力 …… 3

三、ODR 解决跨境电子商务纠纷的现实障碍 …… 4

第一章　跨境电子商务 ODR 国际立法的现状 …… 7

第一节　美洲国家组织的 ODR 立法 …… 7

一、立法背景 …… 7

二、美洲 ODR 制度框架的主要内容 …… 8

第二节　欧盟的 ODR 立法 …… 9

一、立法背景及立法概况 …… 10

二、《欧盟 ADR 指令》的基本内容 …… 12

三、《欧盟 ODR 条例》的基本内容 …… 17

四、立法及其实施的成效及不足 …… 21

第三节　亚太经合组织的 ODR 立法 …… 30

一、立法背景 …… 30

二、《ODR 协作框架》的主要内容 …… 31

第四节　UNCITRAL 的 ODR 立法 …… 33

一、立法过程中讨论的重点和难点问题 …… 33

二、立法成果的性质 …… 40

三、立法成果的主要内容 …… 43
四、立法成果的成就及不足 …… 47

第二章 实体问题的法律适用 …… 49
第一节 ODR 国际立法的相关规则以及立法讨论 …… 49
一、现有规则及相关讨论概述 …… 49
二、各国际组织在实体问题法律适用上的分歧 …… 51
三、在跨境 ODR 程序中适用贸易惯例的可行性 …… 52
第二节 欧盟《货物销售合同指令》…… 59
一、《货物销售合同指令》的立法背景 …… 60
二、《货物销售合同指令》的主要内容及创新 …… 63
第三节 欧盟《数字合同指令》…… 74
一、《数字合同指令》的立法背景 …… 74
二、《数字合同指令》的主要内容 …… 75
三、《数字合同指令》的特点和创新 …… 81

第三章 ODR 结果的执行机制 …… 86
第一节 依据《纽约公约》执行 ODR 裁决的可能及限制 …… 86
一、当事人选择 ODR 解决纠纷的约定是否属于《纽约公约》意义上的仲裁协议 …… 87
二、《纽约公约》对仲裁协议的书面要求能否得到满足 …… 88
三、ODR 裁决是否为《纽约公约》意义上的仲裁裁决 …… 89
四、如何认定 ODR 的仲裁地 …… 91
五、结论 …… 92
第二节 依据《新加坡调解公约》执行 ODR 调解协议的可能及限制 …… 93
一、《新加坡调解公约》的适用范围 …… 94
二、《新加坡调解公约》成员的基本义务 …… 97
三、《新加坡调解公约》对依赖和解协议的要求 …… 98
四、拒绝准予救济的理由 …… 99
五、结论 …… 102
第三节 私人执行机制 …… 103

一、产生履行激励作用的机制 …………………………………… 103
二、自动执行 ODR 结果的机制 ………………………………… 111

第四章 构建 ODR 平台的理论与实践 ……………………………… 116
第一节 ODR 平台的制度设计 …………………………………… 116
一、ODR 平台如何获得对特定纠纷的管辖权………………… 116
二、ODR 平台如何获取资金………………………………………… 122
三、如何有效地规制 ODR 平台 ………………………………… 127
四、纠纷解决应秉持何种理念 …………………………………… 131
五、如何架构 ODR 平台的程序 ………………………………… 135
六、如何确保 ODR 的可及性 …………………………………… 137
第二节 市场化运营的 ODR 平台 ………………………………… 138
一、ICDR 的 ODR 平台 ………………………………………… 138
二、ARS 的 ODR 平台 ………………………………………… 141
第三节 行业协会支持的 ODR 平台 ……………………………… 144
一、法国保险调解 ………………………………………………… 144
二、德国公共客运调解协会 ……………………………………… 147
三、荷兰消费者投诉局基金 ……………………………………… 152
第四节 公共资金支持的 ODR 平台 ……………………………… 157
一、法国国家能源调解员 ………………………………………… 157
二、英国地方政府与社会护理监察员 …………………………… 160

第五章 我国发展跨境电子商务 ODR 的策略选择…………………… 165
第一节 跨境电子商务 B2B 纠纷 ODR 的发展路径 ……………… 165
一、我国在线仲裁的现状及问题 ………………………………… 166
二、我国在线调解的现状及问题 ………………………………… 169
三、推动 ODR 解决跨境电商 B2B 纠纷的制度和措施 ………… 173
第二节 跨境电子商务 B2C 纠纷 ODR 的发展路径 ……………… 178
一、我国跨境电商 B2C 纠纷解决的现状 ……………………… 179
二、推动 ODR 解决跨境电商 B2C 纠纷的思路和措施 ………… 182

附 录 …………………………………………………………………… 186
电子解决跨境电子商务消费者纠纷的[示范法/合作框架]草案……… 186
亚太经合组织关于跨境 B2B 纠纷《ODR 协作框架》的示范程序规则 …………………………………………………………… 195
欧洲议会及欧盟理事会 2013 年 5 月 21 日关于消费者纠纷替代性纠纷解决及修订(EC)2006/2004 号条例和 2009/22/EC 号指令的 2013/11/EU 号指令 ……………………………………………… 202
欧洲议会及欧盟理事会 2013 年 5 月 21 日关于消费者纠纷在线纠纷解决及修订(EC)2006/2004 号条例和 2009/22/EC 号指令的(EU)524/2013 号条例 ………………………………………… 216

参考文献 ………………………………………………………………… 232

引　言

近年来,我国跨境电子商务发展迅猛。根据海关统计数据,2020 年中国跨境电商进出口 1.69 万亿元。[①]在跨境电子商务快速发展的同时,相关纠纷也不可避免地发生。

一、跨境电子商务纠纷的现状及解决困境

跨境电子商务的交易类型包括 B2B(商家对商家)、B2C(商家对消费者)和 C2C(消费者对消费者),前两类的交易数量以及交易总金额均非常可观。跨境电子商务的纠纷类型主要是合同纠纷和侵权纠纷。前者主要由产品本身的质量瑕疵、售前误导性描述、物流不畅、报关清关遇阻等原因引起;后者主要由知识产权侵权、产品造成消费者人身和财产伤害等引起。

跨国诉讼和国际仲裁是解决国际贸易纠纷的传统途径,两者均不宜用来解决中、小额跨境电子商务纠纷。根据最高人民法院公布的"网络购物合同纠纷司法大数据",2015～2017 年的网络购物合同纠纷以自然人原告诉法人被告为主:原告共 2.51 万人,其中自然人原告占比 99.20%;被告共 3.37 万人,其中法人被告占比 84.56%;网络购物合同纠纷案件的结案方式以撤诉为

① 参见《出口增长四成　中国跨境电商规模创历史新高》,载中国政府网,http://www.gov.cn/shuju/2021-02/22/content_5588149.htm。

主，撤诉占比53.35%、判决占比27.05%、按撤诉处理占比7.98%、调解占比5.90%。由此可见，我国法院受理的网络合同纠纷案件以B2C合同纠纷为主，且此类纠纷的多数最终并未通过诉讼这一方式予以解决。① 虽然这组数据未区分纯国内纠纷与涉外纠纷，但足以反映诉讼这一方式应对电子商务合同纠纷的力不从心。跨国诉讼因涉及多个国家的管辖权协调、外国法律的查明和适用、外国判决的承认和执行等环节，导致其成本高、耗时长、纠纷解决结果的不确定性强，更难用于解决中小额跨境电子商务纠纷。

国际仲裁需以纠纷双方达成仲裁协议为前提，且费用较高，也不宜用于处理中小额跨境电子商务纠纷。2020年，全国259家仲裁委员会共受理案件400,711件，61家仲裁委员会受理涉港澳台和涉外案件共计2180件，②跨境案件的比例并不算高。我国仲裁机构每年受理的国际仲裁案件数量虽不算多，但涉案金额总体偏高。例如，上海仲裁委员会2021年共计收案6017件（含国内和涉外案件），争议总金额350.34亿元，案件平均争议金额超过500万元。③ 可见，国际仲裁在解决中小额跨境电子商务纠纷方面的作用亦非常有限。

以阿里巴巴、亚马逊为首的跨境电商第三方交易平台开发了内部的纠纷解决系统，④但此类系统不足以应对所有的跨境电商纠纷。第一，此类纠纷数量众多，使平台无法全部自我消化。第二，纠纷当事人对平台自建系统的独立性和公正性存疑，甚至因平台在交易缔结过程中的媒介作用，平台自身时常成为被告。例如，前文提及的"网络购物合同纠纷司法大数据"显示，在被告为法人的网络购物合同纠纷案件中，阿里巴巴旗下公司的案件量占比高达17.92%。第三，未通过跨境电商第三方交易平台，而是通过公司自建网站、手机应用程序等渠道所达成的跨境电子商务交易，无法利用第三方交易平台的内部纠纷解决系统解决纠纷，只能考虑跨国诉讼或国际仲裁。

总体而言，跨国诉讼、国际仲裁、跨境电商第三方交易平台的内部纠纷解决

---

① 参见《网络购物合同纠纷司法大数据解读》，载中国法院网2018年3月29日，https://www.chinacourt.org/article/detail/2018/03/id/3252255.shtml。

② 参见中国国际经济贸易仲裁委员会主编：《中国国际商事仲裁年度报告2020—2021》，法律出版社2021年版，第1、7页。

③ 参见《数据统计》，载上海仲裁委员会网，http://www.accsh.org/index.php? m=content&c=index&a=lists&catid=42&menu=6-42-。

④ 参见周翔：《描述与解释：淘宝纠纷解决机制——ODR的中国经验观察》，载《上海交通大学学报（哲学社会科学版）》2021年第4期。

系统无法全面、有效地应对跨境电子商务纠纷，特别是中小额纠纷。

二、ODR的概念及其在跨境电子商务纠纷解决方面的潜力

20世纪90年代，在线纠纷解决(online dispute resolution, ODR)诞生于美国。根据联合国国际贸易法委员会(United Nations Commission on International Trade Law, UNCITRAL)制定的《关于网上争议解决的技术指引》，ODR是"借助电子通信以及其他信息和通信技术解决争议的一种机制"，它可以由不同的程序管理人以不同的方式执行，①并且必须有一个基于技术的中间环节——网上解决平台(以下简称ODR平台)，即"一套以确保数据安全的方式生成、发送、接收、存储、交换或以其他手段处理通信的系统"。

与ODR相仿的一个概念是ADR(alternative dispute resolution, ADR)。ODR与ADR的相同之处在于：两者都是综合运用谈判、调解、仲裁等多种诉讼外纠纷解决手段，尝试解决当事人之间的纠纷。两者的区别在于，ODR是ADR的在线形式，或者说，ODR是ADR的在线化。ODR自诞生时起即因其便利性和经济性受到广泛欢迎，发展迅猛。截至2000年年底，仅美国就有ODR服务提供者25家。②

ODR特别适用于解决电子商务纠纷，尤其是跨境电子商务纠纷。一方面，ODR较传统的纠纷解决方式更能适应电子商务合同的特点。电子商务合同一般依托计算机、移动终端以及互联网订立，其合同订立及生效的时间和地点可能有别于传统合同，其合同载体及履行方式也有别于传统合同，③电子商务合同的订立主体在便捷和效率的需求总体上高于纸质合同的使用者，这些特点导致传统的纠纷解决方式在解决电子商务合同纠纷时可能力不从心。然而，ODR的特性恰恰与电子商务合同的特点相匹配。ODR强调依托网上解决平台、使用电子通信以及其他信息技术，因此在便捷和效率方面有着突出的优势，如在线提交申请书、电子证据等材料可以大大节约时间。另一方面，ODR融合谈判、调解等多种诉讼外纠纷解决手段于一体，不必机械地套用国际私法传统规则，更具有灵活性，有助于促成纠纷的妥善解决。例如，谈判、调解等程序回避了管辖权和法律适用这两个国际私法难题，ODR特有的执行机制也可以部分

---

① "程序"包括但不限于监察员、投诉局、谈判、调解、调停、协助下调解、仲裁及其他。

② 参见刘满达：《论争议的在线解决》，载《法学》2002年第8期。

③ 参见肖永平、谢新胜：《ODR：解决电子商务争议的新模式》，载《中国法学》2003年第6期。

回避司法判决和仲裁裁决的跨境执行问题。

总而言之,ODR 在解决跨境电子商务纠纷方面有着传统纠纷解决方式所不具备的特殊优势,具有很大的发展潜力。

三、ODR 解决跨境电子商务纠纷的现实障碍

作为一种有潜力的新型纠纷解决方式,ODR 为跨境电子商务纠纷的当事人提供了更有效的选择。然而,在实际运用 ODR 解决跨境电子商务纠纷的过程中,一系列现实障碍随之出现。

第一,网上解决平台的管辖权存在不确定性。无论是谈判、调解还是仲裁,其基础都是当事人的合意,因此 ODR 的管辖权源自当事人的同意。这种同意往往表现为合同当事人在纠纷前解决协议(pre-dispute resolution agreement)中约定,将当事人之间未来产生的纠纷提交给某个特定的网上解决平台处理。实践中,纠纷解决条款一般体现在商家所提供的"用户协议"或者其他点击许可协议中,为了完成交易,即便不情愿,买方也不得不点击同意此协议。对于这类事前的纠纷解决约定,买方事实上没有真正的谈判权和选择权,要么被迫接受该条款,要么放弃本次交易机会,其意思表示无法实现真正的自由。为此,一些地区或国家通过立法明确此类协议对消费者无约束力。例如,欧盟一些成员国的国内法规定消费者的诉权是不容放弃的,欧盟因此制定了若干规则与指令,防止事前的纠纷解决约定剥夺消费者将纠纷诉诸法院的权利。① 日本、韩国、加拿大以及部分拉美国家和非洲国家也有类似规定。② 因此,网上解决平台能否对来自上述国家和地区的消费者跨境纠纷进行管辖,尚存在不确定性。

第二,缺乏实体问题法律适用的统一规则。传统冲突法解决跨境纠纷实体问题的法律适用分两步走,首先判断适用哪个法域的冲突法规则,其次在该冲突法规则的指引下确定准据法。在跨国诉讼中,法院一般按照法院地的冲突法规则确定实体问题的准据法。在国际商事仲裁中,如果当事人对实体问题的法律适用有所约定,仲裁庭应尊重当事人的约定;如果当事人未对此进行约定,则

---

① Pablo Cortés, *Online Dispute Resolution for Consumers in the European Union*, Routledge, 2011, p. 107 – 109.

② *Online Dispute Resolution for Cross-border Electronic Commerce Transactions: Draft Procedural Rules-Proposal by the European Union Observer Delegation*, footnote 10, United Nations (May 22, 2013), https://undocs.org/A/CN.9/WG.Ⅲ/WP.121.

由仲裁庭决定解决争议实体问题的适用法律。[①] 然而,跨国诉讼和商事仲裁的做法无法直接移植到ODR程序中。一方面,跨境电子商务ODR发生在虚拟的网络空间,缺少与特定物理空间的联系,[②]进而无法与特定的法域相联系,导致传统冲突法方法难以解决跨境纠纷ODR过程中的实体问题法律适用这一难题。另一方面,借鉴国际商事仲裁实践所推崇的意思自治原则、由双方当事人选择ODR适用的准据法,这一思路的可行性也不高,因为尽管意思自治原则在B2B交易中有适用的空间,但B2C交易的准据法选择条款的效力与ODR的管辖权一样存在不确定性。除此之外,冲突法方法(包括当事人意思自治)的司法成本偏高。裁判者需要识别并查明与纠纷相关的所有法域的冲突法规则和实体法规则,这对裁判者的职业素养提出了很高的要求,并导致纠纷解决的时间较长。总体而言,运用冲突法方法解决实体问题的法律适用存在经济成本和时间成本双高的问题,使其无法匹配跨境电子商务纠纷数量大、金额低的特点。

第三,纠纷解决的结果难以执行。ODR解决纠纷的结果一般体现为和解协议、调解书或仲裁裁决书。当事人自行磋商所达成的和解协议不具有终局性,任何一方当事人反悔后均可继续诉诸司法解决。传统上,在调解人(或中立人)主持下达成的调解书或类似协议也不具有终局性,尽管《联合国关于调解所产生的国际和解协议公约》(以下简称《新加坡调解公约》)将在很大程度上扭转这一局面,但ODR程序所产生的调解书(特别是针对B2C纠纷的调解书)能否依据该公约得到承认和执行,仍有待讨论。ODR程序所产生的仲裁裁决有可能依据《关于承认和执行外国仲裁裁决的公约》(以下简称《纽约公约》)的规定得以承认和执行,然而跨境执行裁决的成本不菲,使仲裁裁决跨境执行的传统模式对跨境电子商务纠纷的当事人来说不具有吸引力。如果ODR程序所形成的和解协议、调解书、仲裁裁决书因不具有终局性或者因执行成本过高而被弃用,将减损ODR对跨境电子商务纠纷当事人的吸引力。

第四,各ODR平台的程序规则缺乏一致性。当前,各ODR平台都有自己

---

① 参见赵秀文:《国际商事仲裁法》(第3版),中国人民大学出版社2012年版,第241～242页。

② 尽管跨境电子商务交易可能涉及卖方住所地、买方住所地、交易平台网站注册地、交易平台服务器所在地、供应商所在地等多个物理地点,但依据哪个地点所在国家的法律审理跨境电子商务纠纷,目前尚无公认的规则。

的程序规则,电子商务企业以及在线交易的消费者要深入了解各平台规则的具体内容,以便选择使用,将耗费很多的时间和精力。跨境电子商务交易的当事人要了解外国 ODR 平台的规则更将受制于外语能力等因素,这对跨境电子商务纠纷的当事人选择 ODR 造成了阻碍,不利于 ODR 在跨境电子商务纠纷解决中的推广运用。

第一章　跨境电子商务ODR国际立法的现状

考虑到ODR解决跨境电商纠纷的潜力，一些国家和地区不仅在本国、本地区推广运用ODR，还开始关注ODR的跨境运用。近年来，如何利用ODR解决跨境电子商务纠纷逐渐成为一些区域性国际组织乃至全球性国际组织研究的新重点。此类区域性国际组织的典型代表为美洲国家组织、欧盟以及亚太经合组织，全球性国际组织的典型代表为联合国国际贸易法委员会（UNCITRAL）。

第一节　美洲国家组织的ODR立法

美洲国家组织是最早尝试就跨境电子商务纠纷的ODR进行统一立法的区域性国际组织。虽然该组织最终未能就该议题形成成果，但其成员围绕这一议题的建议和讨论为其他国际组织的后续讨论和研究提供了有益的经验。

一、立法背景

美洲国家组织大会于2003年召开了第七届美洲国际私法特别会议（the Seventh Inter-American Specialized Conference on Private International Law，CIDIP-Ⅶ），2005年消费者保护被列入CIDIP-Ⅶ的讨论议程。2009年12

月，巴西、阿根廷以及巴拉圭向 CIDIP-Ⅶ提议，拒绝承认 B2C 交易中法院选择条款的效力，并授权消费者所在地法院对此类案件进行管辖；2010 年 1 月，加拿大也倡议由消费者所在地法院管辖电子商务纠纷。鉴于此，美国政府代表提出，创建一个全球性的、平行于现有司法体系的 ODR 体制，这样既能实现前述两项提议保护消费者的初衷，又能避免跨国诉讼所面临的管辖权不明确、成本偏高等问题。①

2010 年 2 月，美国向美洲国家组织提交了一套完整的解决方案，旨在为跨境电子商务 ODR 提供国际统一规则，包括《美国提交给第七届美洲国际私法特别会议的关于消费者纠纷解决可及性以及消费者救济的美洲法律的立法指南》（Legislative Guidelines for Inter-American Law on Availability of Consumer Dispute Resolution and Redress for Consumers Submitted by the United States of America for CIDIP-Ⅶ），以及 4 个附件。其中，附件一《电子解决跨境电子商务消费者纠纷的［示范法/合作框架］草案》（Draft ［Model Law/Cooperative Framework］ for Electronic Resolution of Cross-Border E-Commerce Consumer Disputes，以下简称《［示范法/合作框架］草案》）构建了美洲跨境电子商务 ODR 的制度框架，是美国方案的精髓所在；附件二为《示范法草案：消费者支付卡索偿的替代性争议解决》（Draft Model Law：Alternate Dispute Resolution for Consumer Payment Card Claims）；附件三为《小额诉讼示范法草案》（Draft Model Law on Small Claims）；附件四为《含跨境的消费者的政府救济示范法草案》（Draft Model Law on Government Redress for Consumers Including Across Borders）。

二、美洲 ODR 制度框架的主要内容

以《［示范法/合作框架］草案》为核心的美洲 ODR 制度框架特色鲜明，被誉为跨境电子商务全球性在线纠纷解决体系的“美洲模式”，它旨在建立 ODR 的“整体框架”。② 美洲模式下的跨境电子商务 ODR 体系由中央数据交换中心、参与国的消费者主管机构、参与国的国家管理员、参与的 ODR 提供者、卖方

---

① See Colin Rule, Vikki Rogers & Louis Del Duca, *Designing a Global Consumer Online Dispute Resolution (ODR) System for Cross-Border Small Value-High Volume Claims—OAS Developments*, 42 Uniform Commercial Code Law Journal 221, 229 - 232(2010).

② 薛源：《跨境电子商务交易全球性网上争议解决体系的构建》，载《国际商务（对外经济贸易大学学报）》2014 年第 4 期。

和买方这几个主体构成。

中央数据交换中心的主要任务是提供一个网站和数据库,网站用于公示参与国承诺参加 ODR 体系的卖方列表,数据库用于存储 ODR 案件信息。中央数据交换中心由美洲消费者纠纷解决委员会负责,该委员会负责对 ODR 体系进行总体指导和监督,其成员由每个参与国的代表组成。

美洲国家组织的成员国可以选择加入 ODR 体系,每个参与国应指定一个本国消费者保护机构(以下简称消费者主管机构)来监督 ODR 合作框架在本国的实施情况,消费者主管机构应为参与国承担消费者保护立法实施任务的公共机构。每个消费者主管机构应建立或指定本国的国家管理员,国家管理员负责维护愿意参加 ODR 体系的本国 ODR 提供者名单,并监督跨境电子商务消费者纠纷的解决及执行情况。国家管理员可以是消费者主管机构的一部分,也可以是另一个实体。

参与的 ODR 提供者是被列入中央数据交换中心网站名单的 ODR 提供者。在被列入该名单之前,国家管理员应要求 ODR 提供者提交书面材料,以证明其符合《电子商务与国际消费者全球商业对话的替代性纠纷解决指南》(Alternative Dispute Resolution Guidelines of the Global Business Dialogue in E-Commerce and Consumers International)对 ADR 服务提供者的建议,并承诺遵守作为《[示范法/合作框架]草案》附录的《电子解决跨境电子商务消费者纠纷的示范规则草案》(Draft Model Rules for Electronic Resolution of Cross-Border E-Commerce Consumer Disputes,以下简称《示范规则草案》)。ODR 提供者有义务收集其案件数量的信息,并提交给国家管理员。国家管理员将收集的信息转交给总管理者,由后者提交年度报告。

《示范规则草案》所规定的 ODR 程序分为在线谈判和在线仲裁两个阶段,可以处理消费者针对商家提起的不超过 1 万美元的索赔请求以及商家在同等金额限制内的反诉请求。该程序对消费者免费,如果案件指定了在线仲裁员,则卖方将被收取适度的合理费用。裁决具有法律约束力,卖方母国的国家管理员或消费者主管机构可以采取其认为适当的措施,要求卖方履行仲裁裁决,包括采取直接的执法行动、请求支付网络提供协助,等等。

第二节　欧盟的 ODR 立法

作为一体化水平非常高的区域性国际组织,欧盟不仅实现了区域内货物和服务的自由流通,还统一了货币,并在某些领域进行了区域统一立法。为了提高欧盟的消费者保护水平,并促进跨境电子商务的发展,欧盟围绕 ADR 和 ODR 进行了欧盟层面的统一立法和相关活动。

一、立法背景及立法概况

消费者保护领域的欧盟立法较多,ADR 和 ODR 之所以被提到欧盟统一立法的高度,是多重因素共同促成的。

(一)欧盟电子商务的发展及纠纷解决的困难

近年来,欧盟消费者在线购买的频率和数量稳步增长。据统计,每 6 个商家中就有一个提供在线销售,电子商务交易占欧盟零售总额的 7%,超过一半的消费者有过在线购买商品和服务的经历。①

虽然欧盟及其成员国持续地强化消费者保护方面的立法,但欧盟消费者在权利受损特别是在线购买遭遇问题时往往缺乏有效的救济。其原因在于法院程序昂贵、费时、费力,且结果不确定,消费者不得不放弃去法院寻求救济。尽管欧盟早在 2007 年就创设了小额诉讼制度,②但其实际使用率非常低,据估算,2012 年欧盟的小额诉讼案件总计为 3500 件。③ 2016 年的一项调查显示,欧盟 28 国 30.8% 的消费者在线购买遇到问题时选择不行动,选择去法院起诉的消费者仅占 1.2%。④

(二)ADR 在电子商务纠纷解决方面的优势

ADR 是指综合利用谈判、调解、仲裁等多种法院外纠纷解决方式处理纠纷,又称替代性纠纷解决。相较于诉讼,ADR 在费用、时间上往往有优势。据统计,45% 的欧盟消费者认为,通过 ADR 处理纠纷比较容易;70% 的消费者对

---

① *The European Consumer Centres Network* - 10 *Years Serving Europe's Consumers-Anniversary Report* 2005 - 2015, p. 10, European Consumer Centre Slovakia, http://esc-sr. sk/wp-content/uploads/2017/04/08_2005 - 2014 - 10th-Anniversary-report - 1. pdf(Last visited on February 25, 2022).

② 参见程晓雪、齐树洁:《欧洲小额诉讼程序:规则与实践》,载《法治研究》2013 年第 10 期。

③ See Pablo Cortés & Rafal Manko, *Developments in European Civil Procedures*, in Pablo Cortés eds., The New Regulatory Framework for Consumer Dispute Resolution, Oxford University Press, 2016, p. 51.

④ See Justice and Consumers, *Consumer Conditions Scoreboard* - 2017 *edition*, p. 56, European Commission, https://ec. europa. eu/info/sites/info/files/consumer-conditions-scoreboard - 2017 - edition_en. pdf(Last visited on February 25, 2022).

ADR 机构处理其投诉的结果表示满意。①

与 ADR 相关的另一个概念是 ODR，又称在线纠纷解决。UNCITRAL 对 ODR 的定义是“借助电子通信、其他信息和通信技术解决争议的一种机制”。ODR 源于 ADR，是 ADR 与电子及通信技术的结合体。ODR 更适合应对金额低、数量多的在线购买纠纷，特别是 B2C 纠纷。

(三) 在欧盟立法层面采取行动的必要性

早在 1998 年，欧盟委员会就发布了《关于适用于消费者纠纷法院外解决机构的原则的委员会建议》(98/257/EC：Commission Recommendation of 30 March 1998 on the Principles Applicable to the Bodies Responsible for Out-of-court Settlement of Consumer Disputes)，2001 年再次发布了《关于消费者纠纷一致解决的法院外机构的原则的委员会建议》(2001/310/EC：Commission Recommendation of 4 April 2001 on the Principles for Out-of-court Bodies Involved in the Consensual Resolution of Consumer Disputes)，以推动 ADR 在欧盟成员国的发展。然而，ADR 并未如期在欧盟得以发展和运用。

为此，欧盟委员会于 2011 年针对是否需要就 ADR 进行新的立法进行了一次必要性评估。评估报告认为，消费者 ADR 或 ODR 对于维护消费者及商家的利益、对于提升欧盟一体化市场的功能均有至关重要的作用，然而诸多因素影响了 ADR 正常发挥作用。例如，ADR 在地理空间分布和行业分布方面均存在真空地带，消费者对 ADR 缺乏足够了解，ADR 机构往往并未遵循欧盟委员会 1998 年和 2001 年的 ADR 建议中所确立的透明、公正、效率的原则，从而影响了 ADR 的质量。鉴于消费者保护之责由欧盟及其成员国共同承担，而欧盟委员会出台消费者 ADR 建议以来 10 多年的经验显示，仅从成员国层面采取行动难以有效促进 ADR 的推广运用，因此该报告的结论是在欧盟层面进行新的立法尝试是有必要的。②

---

① See *Solving Disputes Online: New Platform for Consumers and Traders*, European Commission (Feb. 15, 2016), https://ec.europa.eu/commission/presscorner/detail/en/IP_16_297.

② *Commission Staff Working Paper: Executive Summary of the Impact Assessment-Accompanying the Document Proposal for a Directive of the European Parliament and of the Council on Alternative Dispute Resolution for Consumer Disputes (Directive on consumer ADR) and Proposal for a Regulation of the European Parliament and of the Council on Online Dispute Resolution for Consumer Disputes (Regulation on consumer ODR)*, p. 3 – 6, European Parliament (Nov. 29, 2011), https://www.europarl.europa.eu/document/activities/cont/201204/20120425ATT43952/20120425ATT43952EN.pdf.

（四）立法概况

2013年5月21日，欧盟通过了《欧洲议会及欧盟理事会2013年5月21日关于消费者纠纷替代性纠纷解决及修订（EC）2006/2004号条例和2009/22/EC号指令的2013/11/EU号指令》[Directive 2013/11/EU of the European Parliament and of the Council of 21 May 2013 on Alternative Dispute Resolution for Consumer Disputes and Amending Regulation (EC) No 2006/2004 and Directive 2009/22/EC，以下简称《欧盟ADR指令》]，以及《欧洲议会及欧盟理事会2013年5月21日关于消费者纠纷在线纠纷解决及修订（EC）2006/2004号条例和2009/22/EC号指令的（EU）524/2013号条例》[Regulation (EU) No 524/2013 of the European Parliament and of the Council of 21 May 2013 on Online Dispute Resolution for Consumer Disputes and Amending Regulation (EC) No 2006/2004 and Directive 2009/22/EC，以下简称《欧盟ODR条例》]。跨境交易和电子商务环境下的ADR程序高度依赖远距离信息传输工具，因此技术手段的运用不可或缺。考虑到这一点，欧盟委员会在同一时间出台了《欧盟ADR指令》和《欧盟ODR条例》，以有效促进跨境交易和电子商务环境下法院外纠纷解决手段的使用。

这两项立法的主旨相同，功能相辅相成。《欧盟ADR指令》的功能是为欧盟成员国确立ADR机构的最低质量标准，以便提高ADR解决消费者纠纷的质量；实现此项功能的手段是要求成员国对ADR机构进行认证，并将认证后的机构名单通知给欧盟委员会，只有经认证的机构才能与欧盟的ODR平台实现对接。《欧盟ODR条例》的功能是创建一个覆盖整个欧盟的ODR平台，以便在线受理欧盟消费者与商家因在线购买而产生的合同纠纷，该ODR平台与欧盟成员国认证的ADR机构相连接，并将所受理的纠纷分流到这些ADR机构进行处理。

二、《欧盟ADR指令》的基本内容

《欧盟ADR指令》的主要任务是为消费者利用ADR解决纠纷提供便利，并为欧盟成员国的ADR机构提供最低限度的统一质量标准。《欧盟ADR指令》分5章，共28个条文，着重就其适用范围、对ADR可及性的要求、对ADR质量的要求、对信息及合作的要求以及职能机构等方面进行了规定。

（一）适用范围

《欧盟ADR指令》第2条规定，其适用于在欧盟境内设立的商家与在欧盟境内居住的消费者之间因销售或服务合同产生的国内以及跨境纠纷的法院外纠纷解决程序。据此，指令既涵盖国内纠纷，也涵盖跨境纠纷；既涵盖在线购买所致的纠纷，也涵盖线下购买所致的纠纷。

适用范围的例外有：商家之间的纠纷；商家对消费者提起的程序；商家与消费者直接进行的谈判；负责处理纠纷的自然人完全由个别商家雇用或支付费用的纠纷解决机构所提供的程序；商家负责的消费者投诉处理程序；诉讼过程中由法官主持的调解；涉及一般利益（general interest）的非经济性服务；医疗服务；继续或高等教育公共服务。

在与欧盟相关立法的关系方面，指令优先于其他与之相冲突的欧盟立法，但不影响《欧盟委员会 2008/52 号关于民商事事项调解若干方面的指令》（Directive 2008/52/EC of the European Parliament and of the Council of 21 May 2008 on Certain Aspects of Mediation in Civil and Commercial Matters）的效力。

（二）对 ADR 可及性（access to ADR）的要求

《欧盟 ADR 指令》第 5 条要求，欧盟成员国需确保消费者能够利用 ADR 程序解决指令适用范围内的纠纷。该指令对欧盟成员国提出了若干具体要求以实现 ADR 的可及性：一是欧盟成员国应确保 ADR 机构有效地向消费者开放（具体要求见《欧盟 ADR 指令》第 5.2 条）；二是成员国应建立一个兜底性的 ADR 机构（residual ADR entity），用来受理那些不在现有 ADR 机构受理范围内的纠纷，成员国也可以借助其他成员国境内设立的区域性、跨国性或泛欧盟的纠纷解决机构，只要该机构能够覆盖不同成员国的商家；三是对 ADR 机构拒绝受理纠纷进行约束，即成员国可以授权 ADR 机构在其程序规则中列明本机构拒绝受理特定纠纷的理由，但《欧盟 ADR 指令》第 5.4 条明确限定了此类理由的范围；四是有关纠纷标的金额的门槛，如果成员国允许 ADR 机构对其受理纠纷的标的金额设置门槛，不得因此实质性地损害消费者利用 ADR 处理纠纷的权利。

（三）对 ADR 质量的要求

对 ADR 质量的要求分为两个方面：对负责纠纷解决程序的个人（中立人、调解人、仲裁员等）的要求，以及对 ADR 机构的要求。《欧盟 ADR 指令》第 6 条要求，欧盟成员国应确保这两方面的要求均得到满足。

负责纠纷解决程序的个人应符合专业性、独立性、公正性的要求。在专业性方面，该个人需具备消费者纠纷替代性解决或者司法解决领域的知识和技能，并对法律有一般性了解。在独立性方面，该个人的任职期限应足以确保其独立行动,无正当理由不得将其解职;该个人不受任何一方当事人或其代表的指示;其报酬的支付与纠纷解决程序的结果无关。此外,如果存在任何可能影响该个人独立性、公正性的情形,或者可能造成与待处理纠纷之任何一方当事人利益冲突的情形,该个人应及时向 ADR 机构披露,该披露义务是持续性的,贯穿整个 ADR 程序始终。

对 ADR 机构的要求包括对负责纠纷解决程序的个人进行管理、保持透明度、保障效率以及维护公平等方面。首先,ADR 机构应妥善管理负责纠纷解决程序的个人,确保他们能满足指令对个人的专业性、独立性、公正性要求。具体而言,第一,ADR 机构可以给主持 ADR 程序的个人进行培训,以提高其专业能力;第二,在负责纠纷解决程序的个人披露了影响其独立性、公正性的情形时,ADR 机构应将其替换为合适的其他人。[①] 其次,ADR 机构应保持透明度。ADR 机构应通过其网站或者经请求用其他方式提供本机构的信息,按照《欧盟 ADR 指令》第 7.1 条的要求提供 ADR 程序的相关信息,并按照指令要求公布年度报告。再次,ADR 机构应保障纠纷处理的效率。为此,当事人应能在线上和线下轻松进入 ADR 程序;当事人无须聘请律师或者法律顾问参与程序;[②]消费者使用 ADR 程序应当免费,或者支付象征性的费用;ADR 机构收到申诉书及相关文件后,应及时通知当事人此项纠纷;ADR 程序的结果应自收到完整的申诉材料之日起 90 个自然日公布,特殊情况下可适当延长该期限。最后,《欧盟 ADR 指令》第 9 条对 ADR 机构如何保障程序公平也提出了具体要求。例如,对 ADR 机构提供的对方当事人的主张、证据、文件、事实以及专家的陈述、意见,当事人有机会在合理时限内表达自己的观点,并可以对其进行评论;当事人应被告知,其无须聘请律师或者法律顾问参与程序,但在程序的任何阶段都有权获得独立第三方的意见、有权由独立第三方代表或协助参与程序;应通过书面或其他持久性的介质告知当事人 ADR 程序的结果及其依据。

欧盟成员国的 ADR 程序大致分为两类:一类 ADR 程序仅提供解决纠纷的建议,其结果对双方当事人均没有约束力;另一类 ADR 程序所产生的结果一旦

---

① 如无替换人选,ADR 机构应建议当事人将纠纷提交给其他有权受理的 ADR 机构;以上均无法实现时,ADR 机构应将有关情形披露给当事人,如当事人在知情并了解自己享有异议权的情况下仍不反对,方可继续进行 ADR 程序。

② 尽管如此,《欧盟 ADR 指令》第 8(b)条规定,在程序的任何阶段,当事人都有权获得独立第三方的意见,有权由独立第三方代表自己或者协助自己参与程序。

被消费者接受,则对商家产生强制约束力。根据《欧盟 ADR 指令》第 9 条对于公平性的要求,前一类 ADR 程序中的双方当事人以及后一类 ADR 程序中的消费者还应获得以下程序保障:(1)如果当事人对 ADR 程序不满意,可以在程序的任何阶段撤出程序;如果成员国国内法强制要求商家参与 ADR 程序,则商家不享有此项权利。(2)在当事人达成或执行 ADR 程序提议的解决方案之前,应告知他们:有权拒绝达成解决方案或遵守该方案;参与 ADR 程序并不妨碍其通过法院诉讼寻求救济的机会;提议的解决方案可能有别于适用法律规则作出的法院判决。(3)在当事人同意或遵循 ADR 程序提议的解决方案之前,应告知他们同意或遵循该解决方案的法律后果。(4)在表示同意提议的解决方案之前,当事人应被给予合理的时间进行考虑。

(四)对信息及合作的要求

为了促使消费者了解 ADR 的相关信息,进而选用 ADR 程序,《欧盟 ADR 指令》第 13 条对商家提出了信息发布的要求。首先,商家应通过其网站或者在其与消费者的合同条款中告知消费者,哪个或者哪些 ADR 机构可以受理与该商家相关的纠纷;①其次,如果商家的内部纠纷处理系统未能成功处理消费者的投诉,商家应以纸面或其他耐久性介质告知消费者自己是否有义务接受 ADR 机构的管辖,如果有则应告知消费者 ADR 机构的相关信息。后一项要求对于促进消费者使用 ADR 程序是非常有效的,因为消费者在订立合同时很少会仔细阅读商家所提供的合同条款,从而错过了 ADR 相关的信息,而消费者对于商家在内部纠纷处理程序结束后提供给自己的信息则会格外关注。除了商家承担信息发布的义务外,《欧盟 ADR 指令》还要求欧盟成员国采取措施,鼓励消费者组织或者其他专业组织普及 ADR 机构及 ADR 程序的相关信息。

《欧盟 ADR 指令》对合作的要求体现在两个层面:第一层面是 ADR 机构间开展合作、分享经验,体现在《欧盟 ADR 指令》第 16 条。《欧盟 ADR 指令》将促进 ADR 机构间开展合作的主要责任交给了欧盟成员国,由成员国确保 ADR 机构间就跨境纠纷的解决、跨境及国内纠纷解决的最佳实践经验进行定期交流;欧盟委员会此方面的职责在于报告和协助成员国的 ADR 机构网络、最佳实践及经验的交流和推广;如果欧盟的某个行业领域内有协助解决跨境纠纷的 ADR

① 《欧盟 ADR 指令》对当事人利用 ADR 解决纠纷持自愿原则,因此商家在两种情况下负有此项告知义务:一是商家主动承诺将其与消费者之间的纠纷提交 ADR 机构,二是商家根据法律或行业规则有义务将其与消费者之间的纠纷提交 ADR 机构。

机构网络,成员国应鼓励该领域的 ADR 机构加入该网络,欧盟委员会负责公布此类网络的名录并及时更新该名录。

第二层面的合作体现在 ADR 机构与负责实施欧盟消费者保护法的成员国机构之间,体现在《欧盟 ADR 指令》第 17 条。成员国有义务保证此类合作的顺利进行;在消费者反复投诉的商业领域,ADR 机构与成员国执法机构间的合作应特别包含实务信息的互换,在必要及可行的情况下还应包含成员国执法机构向 ADR 机构提供技术评估及信息;在此类合作和信息互换的过程中,欧盟《95/46/EC 号指令》有关个人数据保护的义务、成员国执法机构所负有的职业及商业秘密保护的义务、ADR 机构所负有的职业秘密及国内法下的类似保密义务均应得到遵守。

(五)职能机构

不仅欧盟委员会、成员国政府在《欧盟 ADR 指令》的实施方面承担了一定的责任,该指令还创设了一类专门机构,名为主管当局(competent authority)。

《欧盟 ADR 指令》第 18 条要求每个成员国指定一个 ADR 主管当局,以履行其第 19 条和第 20 条所赋予的专项任务。成员国可以指定多个主管当局,但需指定其中之一作为欧盟委员会的联络点。成员国 ADR 主管当局的主要职能是汇集 ADR 机构的信息并进行认证,以及向欧盟委员会汇报本国 ADR 机构的信息。首先,希望通过认证的 ADR 机构应向成员国主管当局提供指令所要求的信息,并每两年更新一次信息。① 其次,成员国主管当局根据 ADR 机构提交的信息判断该机构是否满足指令对 ADR 机构的质量要求,是否符合实施指令的本国国内法的要求,如果判断结果是肯定的,则主管当局应将该机构列入经认证的 ADR 机构名单,将该名单通知欧盟委员会并向社会公开。最后,如果该 ADR 机构名单中的某个机构不再满足指令对 ADR 机构的质量要求,或者不再符合实施该指令的本国国内法的要求,主管当局应联系并告知该机构不符合法定要求的情形,责令其及时改正。如果该 ADR 机构未能在随后 3 个月内改正,主管当局应将其从 ADR 机构名单中除名,并及时将更新后的名单通知欧盟委员会,以便欧盟委员会实时更新 ADR 机构的汇总名单。

欧盟委员会负责汇总整理各国 ADR 主管当局上报的机构名单,通过其网站及耐久介质予以公布;成员国的 ADR 主管机构需在其网站设立一个链接,以

---

① ADR 机构首次提交的信息范围详见《欧盟 ADR 指令》第 19.1 条,更新信息的范围详见《欧盟 ADR 指令》第 19.3 条。

便网站浏览者可以链接到欧盟委员会的 ADR 机构汇总名单，并通过耐久介质公布该汇总名单。

自 2018 年 7 月 9 日起，成员国主管当局应每 4 年公布并向欧盟委员会报告本国 ADR 机构的发展及运行情况。

三、《欧盟 ODR 条例》的基本内容

《欧盟 ODR 条例》的主要目的是创建一个欧盟 ODR 平台。条例分 3 章，共 22 个条文，其核心是第 2 章"ODR 平台"。

（一）适用范围

《欧盟 ODR 条例》与《欧盟 ADR 指令》的适用范围有所重合，但不完全一致。根据《欧盟 ODR 条例》第 2.1 条的规定，该条例仅适用于在欧盟境内设立的商家与在欧盟境内居住的消费者之间因在线销售或服务合同产生的纠纷的法院外纠纷解决程序。换言之，条例所涵盖的纠纷仅为在线交易（包括跨境交易和国内交易）所致的纠纷，未涵盖线下交易所致的纠纷。因此，《欧盟 ODR 条例》所涵盖的纠纷范围比《欧盟 ADR 指令》小很多。

除此之外，商家对消费者提起的 ADR 程序属于《欧盟 ADR 指令》适用范围之例外，但此类程序有可能适用《欧盟 ODR 条例》，前提是消费者惯常居住地国的国内法允许商家对消费者提起法院外纠纷解决程序（见《欧盟 ODR 条例》第 2.2 条）。目前，欧盟成员国、挪威、冰岛以及列支敦士登的商家可以在欧盟 ODR 平台，对惯常居住地在比利时、德国、卢森堡以及波兰的消费者提起申诉，[①]以解决彼此间因在线交易所产生的纠纷。

（二）ODR 平台的参与方

欧盟 ODR 平台的参与方包括欧盟委员会、成员国、ADR 机构、商家以及消费者。消费者仅作为平台的使用人参与平台的运行，不承担参与 ODR 程序外的任何义务；其他参与方均需承担一定的义务。

第一，欧盟委员会负责平台的筹建、建成后运营以及报告。平台筹建的截止日期为 2016 年 1 月 9 日；2016 年 1 月 10 日至 2 月 14 日，欧盟成员国可以接入该平台，并向欧盟委员会通知本国经认证的 ADR 机构名单；2016 年 2 月 15 日起，该平台对用户开放。欧盟委员会有义务向欧洲议会及欧盟理事会定期报

---

① See *Complain Against a Consumer*, European Commission, https://ec.europa.eu/consumers/odr/main/? event = main.trader.register (Last visited on February 25, 2022).

告 ODR 平台的运行情况,截至 2022 年 2 月,欧盟委员会已经发布了 4 期报告。

第二,欧盟成员国应设立一个 ODR 联络点,并配备至少 2 名 ODR 顾问。设立 ODR 联络点的初衷是协助跨境纠纷的当事人,当然它也可以为国内纠纷的当事人提供帮助。实践中多数成员国选择从本国的消费者中心选派咨询员,因为他们具有解决跨境纠纷的实践经验。① 联络点的主要职能包括:帮助提交申诉书,提供消费者权利方面的一般性信息,提供欧盟 ODR 平台运行的相关信息,帮助当事人理解 ADR 的程序规则,在纠纷无法通过 ODR 平台得以解决时告知申诉方其他救济渠道,等等。

第三,欧盟成员国的 ADR 机构负责实际处理欧盟 ODR 平台受理的纠纷。欧盟 ODR 平台建成之后,成员国需向欧盟委员会通知本国经认证的 ADR 机构名单,以便这些机构与 ODR 平台进行对接,ODR 平台受理纠纷后会将纠纷分流到各 ADR 机构,由后者具体处理。在此过程中,ADR 机构需遵守《欧盟 ODR 条例》对信息保密等的要求,成员国的 ADR 主管当局负责监督本国 ADR 机构遵守《欧盟 ODR 条例》的情况。

第四,商家承担信息公示的义务。无论是《欧盟 ADR 指令》还是《欧盟 ODR 条例》,均对商家参与 ADR 程序持自愿的原则。因此,除非商家主动承诺通过 ADR 解决纠纷,或者法律、行业性规则强制要求商家运用 ADR 解决纠纷,否则商家并无义务使用特定 ADR 程序解决纠纷。为了在制度上提升 ADR 的使用率,《欧盟 ODR 条例》第 14.1 条、第 14.2 条要求在线订立销售或服务合同的商家:在其网站公示一个指向欧盟 ODR 平台的链接,并注明商家的电子邮箱,以便消费者遇到纠纷时前往 ODR 平台进行投诉;如果商家承诺或有义务通过特定的 ADR 机构解决其与消费者的纠纷,则应告知消费者欧盟 ODR 平台的存在以及通过该平台解决纠纷的可能。

(三)ODR 平台的功能

《欧盟 ODR 条例》旨在为消费者创设一个覆盖整个欧盟的 ODR 平台,以便在线交易的消费者(特定情况下可以为在线交易的商家)遇到问题时能通过这个平台提交申诉书,由该平台将申诉书转递到适合的 ADR 机构进行处理。简

① See Pablo Cortés, *The New Landscape of Consumer Redress—The European Directive on Consumer Alternative Dispute Resolution and the Regulation on Online Dispute Resolution*, in Pablo Cortés eds., The New Regulatory Framework for Consumer Dispute Resolution, Oxford University Press, 2016, p. 31.

言之,欧盟 ODR 平台仅作为受理申诉书的单一窗口而存在,无须向纠纷当事人提供纠纷处理的结果,这是该平台与常规 ODR 平台的主要区别所在。

为实现此功能,欧盟 ODR 平台的日常事务包括:提供电子申诉书的模板;为纠纷匹配适合的 ADR 机构;提供免费的电子案件管理服务;为当事人以及 ADR 机构提供翻译服务,翻译的内容包括解决纠纷所必需的信息以及各方通过 ODR 平台相互传递的其他信息;设置一个评价系统,以便当事人表达其对 ODR 平台运行的意见以及对处理其纠纷的 ADR 机构的意见;发布 ADR 和 ODR 的相关信息,如介绍 ADR 的一般知识、公布经认证的 ADR 机构名单、指导用户如何在线提交申诉书、公布各成员国 ODR 联络点的信息;汇总 ADR 机构纠纷(仅限通过 ODR 平台受理的纠纷)处理结果的数据并予以公布。

(四)纠纷处理机制

一个纠纷通过欧盟 ODR 平台处理,需要经历两个阶段:第一阶段是 ODR 平台按流程将案件分派到 ADR 机构,第二阶段是 ADR 机构具体处理案件。

第一阶段发生在欧盟 ODR 平台内,具体流程如下:(1)用户在线填写申诉书并提交。申诉书的格式是固定的,用户可选择使用任何一个欧盟国家语言进行填写。用户按要求填写好申诉书之后,平台才会受理此项申诉,并用电子邮件通知申诉人申诉已被受理。(2)平台成功受理申诉书后,会立即将申诉书转递给被申诉人,同时告知被申诉人一系列信息,《欧盟 ODR 条例》第 9.3 条规定了信息的范围。(3)在被申诉人就 ADR 机构的选择做出回应后,ODR 平台会立即询问申诉人关于 ADR 机构选择的意向。(4)经过前面几个环节,如果双方当事人一致选择了某个 ADR 机构,则 ODR 平台会立即、自动将申诉书转递到当事人协商一致的 ADR 机构。(5)如果收到申诉书的 ADR 机构同意受理该纠纷,应及时告知双方当事人受理意向,以及本机构的程序规则、收费要求,接下来进入该 ADR 机构的纠纷处理程序;如拒绝受理该纠纷,该 ADR 机构应告知当事人拒绝受理的决定,并说明理由。

如果当事人未能在申诉书提交后的 30 个自然日内就 ADR 机构的选择达成一致或者该机构拒绝受理纠纷,则申诉书无法得到进一步的处理,申诉人只得设法通过其他方式解决纠纷。

第二阶段发生在欧盟 ODR 平台外,由 ADR 机构根据自己的程序规则实际处理纠纷。在此过程中,ADR 机构应同时遵守《欧盟 ODR 条例》和《欧盟 ADR 指令》的要求:一是不得要求当事人或其代表实际出席程序,除非该机构的程序规则有此要求且经双方当事人同意;二是及时向 ODR 平台报告信息,如收到申诉书的日期、纠纷的主题、ADR 程序结束的日期、ADR 程序的结果,等等;三是遵守《欧盟 ADR 指令》关于处理纠纷时限的规定,即通常情况下自收到申诉书之日起 90 个工作日内作出处理结论,特殊情况下可以适当延长,等等。此外,ADR 机构还需遵守《欧盟 ADR 指令》的成员国国内转化立法的要求。

(五)数据处理与保护

为保障欧盟 ODR 平台的日常运行,欧盟委员会应按照《欧盟 ODR 条例》第 11 条的要求为平台建立数据库,用于存储平台履行职能过程中所获取的信息,以及 ADR 机构依条例要求向平台通报的信息。

《欧盟 ODR 条例》高度重视数据存储和使用的安全,不仅在序言部分强调了信息的处理应当遵守《欧洲议会和欧盟理事会 1995 年 10 月 24 日关于个人数据处理及自由流动的 95/46/EC 号指令》(Directive 95/46/EC of the European Parliament and of the Council of 24 October 1995 on the Protection of Individuals with regard to the Processing of Personal Data and on the Free Movement of Such Data,以下简称《95/46/EC 号指令》)①以及《欧洲议会和欧盟理事会 2000 年 12 月 18 日关于共同体机构和组织处理个人数据以及个人数据自由流动的(EC)45/2001 号条例》[Regulation (EC) No 45/2001 of the European Parliament and of the Council of 18 December 2000 on the Protection of Individuals with regard to the Processing of Personal Data by the Community Institutions and Bodies and on the Free Movement of Such Data,以下简称《(EC)45/2001 号条例》],②还在条例第 12 条、第 13 条专门针对数据使用的主体、各类主体使用数据的权限、数据的删除、数据控制人的认定、数据的保密与安全作出了具体规定。

第一,数据使用的主体及其数据权限。有权查看 ODR 平台数据库的主体限于欧盟委员会、ODR 联络点和 ADR 机构,且各自有权查看的数据的范围有

---

① 该指令已被《通用数据保护条例》[Regulation (EU) 2016/679 of the European Parliament and of the Council of 27 April 2016 on the Protection of Natural Persons with regard to the Processing of Personal Data and on the Free Movement of Such Data, and Repealing Directive 95/46/EC]替代。

② 该条例已被《欧洲议会和欧盟理事会 2018 年 10 月 23 日关于欧盟机构、组织、办公室、专门机构处理个人数据和个人数据自由流动以及撤销(EC)45/2001 号条例和 1247/2002/EC 号决定的(EU)2018/1725 号条例》[Regulation (EU) 2018/1725 of the European Parliament and of the Council of 23 October 2018 on the Protection of Natural Persons with regard to the Processing of Personal Data by the Union Institutions, Bodies, Offices and Agencies and on the Free Movement of Such Data, and Repealing Regulation (EC) No 45/2001 and Decision No 1247/2002/EC]替代。

所区别。出于监控 ODR 平台的运行情况以及向上汇报之目的,欧盟委员会有权查看 ADR 机构根据条例的要求向平台通报的有关纠纷处理信息;出于监控 ODR 平台的运行和维护情况(包括监督 ADR 机构和 ODR 联络点使用平台的情况)之目的,欧盟委员会可在必要的限度内处理平台内用户的个人数据。为处理 ODR 平台所交付的案件,ADR 机构有权查询与特定待处理案件相关的个人数据。ODR 联络点在履行其职能所必需的限度内,有权查询与特定纠纷相关的个人数据。总体而言,各数据使用主体都需遵循目的性和适度性的原则。

第二,数据的删除。《欧盟 ODR 条例》第 12.3 条要求,ODR 平台数据库内所存储的与特定纠纷相关的个人信息,最晚必须在纠纷处理完毕 6 个月后自动予以删除;ADR 机构及 ODR 联络点所存储的与特定纠纷相关的个人数据,也应最晚在纠纷处理完毕 6 个月后自动予以删除,除非 ADR 机构的程序规则或欧盟成员国的国内法规定了更长的时限。数据的删除是数据控制人在欧盟数据保护立法中的一项重要义务。

第三,数据控制人的认定。欧盟委员会、ADR 机构以及 ODR 顾问在履行《欧盟 ODR 条例》所赋职责的过程中均会获取一定的数据,它们各自被视为相应数据的控制人。欧盟委员会作为数据控制人,应履行《(EC)45/2001 号条例》所规定的数据控制人的义务;ADR 机构以及 ODR 顾问应履行其所在的成员国实施《95/46/EC 号指令》的国内法中有关数据控制人的义务。

第四,数据的保密与安全。为确保 ODR 平台运行所涉信息的安全,《欧盟 ODR 条例》要求欧盟委员会采取适当的技术和组织保障措施,如根据《(EC)45/2001 号条例》第 22 条的规定采取限制获取数据、安全计划及安全事故管理等措施。ADR 机构原本已经受职业秘密和国内法下其他保密义务的约束,因此条例特别指出 ODR 联络点需遵守职业秘密和所在成员国国内法中类似保密义务的约束。

四、立法及其实施的成效及不足

《欧盟 ADR 指令》的实施有赖于欧盟成员国进行国内转换立法,然后采取必要措施落实相关国内立法。《欧盟 ODR 条例》的实施无须成员国进行国内转换立法,相关主体依该条例的规定履行义务、行使权力即可,然而,该条例发挥预期效果的前提是《欧盟 ADR 指令》在各成员国得到落实,因为 ODR 平台所接收的案件都被分流到经过成员国认证的各 ADR 机构处理。因此,在评估欧盟

ODR 立法及其实施的成效及不足时,有必要先考察《欧盟 ADR 指令》在成员国的落实情况,再考察《欧盟 ADR 指令》和《欧盟 ODR 条例》合并实施的效果。

(一)《欧盟 ADR 指令》在欧盟成员国的落实情况

欧盟成员国相继完成了该指令的国内转换立法,但各国立法从形式到内容或有细微差异。在形式上,有的国家采用了单行立法的模式,有的国家则将相关内容并入其他法律中。例如,比利时于 2014 年 4 月 4 日制定了《消费者纠纷法院外解决法案》,该法在遵循《欧盟 ADR 指令》要求的基础上,一并融入了欧盟有关服务的法律规定;①德国于 2016 年 2 月公布了执行欧盟指令的国内法律和措施,其核心是《消费者事务替代性纠纷解决法》(Gesetz über die alternative Streitbeilegung in Verbrauchersachen, VSBG);意大利于 2015 年 8 月 6 日公布了第 130 号立法令以实施欧盟指令的内容,该立法令被并入意大利《消费者法典》第 5 部分。在内容上,由于《欧盟 ADR 指令》旨在为 ADR 提供最低质量标准,给成员国留下了有限度的发挥空间,因此各国的转换立法在内容上也有一定的差异。

第一,适用范围上存在差异。《欧盟 ADR 指令》原本规定,商家对消费者所提起的 ADR 程序属于指令适用范围之例外,但少数国家的国内转换立法却适用于此类程序,如德国。这符合成员国既有 ADR 实践的习惯做法,因为 ADR 本身并不局限于消费者对商家所提起的程序。② 此外,在 ADR 程序所包含的纠纷解决方式的类型上,有些成员国的转换立法与《欧盟 ADR 指令》存在细微的差异。例如,比利时的转换立法将官方调解员主持的调解列为 ADR 的例外,③而欧盟指令并无此例外;德国的 VSBG 仅适用于不会对消费者作出有约束力的

---

① 即《欧洲议会和欧盟理事会 2006 年 12 月 12 日关于内部市场服务的 2006/123/EC 号指令》(Directive 2006/123/EC of the European Parliament and of the Council of 12 December 2006 on Services in the Internal Market)。

② 《欧盟 ODR 条例》第 2.2 条规定,如果消费者惯常居住地国的国内法允许商家对消费者提起法院外纠纷解决程序,则该条例也将适用于此类程序。目前,欧盟成员国、挪威、冰岛以及列支敦士登的商家可以在欧盟 ODR 平台,对惯常居住地在比利时、德国、卢森堡以及波兰的消费者提起申诉。

③ 官方调解员指经比利时联邦调解委员会认证并在正式的纠纷解决机构以外工作的调解员。此类调解员主持的调解程序不属于比利时《消费者纠纷法院外解决法案》的适用范围,原因在于其费用太高,导致消费者纠纷无法实际使用这种程序。See Steffan Voet, *The Implementation of the Consumer ADR Directive in Belgium*, in Pablo Cortés eds., The New Regulatory Framework for Consumer Dispute Resolution, Oxford University Press, 2016, p. 127 – 128.

决定的 ADR 机构,[①]因此将仲裁排除在外。

第二,ADR 机构认证方面存在差异。《欧盟 ADR 指令》对 ADR 机构的质量提出了要求,成员国应对已申请并且达到质量要求的机构予以认证,将其列入合格 ADR 机构的名单,并将该名单通知给欧盟委员会。如何对待未经认证的 ADR 机构,指令并未明确,由此造成欧盟成员国的态度不一。德国 VSBG 规定:ADR 机构只要满足了该法的要求,就可以申请认证,一旦通过认证,该机构就可以将自己标注为"CADR entity"(消费者替代性纠纷解决机构);不符合 VSBG 要求或者不在其适用范围的 ADR 机构(如包含了仲裁程序的 ADR 机构),并不因此受到任何处罚,但将无法享受认证所带来的好处。为保持灵活性,满足法定要求的 ADR 机构可以选择不申请认证。然而,如果未经认证即擅自使用"CADR entity"标记,将可能面临最高达 5 万欧元的罚款。[②] 葡萄牙与德国的做法相反。实施《欧盟 ADR 指令》的葡萄牙国内立法是 2015 年 9 月 8 日发布的 144/2015 号《葡萄牙消费者 ADR 法》,该法规定只有经过认证的 ADR 机构才能在葡萄牙提供消费者纠纷解决服务,包括纯国内的和跨境的消费者纠纷。因此,葡萄牙原有的消费者仲裁中心(系葡萄牙主要的 ADR 机构)均申请了此项认证。[③]

第三,兜底性 ADR 机构的设置方式有所不同。《欧盟 ADR 指令》要求每个成员国建立一个兜底性的 ADR 机构,用来受理现有 ADR 机构均不受理的那些纠纷,以保障 ADR 的可及性。对此,欧盟成员国的做法不一。根据德国宪法,民事司法属于联邦各成员州的权限范围,因此 VSBG 没有在联邦层面创设一个兜底性的 CADR 机构,但它允许现有的 ADR 机构主动承担全国性兜底机构的

---

① *Report from the Commission to the European Parliament, the Council and the European Economic and Social Committee on the Application of Directive* 2013/11/*EU of the European Parliament and of the Council on Alternative Dispute Resolution for Consumer Disputes and Regulation* (*EU*) *No* 524/2013 *of the European Parliament and of the Council on Online Dispute Resolution for Consumer Disputes*, footnote 33, European Union (Sept. 25, 2019), https://eur-lex.europa.eu/legal-content/EN/TXT/PDF/? uri = CELEX:52019DC0425&from = EN.

② See Rosa Miquel, *The Implementation of the Consumer ADR Directive in Germany*, in Pablo Cortés eds., The New Regulatory Framework for Consumer Dispute Resolution, Oxford University Press, 2016, p. 179.

③ See Catia Marques Cebola, *The Implementation of the Consumer ADR Directive in Portugal-Necessary Reform or Missed Opportunity*? in Pablo Cortés eds., The New Regulatory Framework for Consumer Dispute Resolution, Oxford University Press, 2016, p. 264.

职能。目前,Online-Schlichter[①] 主动申请承担了这一角色。意大利也没有专门创设一个统一的兜底性 ADR 机构,此项职能由意大利商会承担。

第四,ADR 所包含的具体程序不尽相同。《欧盟 ADR 指令》第 10 条规定,ADR 程序的结果可以对当事人具有约束力(前提是事先将程序结果具有约束力这一点告知当事人,并获得当事人的同意)。因此,指令并未将 ADR 程序具体限定为谈判、调解、仲裁、调停中的一种或多种。欧盟成员国的转换立法在这方面的规定不尽一致。例如,实施指令的新《意大利消费者法典》把认证的 ADR 程序限定于为当事人提供友好处理结果而非约束性处理结果的程序(排除了仲裁),其初衷是保护消费者。不过,经认证的 ADR 机构仍然可以综合利用多种程序,如中立人出具的处理结果对消费者仅具有建议的性质,但对商家却具有约束力。[②] 葡萄牙《消费者 ADR 法》规定,原则上该法仅适用于消费者对商家所提起的程序,消费者仲裁中心可以受理商家对消费者的申诉(该法出台前的实际做法即如此),但消费者必须自愿接受仲裁;即使存在纠纷前仲裁条款,商家欲对消费者提起仲裁程序,仍必须经过消费者的再次同意方可进行仲裁。[③]

第五,对主持纠纷解决程序之个人的资质要求不一。《欧盟 ADR 指令》第 6.1 条仅要求负责纠纷解决程序的个人具备替代性或司法解决纠纷领域的知识和技能,且对法律有一般性了解。一些成员国在具体落实这一要求时,简单照抄了此项规定,如葡萄牙。个别成员国在此基础上增加了条件,如德国要求第三方中立人必须具有法官的任职资格或者是经认证的调解员。[④] 此类额外条件

---

① 该机构于 2009 年开始提供 ADR 服务,并接受德国多个联邦成员州的资金支持,因此被认为适合担任兜底性机构的角色。See Rosa Miquel, *The Implementation of the Consumer ADR Directive in Germany*, in Pablo Cortés eds., The New Regulatory Framework for Consumer Dispute Resolution, Oxford University Press, 2016, p. 184.

② See Carlo Pilia, Pablo Cortés & Paolo Vargiu, *The Implementation of the Consumer ADR Directive in Italy*, in Pablo Cortés eds., The New Regulatory Framework for Consumer Dispute Resolution, Oxford University Press, 2016, p. 222.

③ See Catia Marques Cebola, *The Implementation of the Consumer ADR Directive in Portugal-Necessary Reform or Missed Opportunity*? in Pablo Cortés eds., The New Regulatory Framework for Consumer Dispute Resolution, Oxford University Press, 2016, p. 265.

④ 根据德国现行调解法的规定,调解员必须知晓调解规则和法律在调解中的地位。考虑到德国仍在起草有关调解员认证条件的相关法律,调解员担任 CADR 机构的中立人尚有待时日。See Rosa Miquel, *The Implementation of the Consumer ADR Directive in Germany*, in Pablo Cortés eds., The New Regulatory Framework for Consumer Dispute Resolution, Oxford University Press, 2016, p. 181.

一方面可以提高 ADR 程序的质量,另一方面也限制了 ADR 程序的可及性,并可能导致各个成员国 ADR 机构纠纷解决的质量不一。

总体而言,《欧盟 ADR 指令》的出台对于统一欧盟各国 ADR 程序的质量、推广普及 ADR 的使用发挥了重要作用。由于成员国的国内配套立法及相应实施措施存在差异,特别是成员国原有 ADR 格局差异较大,《欧盟 ADR 指令》对各成员国 ADR 发展的影响程度有所不同。本国的 ADR 格局因此得到较大改善的典型代表是法国,未见明显成效的如意大利。

法国消费者纠纷解决的传统特点是消费者投诉率较高(约 40% 的消费者在过去一两个月中有过投诉),但仅少部分纠纷得以通过商家客服部门以外的纠纷解决机制加以解决,商家的客服部门在解决消费者纠纷方面的作用非常大。《欧盟 ADR 指令》在法国的实施很大程度上扭转了这一局面,促进了调解的广泛运用。[①] 法国不仅制定了国内转换立法来实施欧盟指令的内容,还设立了一个专门从事消费者调解的新网站(www. mediation-conso. fr),供消费者在线提交调解申请。[②] 统计数据显示,2016 年法国消费者对 ADR 的信任度是 66. 1%,比欧盟 28 国的平均水平高出 14. 1%,并且比法国自己 2014 ~ 2016 年的同一指标高出 14. 4%,[③]这组数据印证了学者对法国实施《欧盟 ADR 指令》效果的评价。

意大利实施《欧盟 ADR 指令》的举措对于提升本国 ADR 的现有水平作用有限,一方面,是由于意大利政府不愿为此进行资金上的投入;另一方面,因为意大利保留了一些不符合指令要求的做法,如要求双方当事人及/或其代表实际出席 ADR 程序。有学者认为,意大利立法者在理念上并未跟进,仅将 ADR 作为缓解法院压力的一种手段,而没有意识到 ADR 在提升消费者权益方面的

---

① See Emmanuel Guinchard, *The Implementation of the Consumer ADR Directive in France*, in Pablo Cortés eds. , The New Regulatory Framework for Consumer Dispute Resolution, Oxford University Press, 2016, p. 149 – 150.

② See Nadja Alexander, Sabine Walsh & Martin Svatoš, *EU Mediation Law Handbook: Regulatory Robustness Ratings for Mediation Regimes*, Wolters Kluwer, 2017, p. 321.

③ *Consumer Conditions Scoreboard* 2017 *Edition*, p. 127, European Commission, https://ec. europa. eu/info/sites/info/files/consumer-conditions-scoreboard – 2017 – edition_en. pdf(Last visited on February 25, 2022).

作用。① 2016 年意大利消费者对 ADR 的信任度是 38.6%，低于欧盟 28 国平均水平 13.5%，甚至比 2014 年意大利在同一指标上的得分下降了 4.6%。②

(二)《欧盟 ADR 指令》和《欧盟 ODR 条例》合并实施的效果

2016 年 2 月 15 日，欧盟 ODR 平台正式对用户开放使用。各国依据《欧盟 ODR 条例》的要求向欧盟委员会通知的 ADR 机构已达 460 家(见图 1－1)，其中绝大多数机构已实现与欧盟 ODR 平台的对接，可以处理经该平台转入本机构的纠纷。开放使用的第一年，欧盟 ODR 平台接收到 2.4 万多起申诉；③第二年，平台接收到 3.6 万多起申诉。④ 截至 2020 年 12 月，平台接收到的投诉中有 50% 为跨境纠纷。⑤

在平台接收到的投诉中，2% 经双方达成一致后交由 ADR 机构处理，4% 由一方或双方撤回(通常表明双方自行达成了解决方案)，13% 的申诉被商家拒绝，81% 的申诉在 30 日法定期限后被系统自动关闭。欧盟委员会对法定期限届满后系统自动关闭的申诉进行了调查，发现其中 37% 的纠纷在消费者向平台投诉后经双方协商得以解决。⑥ 总体上，约 1/3 的纠纷直接因消费者向平台的投诉得到了解决。

---

① See Carlo Pilia, Pablo Cortés & Paolo Vargiu, *The Implementation of the Consumer ADR Directive in Italy*, in Pablo Cortés eds., The New Regulatory Framework for Consumer Dispute Resolution, Oxford University Press, 2016, p. 225.

② *Consumer Conditions Scoreboard* 2017 *Edition*, p. 129, European Commission, https://ec.europa.eu/info/sites/info/files/consumer-conditions-scoreboard－2017－edition_en.pdf(Last visited on February 25, 2022).

③ *Report from the Commission to the European Parliament and the Council on the Functioning of the European Online Dispute Resolution Platform Established under Regulation (EU) No 524/2013 on Online Dispute Resolution for Consumer Disputes*, p. 4, European Commission (Dec. 13, 2017), https://ec.europa.eu/info/sites/info/files/first_report_on_the_functioning_of_the_odr_platform.pdf.

④ *Functioning of the European ODR Platform-Statistics 2nd Year*, p. 2, European Commission (Dec., 2018), https://ec.europa.eu/info/sites/info/files/2nd_report_on_the_functioning_of_the_odr_platform_3.pdf.

⑤ *Functioning of the European ODR Platform-Statistical report*, p. 4, European Commission (Dec., 2020) https://ec.europa.eu/info/sites/default/files/odr_report_2020_clean_final.pdf.

⑥ *Functioning of the European ODR Platform-Statistics 2nd Year*, p. 4, European Commission (Dec., 2018), https://ec.europa.eu/info/sites/info/files/2nd_report_on_the_functioning_of_the_odr_platform_3.pdf.

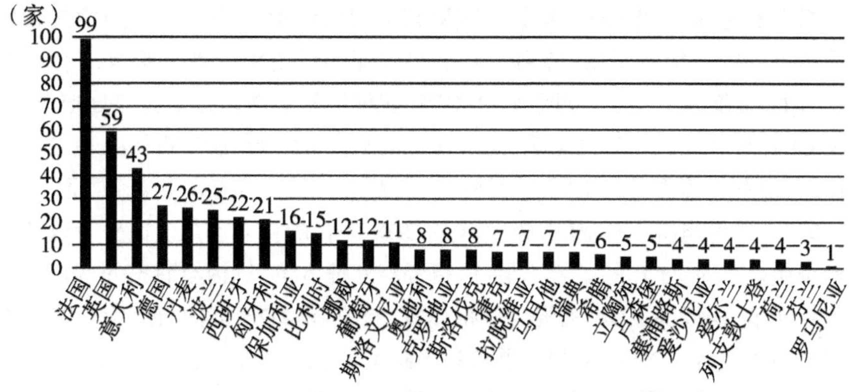

图 1－1 各国通知给欧盟委员会的 ADR 机构数量

资料来源：*Report from the Commission to the European Parliament, the Council and the European Economic and Social Committee on the Application of Directive* 2013/11/*EU of the European Parliament and of the Council on Alternative Dispute Resolution for Consumer Disputes and Regulation* (*EU*) *No* 524/2013 *of the European Parliament and of the Council on Online Dispute Resolution for Consumer Disputes*, p. 20, European Union (Sept. 25, 2019), https://eur-lex.europa.eu/legal-content/EN/TXT/PDF/? uri = CELEX:52019DC0425&from = EN。

除 ODR 平台实现顺畅运行外，欧盟还建成了一个 ODR 联络点网络。欧盟所有成员国、挪威以及列支敦士登均指定了各自的 ODR 联络点，其中多数指定本国的欧洲消费者中心或者其他现有机构兼任此项任务，仅 7 个国家设置了专门机构作为 ODR 联络点。在提供信息与帮助方面，除 5 个国家将 ODR 联络点提供信息与帮助的对象限定于跨境纠纷的当事人外，多数国家的 ODR 联络点既为跨境纠纷当事人提供信息咨询，也为国内纠纷当事人提供信息咨询。ODR 联络点网络运行良好，有的联络点每年可以收到 500 多起咨询。消费者的咨询集中在 30 日期满后平台自动结束案件方面，也有一些消费者对欧盟 ODR 平台与 ADR 机构之间的关系混淆不清，ODR 联络点很好地回应了这些问题。① 在履行《欧盟 ODR 条例》的法定职责之余，ODR 联络点也对 ADR 和 ODR 的宣传推广发挥了积极作用。

---

① *Report from the Commission to the European Parliament, the Council and the European Economic and Social Committee on the Application of Directive* 2013/11/*EU of the European Parliament and of the Council on Alternative Dispute Resolution for Consumer Disputes and Regulation* (*EU*) *No* 524/2013 *of the European Parliament and of the Council on Online Dispute Resolution for Consumer Disputes*, p. 15－16, European Union (Sept. 25, 2019), https://eur-lex.europa.eu/legal-content/EN/TXT/PDF/? uri = CELEX:52019DC0425&from = EN.

综上所述,《欧盟 ADR 指令》和《欧盟 ODR 条例》的合并实施为消费者纠纷的解决发挥了积极作用,特别是对欧盟内部的跨境消费者纠纷解决有所帮助。然而,显而易见的是,欧盟 ADR/ODR 制度框架的潜能并未被充分挖掘,无论是 ODR 平台受理申诉的总量,还是通过该平台分流到 ADR 机构处理之申诉的比例,都有大幅提升的空间。导致这一问题的主要原因有以下 4 个方面。

第一,纠纷当事人对 ADR 以及欧盟 ODR 平台的认知不足。消费者以及中小型企业往往对 ADR 的了解不足:消费者容易把 ADR 机构与商家的客户服务部门相混淆,误以为 ADR 机构会偏袒商家,特别在 ADR 机构与商家存在某种程度的关联或者 ADR 程序的结果有利于商家时;商家有时又误以为 ADR 机构会更偏袒消费者的利益。意识到这一问题后,欧盟委员会采取了一些措施,如在 2016 年、2017 年、2018 年连续举行了 ADR/ODR 交流活动(ADR/ODR communication campaign),并在为中小微企业提供的"消费者法律救济"培训项目中增加了 ADR/ODR 的相关内容。① 欧盟 ODR 平台运行第二年收到的申诉数量比第一年增长了 50%,部分归功于这些 ADR/ODR 的知识普及活动。

第二,欧盟 ADR 机构的现有格局过于复杂。除了各国通知给欧盟委员会的已认证 460 家 ADR 机构外,欧盟各国还有大量未经认证的 ADR 机构,ADR 机构总量惊人。各 ADR 机构不仅程序规则各不相同,连机构名称都是五花八门,各方面差异很大。例如,有的 ADR 机构仅提供调解,有的 ADR 机构提供仲裁,有的 ADR 机构的仲裁裁决书仅对商家有约束力。在一个行业内有多个 ADR 机构时,消费者往往不清楚应该将纠纷提交给哪个机构。这一局面进一步加剧了消费者和商家对 ADR 认知的混淆。

第三,商家的配合度不够高。一方面,多数商家未能履行《欧盟 ODR 条例》第 14.1 条和第 14.2 条所规定的 ODR 信息公示义务。2017 年年底,欧盟委员会对在欧盟成员国、挪威以及冰岛设立的在线零售商进行了网页抓取,发现仅 28% 的商家符合条例对信息公示的要求。② 另一方面,商家利用 ADR 解决其与

---

① *Report from the Commission to the European Parliament, the Council and the European Economic and Social Committee on the Application of Directive* 2013/11/*EU of the European Parliament and of the Council on Alternative Dispute Resolution for Consumer Disputes and Regulation* (*EU*) *No* 524/2013 *of the European Parliament and of the Council on Online Dispute Resolution for Consumer Disputes*, p. 11, European Union (Sept. 25, 2019), https://eur-lex.europa.eu/legal-content/EN/TXT/PDF/?uri=CELEX:52019DC0425&from=EN.

② Ibid., p.16.

消费者之间纠纷的意愿不强。截至 2017 年的数据,仅 31.8% 的零售商愿意使用 ADR 程序,[①]尽管这一数字相较于 2014 年有微幅上升。经统计,在 4 种情况下,商家利用 ADR 的意愿会比较强:一是立法强制要求特定行业或者特定类型交易所致的纠纷必须通过 ADR 解决;二是立法之外的其他规范或规则要求商家必须通过 ADR 解决消费者纠纷,如其所在的行业协会要求成员作出此项承诺;三是对主动利用 ADR 程序的商家进行某种形式的激励,如将其列入表扬清单;四是 ADR 程序对商家完全免费。[②] 然而,《欧盟 ADR 指令》并未强制要求欧盟成员国采取上述任何一种模式,一些成员国并未采取足以促使商家利用 ADR 程序的强制性或激励性措施。

第四,《欧盟 ADR 指令》并未统一纠纷处理过程中的法律适用问题。《欧盟 ADR 指令》仅在第 11.1 条要求,纠纷处理的结果不得造成消费者惯常居住地的强制性法律给予该消费者的保护被剥夺。尽管欧盟有统一的冲突法规则,但是 ADR 机构可以选择不严格依照法律的规定处理纠纷。例如,德国为落实《欧盟 ADR 指令》而起草 VSBG 之初,草案曾要求调解的建议方案必须进行说理,并考虑准据法。德国联邦政府对此表示,跨境纠纷的准据法必须根据欧盟冲突法规则加以确定,但第三方中立人不必像法官那样受到法律的严格约束,因为消费者 ADR 程序的最终结果只是建议性质的,而不具有最终约束力。[③] 法律适用问题未解决,就存在不同 ADR 机构在处理同一纠纷时得出不同结论的可能,从而妨碍当事人就 ADR 机构的选择达成一致,而当事人未能就此达成一致导致 30 日期满后 ODR 平台自动结束纠纷程序正是 ODR 平台面临的最严峻问题之一。

---

① See Justice and Consumers, *Consumer Conditions Scoreboard* – 2017 *edition*, p. 66, European Commission, https://ec. europa. eu/info/sites/info/files/consumer-conditions-scoreboard – 2017 – edition_en. pdf(Last visited on February 25, 2022).

② *Report from the Commission to the European Parliament*, *the Council and the European Economic and Social Committee on the Application of Directive* 2013/11/*EU of the European Parliament and of the Council on Alternative Dispute Resolution for Consumer Disputes and Regulation* (*EU*) *No* 524/2013 *of the European Parliament and of the Council on Online Dispute Resolution for Consumer Disputes*, footnote 1, p. 10, European Union (Sept. 25, 2019), https://eur-lex. europa. eu/legal-content/EN/TXT/PDF/? uri = CELEX:52019DC0425&from = EN.

③ See Rosa Miquel, *The Implementation of the Consumer ADR Directive in Germany*, in Pablo Cortés eds., The New Regulatory Framework for Consumer Dispute Resolution, Oxford University Press, 2016, p. 182 – 183.

第三节 亚太经合组织的 ODR 立法

相较于美洲国家组织和欧盟,亚太经合组织的 ODR 立法工作起步较晚,但成员们较快就此议题达成了共识。

一、立法背景

随着亚太经合组织区域内关税水平的总体下降,该组织将工作的重点逐步转向对跨境贸易和投资造成阻碍的结构性和管制性(structural and regulatory)问题。早在 2004 年,亚太经合组织领导人就通过了《实施结构性改革的领导人议程》,拟从 5 个方面推动结构性改革,其中一个方面是法律基础设施。此后,结构性改革的范围逐步突破了原定的 5 大领域,亚太经合组织于 2010 年发布了《亚太经合组织结构性改革新战略》的倡议。2015 年 9 月,在菲律宾召开的结构性改革部长会议通过了《亚太经合组织结构性改革新议程》,该新议程对结构性改革的规划截至 2020 年。①

亚太经合组织将推动结构性改革的重任交给了它的经济委员会,经济委员会为了完成这一任务开展了一系列活动。2016 年 2 月 26 日,由经济委员会等主体共同发起的"纠纷解决研讨会"(Workshop on Dispute Resolution)在秘鲁首都利马召开,美国代表在会上提出了《数字世界中的商业公正——在线纠纷解决》这一提案。此次研讨会的通报信息显示:"与会代表和参会人认识到调解等其他纠纷解决方式对于有效解决国际商业纠纷的价值,以及通过运用数字技术加速跨境贸易纠纷解决的在线纠纷解决方式的价值,特别是它们对于资源有限的中小微企业的价值。"此后,ODR 正式进入亚太经合组织的讨论范围。

2018 年 8 月,结构性改革高层官员会议列举了亚太经合组织结构性改革的 10 项优先任务,其中的第 6 项任务是"由经济委员会继续实施在线纠纷解决工作计划",进一步明确了经济委员会未来在 ODR 方面的努力方向。2019 年 8 月 26 ~ 27 日,在智利举行的经济委员会 2019 年第二次全体会议通过了《亚太经合组织跨境 B2B 纠纷在线纠纷解决协作框架》(APEC Collaborative Framework for

---

① *Attachment A-The Renewed APEC Agenda for Structural Reform* (2016 - 2020), APEC, https://www.apec.org/meeting-papers/sectoral-ministerial-meetings/structural-reform/2015_structural/attachment-a(Last visited on February 25, 2022).

Online Dispute Resolution of Cross-Border Business to Business Disputes，以下简称《ODR 协作框架》），这份文件成为亚太经合组织推广 ODR 运用的主要工具。

二、《ODR 协作框架》的主要内容

《ODR 协作框架》以解决 B2B 跨境纠纷为主旨，目标清晰，内容简洁明了。

（一）《ODR 协作框架》的目标

《ODR 协作框架》旨在为 B2B（特别是中小微企业间的）跨境纠纷提供有效的解决渠道。[①] 在纠纷双方均同意将它们之间的纠纷提交本框架解决的前提下，一家企业可以向另一家企业提起在线申诉并通过 ODR 解决。《ODR 协作框架》有两大价值目标：一是为中小微企业提供廉价的纠纷解决服务；二是在遵从框架基本要求的情况下 ODR 提供者能享有运营与管理的灵活性。

（二）《ODR 协作框架》的构成要素

《ODR 协作框架》由中央网站、《亚太经合组织关于跨境 B2B 纠纷〈ODR 协作框架〉的示范程序规则》（Model Procedural Rules for the APEC Collaborative Framework for ODR of Cross-Border B2B Disputes，以下简称《示范程序规则》）、参与的 ODR 提供者、亚太经合组织成员这几项基本要素构成。

中央网站是《ODR 协作框架》的中枢，由亚太经合组织的秘书处负责建设和维护，其职能是公示参与《ODR 协作框架》的 ODR 提供者名单。首先，愿意遵守《ODR 协作框架》下的《示范程序规则》的 ODR 提供者应将此意愿上报本国主管机关；其次，由亚太经合组织的成员汇总此类 ODR 提供者的名单，提交给该组织；最后，在中央网站公布所有成员上报的 ODR 提供者的名单，供跨境纠纷的当事人选择使用。

《示范程序规则》所规定的 ODR 程序由谈判、调解和仲裁三个阶段构成。第一个阶段是谈判，如果纠纷双方通过谈判达成了协议，则 ODR 程序到此结束。如果被申请人未在规定的时间内按照《示范程序规则》的要求对申请进行回复，或者双方均请求进入调解程序，或者一方当事人选择不进入谈判程序，则纠纷进入调解程序。如果双方当事人自得知中立人任命后的 10 个自然日内未

---

① 小型企业占亚太经合组织经济体商业总量的 97%。See APEC Electric Commerce Steering Group, *Regulations, Policies and Initiatives on E-Commerce and Digital Economy for APEC MSMEs' Participation in the Region*, p. 46, APEC（Mar., 2020）, https://www.apec.org/Publications/2020/03/Regulations-Policies-and-Initiatives-on-E-Commerce-and-Digital-Economy.

能通过调解达成协议,则纠纷进入最后的仲裁阶段。在程序的任何阶段,如果双方当事人达成了和解,则 ODR 平台将记录和解协议的内容,ODR 程序自动终止。

参与《ODR 协作框架》的 ODR 提供者名单将被公布在中央网站。在被列入该名单之前,经济委员会将要求 ODR 提供者提交书面承诺,表示将遵守《示范程序规则》和《ODR 协作框架》的条款。在被列入该名单之后,此类 ODR 提供者应当:第一,提供自己的 ODR 平台来解决《ODR 协作框架》下的争议,其收费应符合中小企业的承受能力,并与纠纷金额相称。第二,在切实可行的范围内尽可能收集并向经济委员会报告以下信息:发起的 ODR 纠纷数量;被放弃的 ODR 纠纷数量;通过谈判、调解以及仲裁各种方式解决的 ODR 纠纷的数量;发起的反诉数量;解决纠纷所耗费的时间;以金钱裁决的方式得以解决的纠纷数量以及反诉数量,包括解决纠纷的阶段以及裁决金额。第三,请求当事人基于自愿填写问卷,以评估其 ODR 系统的公正性、解决纠纷速度的合理性、中立人的公正性、系统的便捷性等,以及是否会向他人推荐该平台。第四,应确保当事人所提交信息的保密性,以及网站和数据库的安全性。此外,鼓励 ODR 提供者自己发布《ODR 协作框架》所要求报告的数据以及任何其他数据。如果 ODR 提供者违反《示范程序规则》,则经济委员会应将此类明显不符的情况书面通知 ODR 提供者,后者有机会就此提供书面说明并在 30 日内予以纠正(如有正当理由可在该期限后尽快纠正)。如果 ODR 提供者不能满足这些要求,则经济委员会可以将 ODR 提供者从参与《ODR 协作框架》的 ODR 提供者名单中除名,亚太经合组织的成员也应根据自己的法律和法规采取适当的行动。

亚太经合组织成员在《ODR 协作框架》下的义务主要有两方面:第一,鼓励本国企业特别是中小微企业使用参与《ODR 协作框架》的 ODR 提供者所提供的纠纷解决服务;第二,支持与 ODR 相关的国际法律文件的发展和认可,包括但不限于《纽约公约》、UNCITRAL《国际商事仲裁示范法》、《联合国关于国际合同使用电子通讯的公约》以及 UNCITRAL《电子商务示范法》。亚太经合组织鼓励成员在三方面采取措施予以配合:第一,根据《ODR 协作框架》订立双边协议,以执行仲裁裁决,包括请求支付网络提供协助或将案件转交给收款机构;第二,协助 ODR 提供者找到愿意提供服务的中立人;第三,鼓励私人组织(如“信誉标记”组织)参与裁决的执行。

第四节　UNCITRAL 的 ODR 立法

2000 年 6 月，UNCITRAL 第三十三届会议初步讨论了将 ODR 列入今后工作方案的建议。该届会议认为，可开展进一步工作以确定是否需要制定具体规则来推广在线纠纷解决机制。虽然委员会会议在随后近 10 年内多次涉及 ODR 议题，但直至 2010 年 6 月，UNCITRAL 第四十三届会议才决定设立一个工作组专门负责 B2B 和 B2C 跨境电子商务交易 ODR 的国际立法工作。这一任务后来交给了 UNCITRAL 第三工作组。历时 5 年多，第三工作组拟定了一份题为《关于网上争议解决的技术指引》（Technical Notes on Online Dispute Resolution，以下简称《技术指引》）的无约束力的说明性文件，2016 年经 UNCITRAL 第四十九届会议审定通过。

一、立法过程中讨论的重点和难点问题

本书引言第三部分简要提及了 ODR 解决跨境电子商务纠纷所面临的现实障碍，主要包括 ODR 平台的管辖权存在不确定性，缺乏实体问题法律适用的统一规则，纠纷解决的结果难以执行以及各 ODR 平台的程序规则缺乏一致性这几个方面问题。第三工作组在 ODR 立法过程中，或多或少涉及并讨论了这几个方面的问题。

（一）争议前仲裁协议的效力

ODR 平台或者机构对电子商务纠纷行使管辖权的依据是当事人的选择，即当事人在电子商务合同的"纠纷解决条款"预先规定将未来发生的纠纷提交给某 ODR 平台或机构，或者当事人在纠纷发生后一致决定将纠纷提交给某 ODR 平台或机构。这种选择被绝大多数国家的法律认可，因此 ODR 的管辖权总体上不存在疑问。

然而，如果 ODR 程序包含了仲裁，则其对 B2C 纠纷（涉及消费者的纠纷）的管辖权存在一定的不确定性。仲裁管辖权的依据是仲裁协议，仲裁协议大致分为事后仲裁协议和合同中载入的仲裁条款（pre-dispute arbitration agreement）两种情形。电子商务合同中载入的仲裁条款通常表现为商家在其"用户协议"或类似的其他点击许可协议中植入仲裁条款，买方必须点击同意该协议，方可完成本次交易。因买方事实上无法就该仲裁约定与卖方进行谈判，只得选择接

受或者放弃交易机会,因此该仲裁约定并非当事人的真实意思。出于保护消费者的考虑,有些法域规定此类协议对消费者无约束力,如欧盟、日本、韩国、加拿大、一些拉美国家和非洲国家均有相关规定。① 这就导致包含了仲裁阶段的 ODR 程序的管辖权存在不确定性。

在 2011 年 UNCITRAL 第四十四届会议上,委员会特别提醒第三工作组在进行 ODR 立法时考虑该议题对消费者保护的影响。② 各国代表在 2012 年 11 月召开的第三工作组第二十六届会议上就此展开了激烈的交锋。因与会代表对争议前仲裁协议的效力存在分歧,有代表团提议采用"双轨制"方案。所谓"双轨制",是指 UNCITRAL 提供两轨(two tracks)ODR 程序规则,第一轨为包含谈判、调解和仲裁这三个阶段的 ODR 程序,第二轨为不包含仲裁阶段的 ODR 程序。③ 某个纠纷应适用哪套规则,将取决于消费者所在地的国内法是否承认 B2C 争议前仲裁协议的效力。

遵循"双轨制"的思路,秘书处更新了《跨境电子商务交易在线纠纷解决:程序规则草案》(Online Dispute Resolution for Cross-border Electronic Commerce Transactions: Draft Procedural Rules, A/CN. 9/WG. Ⅲ/WP. 119),供第三工作组第二十七届会议讨论。该草案第 1 条规定,跨境 B2C 交易的卖方可以在交易时要求买家点击确认"纠纷解决"条款,选择以仲裁方式结束双方的纠纷。如果消费者所在国法律承认事前仲裁协议的效力,则该条款有效;如若不然,除非消费者事后再次确认该条款的效力,否则该条款将因违反消费者所在国的强行法而无效,双方只能另寻他法。这一方案遭到了欧盟的强烈反对,欧盟指责该方案不能实质性地保护消费者。④ 比如,欧盟消费者与美国卖家订立了"双轨制"方案中的"仲裁轨道协议",同意将纠纷提交给设立在美国的 ODR 机构,假设此 ODR 程序未能适用欧盟的消费者保护法并且程序的最终结果是不利于消费者

---

① *Online Dispute Resolution for Cross-border Electronic Commerce Transactions: Draft Procedural Rules-Proposal by the European Union Observer Delegation*, footnote 10, United Nations (May 22, 2013), https://undocs. org/A/CN. 9/WG. Ⅲ/WP. 121.

② *Report of the United Nations Commission on International Trade Law—Forty-fourth Session*, para. 218, United Nations(Jul. 8, 2011), https://undocs. org/pdf? symbol = en/A/66/17.

③ *Report of Working Group Ⅲ (Online Dispute Resolution) on the Work of Its Twenty-sixth Session*, para. 13 – 24, United Nations(Nov. 19, 2012), https://undocs. org/en/A/CN. 9/762.

④ *Online Dispute Resolution for Cross-border Electronic Commerce Transactions: Draft Procedural Rules-Proposal by the European Union Observer Delegation*, United Nations (May 22, 2013), https://undocs. org/A/CN. 9/WG. Ⅲ/WP. 121.

的仲裁裁决,那么当卖家持该裁决到欧盟国家申请执行时,尽管消费者理论上可以基于裁决违反欧盟消费者保护法律对其执行提出异议,但绝大多数消费者此时会选择付钱了事,而非选择时间和经济成本更高的裁决异议程序。

为避免上述漏洞,欧盟建议了一套"双轨制"实施方案:UNCITRAL 未来的 ODR 程序规则用附件一列出承认 B2C 争议前仲裁协议效力的国家,附件二列出否认 B2C 争议前仲裁协议效力的国家,各国应在该程序规则通过前通知秘书处自己拟归入附件一或附件二;在该程序规则中界定何为"消费者",如果买方是来自附件一国家的消费者,则只允许其选择以仲裁收尾的一轨道程序。① 为配合欧盟方案的实施,商家需准备两套不同的在线纠纷解决协议:如果消费者来自附件二的法域,则商家在交易阶段向消费者提供的在线纠纷解决协议应规定 ODR 的结果将不具有约束力;如果消费者来自附件一的法域,则商家提供的在线纠纷解决协议应规定 ODR 程序将以仲裁收尾。在技术上,商家凭买方身份(企业或消费者)及其所属法域提供不同的在线纠纷解决协议具有可行性,前提是商家收集到购买用途为私用/公用(用以识别买方是否为消费者)以及买方的收货地址或付款地址(用以识别买方所属法域)这两类信息。

对于欧盟所提出的方案,第三工作组第二十七届会议讨论后认为:该方案虽不完美,但可以此为基础开展进一步讨论。② 秘书处随后为两个轨道分别起草了 ODR 程序规则(A/CN. 9/WG. Ⅲ/WP. 123 和 A/CN. 9/WG. Ⅲ/WP. 123/Add. 1 号文件),供工作组在下届会议中审议。两个轨道的制度安排为:一轨道的 ODR 程序包括谈判、调解和仲裁三个阶段,规则草案将"消费者"定义为"主要为个人、家庭或家居目的而行事的自然人"(第 2 条),如交易一方是附件所列的否认 B2C 争议前仲裁协议效力的国家的消费者,则不适用一轨道规则,除非双方在纠纷发生后另行约定适用一轨道规则(第 1 条);禁止消费者通过争议前仲裁协议解决跨境电子商务纠纷的国家,可以通知委员会将自己列入一轨道规则的附件。二轨道的 ODR 程序不含仲裁,仅有谈判和调解两个阶段。

第三工作组在"双轨制"方案如何实施的问题上僵持了几届会议,就"双轨

---

① *Online Dispute Resolution for Cross-border Electronic Commerce Transactions: Draft Procedural Rules-Proposal by the European Union Observer Delegation*, United Nations (May 22, 2013), https://undocs.org/A/CN. 9/WG. Ⅲ/WP. 121.

② *Report of Working Group Ⅲ (Online Dispute Resolution) on the Work of Its Twenty-seventh Session*, para. 31 – 43, United Nations (Jun. 3, 2013), https://undocs.org/A/CN. 9/769.

制”的实施先后出现了4个提案，与会各方难以就此达成一致。委员会获悉这一情况后，指令第三工作组在已获一致认同之内容的基础上，就ODR程序拟定一份不具有约束力的、说明性的文件，而不再考虑最后阶段（可能包含仲裁的阶段）的性质问题；委员会给工作组设定了一年或者不超过两届工作组会议的期限，届时无论是否取得结果，均将终止第三工作组的ODR立法工作。① 第三工作组的最终成果《技术指引》贯彻了委员会的这一指令，回避了争议前仲裁协议的效力问题。

（二）实体问题的法律适用

本书引言的第三部分简要分析了跨境电子商务纠纷实体问题的法律适用难题，得出的初步结论是冲突法方法解决实体问题的法律适用存在经济成本和时间成本双高的缺点，致使其无法匹配跨境电子商务纠纷数量大、金额低的特点。因此，跨境电子商务的ODR国际立法必须考虑实体问题的法律适用，第三工作组在ODR立法过程中的确花了较多精力讨论了这个问题。

第三工作组解决该问题的最初设想是：当事人既可以通过事前协议选择准据法（通常表现为卖家在其格式条款中载入法律选择条款），也可以在纠纷发生后协议选择准据法，但当事人选择的效力受强行法和公共政策的影响；如当事人没有选择法律，则根据程序进行地的国际私法确定应适用的法律，尽管网上仲裁的仲裁地认定本身就有困难；如果仲裁规则或当事人授权，仲裁员可酌情决定实体问题所适用的法律。②

在第三工作组第二十二届会议上，许多代表团支持这一思路：以公平原则、行为守则、统一通用实体规则为裁决的基本依据，兼顾消费者保护的相关要求，从而回避运用冲突法方法可能出现的复杂局面。其理由是ODR处理的绝大多数案件都可以基于合同条款本身作出裁决，仅极少数案件需要涉及复杂的法律原则，故ODR的国际规则应简单、快捷和灵活。③ 基于此共识，秘书处起草的《跨境电子商务交易在线纠纷解决：程序规则草案》第一稿规定：“所有案件中，

---

① *Report of the United Nations Commission on International Trade Law*, *Forty-eighth Session*, para. 352, United Nations (Jul. 16, 2015), https://undocs.org/A/70/17.

② *Online Dispute Resolution for Cross-border Electronic Commerce Transactions-Note by the Secretariat*, para. 77–78, United Nations (Oct. 13, 2010), https://undocs.org/A/CN.9/WG.Ⅲ/WP.105.

③ *Report of Working Group Ⅲ (Online Dispute Resolution) on the Work of Its Twenty-second Session*, para. 101, United Nations (Jan. 17, 2011), https://undocs.org/en/A/CN.9/716.

中立人应按照合同条款,在考虑到任何相关事实和情形的情况下作出决定,并应考虑到适用于有关交易的任何贸易惯例。"①

对于"并应考虑到适用于有关交易的任何贸易惯例"这一表述,代表们有三种观点:一是这段文字可能难以被消费者理解,应予删除;二是程序规则草案的适用范围并不局限于 B2C 纠纷,而是同时包括了 B2B 纠纷,因此应重拟这段案文,以明确它将仅适用于 B2C 纠纷还是同时适用于其他类型的纠纷;三是删除该款,因为它更多地涉及裁定纠纷的实质性法律原则。在第二十四届会议讨论后,工作组决定将这段案文置于方括号内,并在今后讨论将其放于何处合适。②

在立法讨论过程中,支持适用贸易惯例的主要理由是:《联合国国际贸易法委员会仲裁规则》(以下简称《联合国仲裁规则》)以及《国际商事仲裁示范法》均提及惯例的适用,ODR 的规则草案应当尽可能与两者保持一致。然而,反对者指出,UNCITRAL 现有法规的文本通常是作为一揽子文本设计的,选择性地采用其部分内容并不合理,并且低价值消费者纠纷适用贸易惯例也不适当。③

贸易惯例的适用仍在争论中,ODR 规则草案在法律适用方面又增加了"公平善意"(*ex aequo et bono*)的要求。④ 工作组指出,ODR 程序适用"公平善意"体现了对 ODR 程序至关重要的快捷、常理和公平原则,中立人(或仲裁员)可以不参照任何特定的法律体系,仅依据公正原则裁决纠纷。虽然有些法域以当事人的明示同意为"公平善意"的适用前提,但本程序规则是合约性质的,不会优先于国内法,因此无意就此问题作出统一规定。⑤

对此,第三工作组第二十七届会议收到了各种意见。反对意见的主要理由

---

① *Online Dispute Resolution for Cross-border Electronic Commerce Transactions: Draft Procedural Rules-Note by the Secretariat*, para. 55, United Nations (Mar. 17, 2011), https://undocs.org/en/a/cn.9/wg.Ⅲ/wp.107. 该文件的英文版使用了"usage of trade"这一表述,对应的中文版使用了"商业惯例"这一表述。为与国内的习惯表达一致,本书使用"贸易惯例"这一表述。

② *Report of Working Group Ⅲ (Online Dispute Resolution) on the Work of Its Twenty-fourth Session*, para. 141 – 142, United Nations (Nov. 21, 2011), https://undocs.org/en/A/CN.9/739.

③ *Report of Working Group Ⅲ (Online Dispute Resolution) on the Work of Its Twenty-sixth Session*, para. 59 – 60, United Nations (Nov. 19, 2012), https://undocs.org/en/A/CN.9/762.

④ 修改后的该款规定为:所有案件中,中立人应根据合同条款,在考虑到任何相关事实和情形的情况下,作出公平善意的决定[,并应考虑到交易所适用的任何贸易惯例]。

⑤ *Online Dispute Resolution for Cross-border Electronic Commerce Transactions: Draft Procedural Rules-Addendum-Note by the Secretariat*, para. 67 – 70, United Nations (Mar. 12, 2013), https://undocs.org/A/CN.9/WG.Ⅲ/WP.119/Add.1.

是："公平善意"的语义不清，致使中立人的裁量权限过宽；消费者难以理解"公平善意"这样的法律术语，应使用更为直白、易懂的语言替代该术语。解决方案也有多种，一种是将该条款修改为"中立人应根据合同条款作出决定，除此之外也可作出公平善意的决定"；另一种是将实体问题的法律适用单列入一份文件。因分歧难以弥合，会议决定将"公平善意"的字样用方括号标注，以搁置待议。①

直至2015年2月第三工作组第三十一届会议，代表们对于ODR解决实体问题时是否应适用贸易惯例以及"公平善意"仍争论不休。最终，代表们在此问题上达成了初步共识：仲裁员应在考虑案件相关事实和情形的基础上适用合同条款，并顾及公平、正义、合理的基本原则；贸易惯例本身被涵盖在前述考量中。工作组要求秘书处草拟合适的措辞，以准确体现此项共识。②

遗憾的是，由于第三工作组的最终成果《技术指引》没有明确仲裁的性质问题，③因此丝毫未提及实体问题的法律适用。

（三）结果的执行机制

ODR解决纠纷的结果可能是当事人经自行谈判达成的和解协议、经第三人调解达成的调解书或者仲裁裁决书中的任一项。传统上，除仲裁裁决有可能依据《纽约公约》的规定得以承认和执行外，和解协议和调解书均无法执行，或者仅能在少数法域得到非常有限度的执行。④ 不解决ODR结果的执行问题，ODR对跨境电子商务纠纷的当事人就不会真正具有吸引力。

早在2011年年初，第三工作组就曾设想建立一套比《纽约公约》的执行机制更简便的ODR执行机制，如信誉标记、商家认证、商家承诺（服从对己不利的ODR裁决），或公示履行情况的数据。⑤ 次年的UNCITRAL第四十五届会议上，委员会指示工作组进一步探寻有效执行ODR结果的方式。在讨论"双轨制"⑥的

---

① *Report of Working Group Ⅲ (Online Dispute Resolution) on the Work of Its Twenty-seventh Session*, para. 101 – 105, United Nations (Jun. 3, 2013), https://undocs.org/A/CN.9/769.

② *Report of Working Group Ⅲ (Online Dispute Resolution) on the Work of Its Thirty-first Session*, para. 49, United Nations (Mar. 3, 2015), https://undocs.org/A/CN.9/833.

③ 原因分析见前一部分"争议前仲裁协议的效力"的最后一段。

④ 仲裁裁决跨境执行的成本高，对跨境电子商务纠纷的当事人不具有实际吸引力。《联合国关于调解所产生的国际和解协议公约》将在很大程度上解决跨境商事调解协议的执行问题，本书第三章第二节分析了该问题。

⑤ *Report of Working Group Ⅲ (Online Dispute Resolution) on the Work of its Twenty-second Session*, para. 98, United Nations (Jan. 17, 2011), https://undocs.org/en/A/CN.9/716.

⑥ 见本节第一部分"争议前仲裁协议的效力"对"双轨制"的介绍。

过程中，第三工作组曾请秘书处提供一份概括介绍私人执行机制的文件，以便执行二轨道程序（不包含仲裁的 ODR 程序）的中立人的建议。在此背景下，秘书处于 2013 年草拟了《跨境电子商务交易在线纠纷解决：私人执行机制概览》（Online Dispute Resolution for Cross-border Electronic Commerce Transactions：Overview of Private Enforcement Mechanisms，以下简称《私人执行机制概览》），供第二十八届工作组会议审议。

因工作组此前并未讨论"私人执行机制"的具体含义，《私人执行机制概览》一文将其界定为"替代法院执行仲裁裁决或和解协议，并且可以激励当事人履行纠纷解决的结果或自动执行纠纷解决的结果"的机制。在履行的激励机制方面，该文提及了评分、信誉标记、让不履行 ODR 结果的商家暂停使用其域名、建立商家"黑名单"、与电子商务交易平台合作从而中止不履行的商家在平台的账户、取消不履行的商家在行业协会的会员资格等机制；着重提出了将评分和信誉标记用于执行 ODR 结果时应考量的问题，如由谁进行评分、评分的结果如何公示、如何处理影响评分的主观因素（如评分者因对 ODR 结果不满意而故意打低分，与结果的履行情况不符）、谁是提供信誉标记的主体、信誉标记的评价标准是什么、谁对信誉标记的提供主体进行规制，等等。在自动执行 ODR 程序结果的机制方面，《私人执行机制概览》提及了退款和第三方托管账户（如支付宝）两种制度。退款机制是"由实际控制裁判程序以及交易所致的金融流的支付中介（如信用卡公司或银行）管理的，（与 ODR）平行的纠纷解决程序，或者以其他方式依赖控制纠纷的金融资源"的机制。退款机制虽实用，秘书处却认为它未必能服务于 ODR 结果的执行，因为退款的用途局限于信用卡支付，可作为信用卡购物的纠纷解决程序，并非另一个独立的纠纷解决程序的执行机制。对于第三方托管账户，秘书处指出托管方既可以是合同以外的第三方，也可以是 ODR 提供者。总体而言，此份文件仅提及了执行 ODR 程序结果的若干可能，并未具体分析如何运用各种机制。

2015 年 1 月，哥伦比亚联合美国提交了一份提案给第三工作组，[①]强调退款机制对于解决跨境电子商务纠纷的作用，指出支付系统退款的适用范围并不局限于信用卡（包括借记卡）。第七届美洲国际私法特别会议在谈判过程中曾

---

① *Online Dispute Resolution for Cross-border Electronic Commerce Transactions—Proposal by the Governments of Colombia and the United States of America*, United Nations (Jan. 20, 2015), https://undocs.org/en/A/CN.9/WG.Ⅲ/WP.134.

讨论付款系统退款办法的示范法，其拟定的适用范围包括货物及服务的未经授权、数量不符、消费者不接受以及未按约定交付。哥伦比亚和美国认为，该示范法与工作组正在讨论的ODR规则在适用范围上基本一致，因此跨境电子商务消费者纠纷可以交由一个与支付系统退款机制相衔接的ODR程序解决。该提案最终呼吁，UNCITRAL的ODR程序规则应将支付系统退款作为执行程序结果的工具之一。2015年2月，第三工作组第三十一届会议听取了该提案的相关报告以及美国联邦贸易委员会就美国实行退款机制的实践的专题介绍，但未就此得出任何结论。

二、立法成果的性质

在UNCITRAL的立法成果中，《技术指引》是一个性质非常特殊的文件。

（一）UNCITRAL制定的国际贸易法律文本的类型

为履行其统一国际贸易法律的职能，UNCITRAL运用和创设了多层次、多种类的国际规则形式。概括而言，UNCITRAL出台的法律文本分为立法案文与非立法案文。

立法案文可以由各国通过颁布国内法加以采用，其具体形式包括国际公约、示范法、示范条款、立法指南和建议，各自的典型代表为《联合国国际货物销售合同公约》《贸易法委员会国际商事仲裁示范法》《贸易法委员会私人融资基础设施项目示范立法条文》《贸易法委员会企业登记处关键原则立法指南》。立法案文通过影响各国的国内立法，达到统一国际贸易法律的终极目标。

非立法案文供国际贸易合同当事人选择使用，其典型形式为合约性法规（contractual text）。对仲裁和调解的国际统一发挥了重要作用的《联合国仲裁规则》和《贸易法委员会调解规则》均属于合约性法规。非立法案文直接供当事人选用，无须各国国内立法的配合，就能实现统一国际贸易法律的目标。

除国际公约、示范法、示范条款、立法指南和建议、合约性法规之外，UNCITRAL出台的法律文本还有一类名为"解释性法规"（explanatory text）。解释性法规在名称上表现不一，有的叫"指南"，有的叫"说明"，有的叫"建议"。从性质上来看，多数解释性法规属于非立法案文，如《贸易法委员会关于国际补偿贸易交易的法律指南》《2016年贸易法委员会关于安排仲裁程序的说明》《根据〈贸易法委员会仲裁规则〉在仲裁方面帮助仲裁机构和其他有关机构的建议》。然而,少数解释性法规在性质上更接近于立法案文,如《关于 1958 年 6 月 10 日在纽约制定的〈承认及执行外国仲裁裁决公约〉第 2 条第 2 款和第 7 条第 1 款的解释的建议》。该建议虽被归为解释性法规,但其目的是鼓励各国适用《纽约公约》第 2 条第 2 款以及鼓励各国通过《贸易法委员会国际商事仲裁示范法》经修订的第 7 条,且该建议不能由国际贸易合同当事人直接选择使用,因此在性质上应属于立法案文。

(二)《技术指引》的性质

2010 年,UNCITRAL 决定设立一个工作组在跨境电子商务交易 ODR 领域开展工作之时曾表示:"所要制定的法律标准的形式应由工作组对该专题作进一步讨论之后决定。"①可见,UNCITRAL 最初并未确定拟制定的 ODR 法律标准属于何种性质。在首次讨论相关法律标准制定工作的第二十二届会议上,第三工作组将今后的工作设定为提请秘书处:(1)起草 ODR 的一般性程序规则草案;(2)就设计 ODR 系统所涉及的原则和问题起草文件。② 秘书处随即起草了《跨境电子商务交易网上争议解决:程序规则草案》(A/CN. 9/WG. Ⅲ/WP. 107)、《跨境电子商务交易网上争议解决:在构思全球网上解决框架时需要审议的问题》等文件供第三工作组讨论。无论是秘书处起草的这些文件,还是第三工作组的会议,均未曾指明拟制定的法律标准是何性质。

直至 UNCITRAL 第四十八届会议,因第三工作组就"双轨制"的实施方案迟迟悬而未决,委员会指令第三工作组在已获一致认同之内容的基础上,就 ODR 程序拟定一份不具有约束力的说明性文件。③ 最终,由第三工作组起草、UNCITRAL 审定并通过的 ODR 国际规则的名称定为《关于网上争议解决的技术指引》,被归入解释性法规。

前文提及,UNCITRAL 的解释性法规在性质上多属于非立法案文,个别属于立法案文。然而,《技术指引》在性质上既不是立法案文,也不是典型的非立法案文,而是接近标准化组织所制定的国际标准。

《技术指引》不是立法案文,原因有三方面:第一,UNCITRAL 通过《技术指

① *Report of the United Nations Commission on International Trade Law, Forty-third Session*, para. 257, United Nations(Jul. 9, 2010), https://undocs. org/A/65/17.

② *Report of Working Group Ⅲ (Online Dispute Resolution) on the Work of Its Twenty-second Session*, para. 115, United Nations(Jan. 17, 2011), https://undocs. org/en/A/CN. 9/716.

③ *Report of the United Nations Commission on International Trade Law, Forty-eighth Session*, para. 352, United Nations(Jul. 16, 2015), https://undocs. org/A/70/17.

引》的决定使用的措辞是"建议所有国家及其他相关方在设计和实施针对跨境商业交易的网上解决系统时使用"《技术指引》,①而非"建议所有国家在进行网上解决立法时使用"《技术指引》。第二,曾有人建议在ODR成果文件的名称中使用"guideline"一词,第三工作组否决的理由是容易造成与使用"guide"的其他UNCITRAL文件混淆,而两者的范围并不相同。只有UNCITRAL立法指南的标题才可能使用"guide",可见工作组意图将ODR成果文件区别于以"guide"为题的立法指南,而ODR成果文件与UNCITRAL其他类型的立法案文(如国际公约、示范法)的性质相距更远。第三,第三工作组讨论曾提及,使用"Technical Notes"这一表述将避免任何暗示成果文件可能包含规范性规则(prescriptive rules)的可能性。②

《技术指引》也不是典型的非立法案文。在《技术指引》之前,名称中使用"指引"(note)一词的解释性法规仅一例,即《2016年贸易法委员会关于安排仲裁程序的说明》,该文件被明确归类为非立法案文。③ 尽管第三工作组在讨论过程中提及此文件,并指出此文件的范围与《技术指引》的范围相似,但《技术指引》缺少UNCITRAL非立法案文的关键特征。《技术指引》第6条明确规定:"《技术指引》是一部说明性文件,既不着眼于具有穷尽性或排他性,也不适合用作任何网上解决程序的规则。《技术指引》并不提出对当事人或者对管理网上解决程序或者使之得以进行的任何人和(或)任何实体具有约束力的任何法律要求,也不意味着对当事人可能选用的任何网上解决规则作任何修改。"可见,《技术指引》并非可供国际贸易当事人直接选用的一套规则,不具备UNCITRAL非立法案文的关键特征。

之所以说《技术指引》更接近标准化组织所制定的国际标准,原因有两方面:第一,《技术指引》目的部分之第4条规定:"《技术指引》反映了对网上解决系统采取的方针,这些方针体现了公正、独立、高效、实效、正当程序、公平、问责和透明原则。"该条体现的目的与国际标准所追求的目的相仿。第二,UNCITRAL通过《技术指引》的决定里使用了"建议所有国家及其他相关方在

---

① *Report of the United Nations Commission on International Trade Law, Forty-ninth Session*, para. 217, United Nations(Jul. 15, 2016), https://undocs.org/A/71/17.

② *Report of Working Group Ⅲ (Online Dispute Resolution) on the Work of Its Thirty-third Session*, para. 77–78, United Nations(Mar. 11, 2016), https://undocs.org/en/a/cn.9/868.

③ 《贸易法委员会立法案文与贸易法委员会非立法案文之间有何区别?》,载联合国国际贸易法委员会网,https://uncitral.un.org/zh/about/faq/texts。

设计和实施针对跨境商业交易的网上解决系统时使用”该指引的措辞,体现了《技术指引》的国际标准功能。

三、立法成果的主要内容

UNCITRAL的ODR立法成果《技术指引》分12节,共53个条文,着重就六个方面问题作出了规定。

(一)《技术指引》的目的和性质

《技术指引》的目的是促进ODR的发展,并协助ODR的参与方,包括ODR管理人、ODR平台、中立人以及ODR程序的各方当事人。为实现此目的,《技术指引》反映了ODR系统如何贯彻公正、独立、高效、实效、正当程序、公平、问责和透明的原则,并立足于解决以电子通信方式所订立的跨境、低金额的销售合同纠纷或者服务合同纠纷。

根据《技术指引》第6条的规定,它在性质上是说明性文件,不适合用作任何ODR程序的规则;该条之前的段落标题显示,其不具有约束力。本节第二部分已经讨论了《技术指引》的性质问题,在此不再赘述。

(二)ODR的定义、特征和适用范围

《技术指引》第24条和第29条将ODR定义为“借助电子通信以及其他信息和通信技术解决争议的一种机制”,“通信”是指以借助电子手段、电磁手段、光学手段或类似手段生成、发送、接收或存储信息的方式进行的任何通信(包括陈述、声明、要求、通知、答复、提交书、通知书或请求)。此外,ODR程序“可以由不同的程序管理人以不同方式执行,并可能随时间演变”。

《技术指引》第26条概括了ODR的特征,即ODR必须有一个基于技术的中间环节,而不可能在只有纠纷当事人和中立人①的情况下实施。为此,应配套一个“以确保数据安全的方式生成、发送、接收、存储、交换或以其他手段处理通信的系统”,即我们通常所说的ODR平台。

ODR既可适用于企业对企业交易(B2B)所产生的纠纷,也可适用于企业对消费者交易(B2C)所产生的纠纷;既适用于销售合同所产生的纠纷,也适用于服务合同所产生的纠纷。因ODR追求简单、快捷、高效,因此特别有助于解决跨境、低价值电子商务交易所产生的纠纷。

---

① 《技术指引》中将主持协助下调解程序的第三方称为“中立人”(neutral)。

（三）ODR 的参与方

一是申请人，即提起网上解决程序（或在线解决程序）的当事人。二是被申请人，即申请人通知所针对的当事人。三是中立人，即协助当事人解决纠纷的个人。四是 ODR 平台，即生成、发送、接收、存储、交换或以其他手段处理通信的系统，申请人、被申请人、中立人均通过该系统传递信息，借以解决纠纷。五是 ODR 管理人，《技术指引》第 27 条要求 ODR 平台应当是有管理的、协调的，执行此种管理和协调功能的实体就是 ODR 管理人。ODR 管理人既可以独立于 ODR 平台，也可以是平台的组成部分。如当事人有意通过 ODR 解决纠纷，宜在纠纷解决条款中具体指明 ODR 管理人和 ODR 平台。

（四）ODR 的程序设计

《技术指引》所设计的 ODR 程序包括谈判、协助下调解以及最后阶段（见图 1－2）。

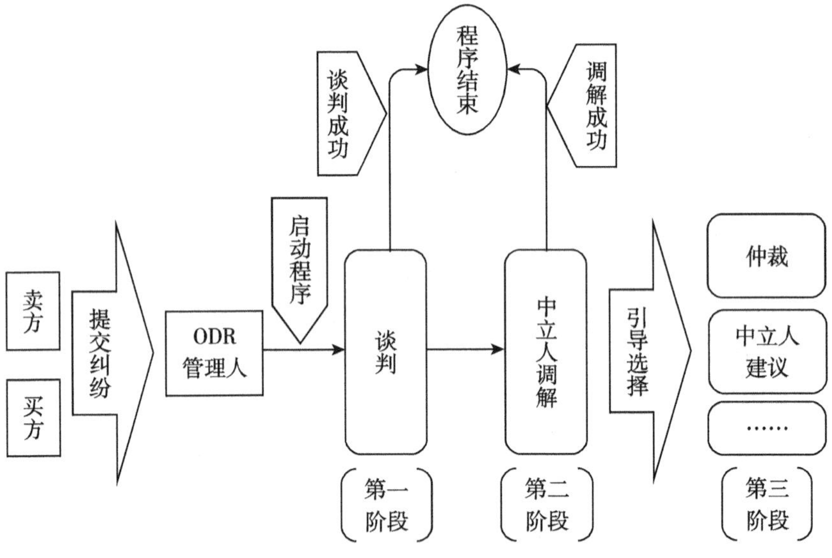

图 1－2　ODR 的程序

谈判阶段（第一阶段）是指当事人之间经由 ODR 平台进行谈判。申请人通过 ODR 平台向 ODR 管理人提交通知，ODR 管理人立即向被申请人通知申请事宜，并向申请人通知答复事宜，此后即可启动第一阶段。如果被申请人未作答复，则可以在通知发给被申请人后的一段合理时间内启动第一阶段。ODR 平台的程序规则可以为谈判设置一个合理的时限,当事人未在该时限内达成和解的,程序进入第二阶段。

协助下调解阶段(第二阶段)由指定的中立人与各方当事人沟通,设法达成和解。如果谈判阶段由于任何原因(包括当事人未参加或者未在某一合理时限内达成和解)未果,或者争议一方或双方请求直接进入下一阶段,则第二阶段启动。为提高效率和降低成本,ODR 平台的程序规则可规定,由 ODR 管理人在第二阶段启动后迅速指定中立人,并迅速将中立人的姓名以及与该中立人身份有关的信息通知当事人。如果未能在合理时限内实现协助下和解,ODR 程序可以进入最后阶段。

最后阶段(第三阶段)是指在中立人协助调解未果的情况下,ODR 管理人或中立人可以向当事人告知最后阶段的性质以及这一阶段可能采取的形式,由各方当事人同意或者一致选择后所进入的纠纷处理程序。《技术指引》的文本本身并未提及最后阶段的程序内容是什么,原因是第三工作组在"双轨制"的实施方案问题上迟迟未能形成决议,为促使其尽快完成使命,委员会指令第三工作组在已获一致认同之内容的基础上就 ODR 程序拟定一份不具有约束力的说明性文件,而不再考虑最后阶段的性质问题。不过,从第三工作组围绕"双轨制"实施方案的讨论过程可知,ODR 平台可以将最后阶段设置为有约束力的仲裁、无约束力的中立人建议或者其他程序中的一种或多种。第二阶段结束后,ODR 管理人或中立人告知当事人最后阶段的性质及其可能采取的形式,由当事人选择使用哪个程序。如当事人作出了一致选择,则 ODR 程序继续进入当事人所选择的程序;如当事人未能作出一致选择,则 ODR 程序到此结束。

(五)ODR 的原则

在法律层面,ODR 应遵循的原则包括公平、透明、正当程序和问责。在实践操作层面,ODR 应遵循的原则包括简单、快捷、高效,以便能够在"真实的现实环境"中加以使用(包括 ODR 不应造成与所涉经济价值不相称的费用、延迟和负担)。

为保障公平,《技术指引》要求中立人保持独立性(第 13、14 条),并具备必要的专长(第 15、16、47 条)。在保持独立性方面,ODR 管理人应要求中立人遵守职业道德守则,并建立调查和处理利益冲突的内部机制。在确保专长方面,中立人应拥有处理有关纠纷的专业经验和纠纷解决技巧,但并不要求其一定是有资格的律师;ODR 管理人应制定和执行有关中立人选拔和培训的政策,并建立内部监督或质量保障程序,以确保中立人遵守 ODR 管理人所确立的标准。

为保障透明,《技术指引》提出了三个层面的要求(第10、11、12条):一是ODR管理人与特定卖方之间的任何关系应予披露,以便服务使用人了解潜在的利益冲突;二是在不违反保密要求的情况下,鼓励ODR管理人公布有关ODR结果的匿名数据或统计数字,以便当事人评估其总体表现;三是所有相关信息均应以用户相宜、便于查询的方式公布在ODR管理人的网站上。

对ODR正当程序的概括性要求是,须符合线下的纠纷解决程序所适用的同等保密标准和正当程序标准,特别是在独立性、中立性和公正性方面(第53条)。除此之外,对ODR正当程序的具体要求有:ODR程序应当取得各方当事人的明示、知情同意(第17条);ODR程序中的所有通信都经由ODR平台进行,为此,纠纷双方以及ODR平台本身都应当有一个指定的"电子地址"(第30条);遵守《技术指引》对ODR三阶段的程序要求,如最后阶段的启动前提是ODR管理人或中立人向当事人告知最后阶段的性质以及这一阶段可能采取的形式,并获得各方的一致同意。值得注意的是,为了突出ODR相较于传统纠纷解决办法在时间和效率方面的优势,需要适用简化的中立人指定和质疑程序(第50条)。

《技术指引》对ODR程序的快捷和高效也有具体的建议。一方面,ODR管理人对程序各环节的控制要精准,避免浪费时间。例如,ODR管理人应迅速确认ODR平台收到的任何通信,迅速通知当事人平台收到的通信可供检索,以及迅速告知当事人程序不同阶段的启动和终结事宜(第31条)。另一方面,有关程序的起算时间不以有关行为实际发生为准,而以当事人可以实施有关行为为准。例如,管理人通知一当事人可在平台上检索某一通信之时,视为该当事人收到该通信的时间;程序截止时间自管理人发出该通知之时起算(第32条)。

(六)中立人的指定、权力和义务

《技术指引》第46~50条规定了中立人的相关事宜,这些规定充分体现了ODR程序对效率和成本控制的追求。

中立人的人数应为1人。ODR管理人仅在应适用的ODR规则要求的情况下指定中立人。中立人宜拥有处理有关纠纷的专业经验和纠纷解决技巧,但并不要求其一定是有资格的律师。一经指定,ODR管理人须将中立人的姓名以及与该中立人有关的身份或其他相关信息通知当事人。当事人应有机会对中立人的指定提出异议。不过,中立人异议程序应比传统纠纷解决办法的裁判人员异议程序更为简化。如果中立人在ODR程序进行中辞职或者被替换,应由ODR管理人另行指定一人替换,并确保该人符合与最初指定的中立人同等的保障条件。

中立人有权在不违反应适用的 ODR 规则的前提下以其认为适当的方式进行 ODR 程序,有权允许当事人提供与程序相关的补充信息,有权将应适用的 ODR 规则所设置的最后期限延展一段合理时间。相应地,中立人应承担一系列的义务:一是一旦接受指定,即意味着中立人承诺其将为程序之进行投入必要的时间;二是中立人应就其公正性和独立性作出声明,并随时披露可能导致对其公正性和独立性产生怀疑的任何事实或情形;三是在进行程序时应避免不必要的延迟或费用;四是为解决纠纷提供公平、高效的程序;五是在程序全过程中保持独立、公正,平等对待双方当事人;六是中立人应根据程序中收到的信息开展 ODR 程序(但中立人可以允许当事人提供与程序相关的补充信息)。

四、立法成果的成就及不足

《技术指引》是以 ODR 为主题的第一个全球性规则,为 ODR 涉及的基本问题提供了基础性的解决方案。作为 UNCITRAL 制定的解释性法规,该指引的文本由联合国秘书长以联合国 6 种正式语言予以发布,UNCITRAL 推荐所有国家及其他相关方在设计和实施针对跨境商业交易的 ODR 系统时使用该《技术指引》。可以预见,《技术指引》对于 ODR 的推广运用以及技术标准的统一化将发挥积极的作用。与此同时,UNCITRAL 的 ODR 立法历时近 6 年,吸引了很多国家和团体参与讨论,有关 ODR 的所有议题在讨论中均有所涉及,引发了各界对于 ODR 的关注和研究。

然而,《技术指引》的不足也很明显。首先,《技术指引》被定性为无约束力的、描述性文件,被归为 UNCITRAL“解释性法规”,但它并非典型的立法案文或非立法案文,只能挥发类似于国际标准的作用。[①]

其次,因立法过程中各方对“双轨制”实施方案的分歧太大,《技术指引》最终把仲裁放在了指引所设计的 ODR 程序的“最后阶段”,并对最后阶段以寥寥数语带过。仲裁的性质(是否对双方有约束力,特别是对消费者的约束力)、仲裁员的资质要求(如中立人是否可以继续担任仲裁员)、仲裁的期限等问题均无法在《技术指引》中找到答案。

再次,因“双轨制”实施方案的讨论耗时太长,第三工作组虽讨论了实体问

① 详见本节第二部分对《技术指引》性质的分析。

题的法律适用以及 ODR 结果的执行机制这些重要问题，但因无法形成一致意见而作罢，导致《技术指引》在这些重要问题上的空白。此外，《技术指引》第 52 条虽提及 ODR 平台和 ODR 管理人行为准则的制定问题，但未能就此进一步展开。

最后，因委员会第四十八届会议给第三工作组下了最后通牒，《技术指引》最终文本的形成有些仓促，使得文本在体系上、文字上难以尽善尽美。例如，第 42 条建议协助下调解阶段启动时由 ODR 管理人指定一位中立人，而第 46 条却规定 ODR 管理人仅在应适用的 ODR 规则要求的情况下指定中立人，即指定中立人并非 ODR 管理人当然的、自动的权限，因此这两条的规定不尽一致。这些瑕疵将给《技术指引》的理解和适用造成不一致。

第二章　实体问题的法律适用

本书引言的第三部分提及跨境电子商务纠纷 ODR 程序中实体问题的法律适用难题，指出传统冲突法方法存在经济成本和时间成本双高的不足，认为传统冲突法方法难以适应跨境电子商务纠纷数量大、金额低的特点。因此，在制定跨境电子商务的 ODR 规则时不宜固守传统冲突法方法，可以考虑用统一实体法的方式解决该问题。本章第一节介绍和分析国际社会针对 ODR 程序中实体问题的法律适用难题所提出的解决方案和相关讨论过程，第二节和第三节重点介绍欧盟有关跨境电子商务的统一实体法实践。

第一节　ODR 国际立法的相关规则以及立法讨论

本书第一章介绍了美洲国家组织、欧盟、亚太经合组织以及 UNCITRAL 的 ODR 立法活动，这些国际组织立法活动的现有成果或其立法讨论过程均不同程度地涉及 ODR 程序中实体问题的法律适用。

一、现有规则及相关讨论概述

《欧盟 ADR 指令》第 11.1 条的(b)项和(c)项要求成员国确保：在以有约束力的结果收尾的消费者纠纷 ADR 程序(如包含了仲裁的 ADR 程序)中，如果存在法律冲突并且适用了欧盟的相关冲突规则,那么程序的结果不得剥夺消费者惯常居住地所在的成员国法律中不得以协议减损的条款或者强制性规则给予该消费者的保护。《欧盟 ODR 条例》以欧盟 ODR 平台的建立和运营为核心内容,未提及 ADR 或 ODR 程序中实体问题的法律适用。

2010 年美国向美洲国家组织提交的《电子解决跨境电子商务消费者纠纷的[示范法/合作框架]草案》附录 1 的第 6.1 条规定:"在作出决定时,仲裁员应考虑买方在(请求)清单中所选择的请求,①相关的事实和情况,以及合同的条款和条件。如果无法从合同条款中得出结论,则仲裁员应在公平的基础上,基于对这些规则的解释并且不参考或者不要求证明准据法,裁决请求并给予救济。"②

亚太经合组织《ODR 协作框架》下的《示范程序规则》第 8 条第 10 ~ 12 款就 ODR 实体问题的法律适用作出了规定。第 10 款规定:"在所有案件中,中立人应根据合同条款作出决定,决定时应考虑到任何相关事实和情况,以及适用于本交易的任何贸易惯例(usage of trade)。"第 11 款规定:"中立人应适用当事人指定的适用于纠纷实体问题的法律规则。如未指定,则中立人应适用其认为合适的法律。"第 12 款规定:"只有在当事人明示授权中立人作为友好调解人或者以公平善意为原则作出决定时(decide as *amiable compositeur* or *ex aequo et bono*),中立人才应据此作出决定。"综合分析这 3 款规定可以看出:第一,合同条款以及与交易相关的事实和情况是中立人作出决定的事实依据,其中合同条款为主,与交易相关的事实和情况为合同条款的补充;第二,在法律适用方面,当事人的选择优先,如当事人没有作出选择,则中立人享有法律适用的决定权;第三,中立人无权决定是否适用友好或公平善意原则,这项决定权在于当事人,并且要求当事人明示选择。然而,这 3 款规定引发了一些思考:与交易相关的贸易惯例究竟属于事实问题,还是解决纠纷的法律规则?③ 如果是法律规则,若

---

① 该草案的附录 2 名为《电子启动表格》,表格列举了 12 类申诉请求(卖方未交付货物或服务、卖方未及时交付货物或服务、卖方违反其明示保证等),消费者提起申诉时在表格中勾选自己的申诉请求即可。

② 该条涉及公平原则的英文表述为:If a solution is not found in the terms of the contract, the Arbitrator shall decide such claims and grant such relief on an equitable basis, based on an interpretation of these rules and without referencing or requiring proof of applicable law。

③ 从第 10 款的规定来看,贸易惯例被置于与"任何相关事实和情况"同等的位置,似乎是作为合同条款的补充。

此类贸易惯例与当事人选择适用的法律或者中立人认为合适的法律相冲突，何者优先？这些问题留待本节第三部分第三点“贸易惯例的性质或效力来源的不确定性”处讨论。值得注意的是，在亚太经合组织的 ODR 议题讨论中，美国一直坚持以统一实体法方式解决 ODR 实体问题法律适用的难题，并提议适用《联合国国际货物销售合同公约》(the United Nations Convention on Contracts for the International Sale of Goods, CISG)。①

UNCITRAL 制定的《技术指引》虽未提及 ODR 程序中实体问题的法律适用，但第三工作组的立法讨论过程曾多次涉及该问题，期间有很多建设性的意见。第三工作组第二十二届会议首次提出放弃冲突法方法，转而以公平原则、行为守则、统一通用实体规则为裁决的基本依据，兼顾消费者保护的相关要求。此后，秘书处起草的《跨境电子商务交易在线纠纷解决：程序规则草案》第一稿建议：“所有案件中，中立人应按照合同条款，在考虑到任何相关事实和情形的情况下作出决定，并应考虑到适用于有关交易的任何贸易惯例。”因代表们对贸易惯例的适用存在分歧，秘书处随后将“并应考虑到适用于有关交易的任何贸易惯例”这一表述用方括号标注，以搁置待议。后来，该条款增加了“公平善意”(*ex aequo et bono*)的要求。反对适用“公平善意”的主要理由是其语义不清，致使中立人的裁量权限过于宽泛，并且难以为消费者理解。为此，ODR 程序规则草案的法律适用条款将“公平善意”的字样也用方括号标注并搁置待议。直至 2015 年 2 月第三十一届会议，第三工作组对贸易惯例以及公平善意的适用仍存在不同意见。最终，与会代表达成了初步共识：仲裁员应在考虑案件相关事实和情形的基础上适用合同条款，并顾及公平、正义、合理的基本原则；贸易惯例本身被涵盖在前述考量中。第三工作组请求秘书处根据此项共识草拟合适的措辞，但因委员会在当年 7 月敦促第三工作组于限期内将既有共识形成规则，《关于网上争议解决的技术指引》的最终文本未能提及实体问题的法律适用。②

二、各国际组织在实体问题法律适用上的分歧

从上述区域性和全球性国际组织针对 ODR 的立法成果及立法过程可以发

---

① *Commercial Justice in a Digital World - Online Dispute Resolution*, p. 12, APEC (Feb. 26, 2016), http://mddb.apec.org/Documents/2016/EC/WKSP1/16_ec_wksp1_010.pdf.

② 详细介绍见第一章第四节第一部分第二点“实体问题的法律适用”。

现，在解决 ODR 实体问题法律适用的难题时，比较一致的意见是中立人或仲裁员在裁决时应基于合同条款并考虑到与交易相关的事实和情形，至于是否完全放弃冲突法方法、适用什么样的统一实体法规则，则存在较大的分歧。美国在美洲国家组织的提案中彻底放弃了冲突法方法，仅以公平原则作为裁判的统一实体法；欧盟表面看来完全沿用了冲突法方法，实则综合运用了冲突法和统一实体法两种方法；亚太经合组织以冲突法方法为主，是否将贸易惯例作为统一实体法加以适用未有定论；UNCITRAL 的立法过程显示其更倾向于统一实体法的方法，曾考虑以贸易惯例、公平善意原则作为统一实体法。

从《欧盟 ADR 指令》和《欧盟 ODR 条例》的内容来看，欧盟在区域内 B2C 纠纷的 ADR 和 ODR 程序中完全沿用了冲突法方法。其原因可能是欧盟已经实现了区域内冲突法规则的统一，使运用冲突法的经济成本、时间成本显著降低，并因此化解了冲突法方法的致命缺点——结果的不确定。不过，欧盟后续针对在线货物销售以及数字内容、数字服务提供合同进行了统一立法。① 因此，欧盟实际上综合运用了冲突法方法以及统一实体法方法。

从亚太经合组织《示范程序规则》第 8 条第 10 ~ 12 款的内容来看，亚太经合组织在实体问题的法律适用上以冲突法方法为主：当事人选择的法律为法律适用时的首要选项，中立人选择的法律为次要选项，但中立人不得主动选用友好或公平善意原则作为裁判依据。亚太经合组织考虑了贸易惯例的适用，然而，贸易惯例究竟是作为统一实体法得以适用，还是作为事实问题被纳入考量，现有文本并未给出清晰的答案。从第 10 款的条文措辞来看，贸易惯例与“相关事实和情况”被置于相同的位置，似乎预示着两者的地位相同——作为合同条款的补充，所以此处的贸易惯例更应被归类为事实层面的问题。

综上，各国际组织对传统冲突法方法的依赖程度不一；在冲突法方法之外，曾被国际组织考虑用于解决 ODR 程序中的实体问题的统一实体法选项主要是贸易惯例和公平善意原则。

三、在跨境 ODR 程序中适用贸易惯例的可行性

国际上并没有对贸易惯例的统一定义，《联合国仲裁规则》、《国际商事仲裁示范法》、《联合国国际货物销售合同公约》以及《国际商事合同通则》分别涉

---

① 详见本章第二节和第三节。

及贸易惯例(usage of trade)或者惯例(usage)这两个概念。

(一)相关国际法律文件的现行规定及其解释

《联合国仲裁规则》(2010 年修订)第 35 条第 3 款规定:“在一切情形下,仲裁庭均应按照合同的条款作出裁决,并应考虑到适用于该项交易的贸易惯例。”①《国际商事仲裁示范法》第 28 条第 4 款规定:“在任何情况下,仲裁庭都应当按照合同条款并考虑到适用于该项交易的贸易惯例作出决定。”《贸易法委员会秘书处关于 2006 年修正的 1985 年〈国际商事仲裁示范法〉的解释说明》进一步指出,在争议涉及合同的任何情况下(包括以公平善意为原则进行仲裁),仲裁庭都必须按照合同条款并考虑到适用于该项交易的贸易惯例作出决定。然而,这些法律文本均未对贸易惯例进行定义或解释。

CISG 第 9 条规定了惯例的适用问题。该条第 1 款规定,当事人受其业已同意的任何惯例的约束。学者认为,第 1 款所规定的惯例不限于国际惯例,也可以是地方性的、国内的或者区域性的惯例,并且第 1 款的惯例也无须被“广泛知道”,这种观点得到了一些司法判例的支持。② 该条第 2 款规定,除非当事人另有约定,否则将推定他们默示地同意将双方当事人已知道或理应知道的惯例适用于他们的合同或合同的订立,前提是该惯例在国际贸易中已被特定贸易所涉同类合同的当事人广泛知道且经常遵守。第 2 款对惯例的适用提出了“知道或理应知道”“国际贸易”“广泛知道”“经常遵守”这几项限制条件。法院在司法实践中将当事人“知道或理应知道”解释为:双方当事人在一个惯例确立的地理区域内有营业地,或者在该区域内长期从事交易活动。③ 在例外情况下,一些法院突破了“国际贸易”字样的限制,认为地方性的、国内的或者区域性的惯例也可能依据第 2 款的规定得以适用。④ “广泛知道”并不意味着该特定贸易部门的所有人都知道,其根本要求是惯例在同业的商人之间具有普遍的公

---

① 该文件的英文版使用了“usage of trade”这一表述,对应的中文版将这一表述翻译为“贸易习惯”。

② See Franco Ferrari, *Trade Usage and Practices Established between the Parties under the CISG*, 5 International Business Law Journal 571, 572(2003).

③ 参见陈晶莹:《论 CISG 项下国际惯例的效力——兼析我国〈民法通则〉第 142 条的改良》,载《国际贸易问题》2011 年第 5 期。

④ 左海聪:《论〈联合国国际货物销售合同公约〉中商事惯例的规范性效力——基于公约第 9 条第 2 款的分析》,载《法学评论》2017 年第 2 期。

认性。①

《国际商事合同通则》第1.9条对“惯例”的规定与CISG第9条的内容颇为相似。该条第1款规定当事人受其业已同意的任何惯例的约束；第2款规定，如果某个惯例在国际贸易中已被有关特定贸易的合同当事人广泛知道，并被他们经常遵守，则当事人应受该惯例的约束，除非该惯例的适用并不合理。根据《国际商事合同通则》对该条的评论，第1款所规定的惯例既可以是当事人所属贸易领域内的惯例，也可以是与当事人的合同不同类型的合同所适用的惯例，甚至可以是被当事人误认作惯例的其他规则，如一些行业协会以“惯例”为题的非惯例性规则。总之，第1款中涉及的惯例完全遵从合同自由原则。根据第2款适用某个惯例受到“在国际贸易中”“广泛知道”“经常遵守”“合理”这4项条件的约束。“在国际贸易中”的字样暗含着避免适用国内交易惯例的意思，但在两种例外情况下，可以依据第2款的规定将特定的国内交易惯例适用于国际商事合同：一是在特定商品交易会、贸易展览会上既存的惯例可以适用于来此交易的外国人；二是在某个商人已经与特定外国的当事人订立了一些类似合同时，该外国有关此类合同的惯例可以适用于该商人。《国际商事合同通则》没有解释“广泛知道”和“经常遵守”的含义，但强调无论是国际惯例还是例外情况下适用的国内惯例都应满足这两项要求。被特定贸易部门的当事人所广泛知道并且经常遵守的惯例依据第2款的规定得以适用，其结果并非总是合理的，这往往是合同一方或双方当事人经营的特殊状况或者交易的非典型性造成的，《国际商事合同通则》为此列举释例一则。

（二）贸易惯例的内涵和外延的不确定性

通过《联合国仲裁规则》、《国际商事仲裁示范法》、CISG以及《国际商事合同通则》可以发现，国际法律文件不仅未能实现贸易惯例名称的统一，而且未能完全澄清相关概念的内涵和外延。

《联合国仲裁规则》和《国际商事仲裁示范法》均使用了“贸易惯例”的表述，但没有对其进行定义。《国际商事仲裁示范法》脚注2要求对“商事”一词作广义解释，使其包括一切契约性或非契约性的商事性质的关系所引起的

---

① 参见张玉卿：《国际货物买卖统一法：联合国国际货物销售合同公约释义》，中国商务出版社2009年版，第86页。

事项。[①] 考虑到这两个法律文件都是UNCITRAL制定的,都旨在规范和统一国际商事仲裁,因此这两份文件中的"贸易惯例"可统一理解为广义的国际商事领域内的惯例,其外延最为广泛,大大超出了国际货物贸易惯例的范围。

《国际商事合同通则》使用了"惯例"一词,并且其第1.9条第2款对非经当事人选择而适用的惯例有"在国际贸易中"字样的限制,但这并不意味着《国际商事合同通则》意义上的惯例仅局限于狭义的国际贸易领域。该文件旨在为国际商事合同提供一套统一的规则,虽然它本身没有明确定义"商事"一词,但其评论部分指出:"商事"是与"消费者交易"相对应的一个概念,旨在将涉及消费者的交易排除出《国际商事合同通则》的适用范围;对"商事"一词应采用最广义的理解,不仅货物、服务交易是商事合同,投资、特许权协议等其他类型的经济交易也是商事合同。因此,《国际商事合同通则》中的"惯例"应指除消费者交易外的国际经济交易中的惯例,其外延应小于《联合国仲裁规则》和《国际商事仲裁示范法》的"贸易惯例"的范围(因为这两者没有排除涉及消费者的交易),但明显超出了国际货物贸易惯例的范围。

CISG也使用了"惯例"一词,并且CISG第9条第2款对非经当事人选择而适用的惯例也有"在国际贸易中"字样的限制,但CISG语境下的"惯例"理应是与国际货物销售相关的惯例。此外,结合CISG第2条对公约适用范围的限制,CISG语境下的"惯例"还应排除涉及消费者的销售、经出拍卖的销售、船只和飞机的销售等相关的惯例。从外延上来看,CISG中的"惯例"的范围最窄。

综上所述,"贸易惯例"这一概念在有关的国际法律文件中至今并无统一的定义,其外延也存在不确定性。内涵和外延的不确定性给适用贸易惯例的实践带来了困难和冲突。例如,对于国际商会编纂的《国际贸易术语解释通则》(International Rules for the Interpretation of Trade Terms, INCOTERMS)是否属于贸易惯例这一问题,我国有学者认为它属于原《中华人民共和国民法通则》第142条第3款意义上的"国际惯例",可以在我国法律和我国缔结或者参加的国际条约均没有相关规定时补充适用;[②]也有国内学者认为它属于任意性的国际

---

① 《国际商事仲裁示范法》脚注2对商事性质的关系进行了非穷尽式的列举:供应或交换货物或服务的任何贸易交易;销售协议;商事代表或代理;保理;租赁,建造工厂;咨询;工程;使用许可;投资;筹资;银行;保险;开发协议或特许;合营和其他形式的工业或商业合作;空中、海上、铁路或公路的客货载运。

② 单文华:《中国有关国际惯例的立法评析——兼论国际惯例的适用》,载《中国法学》1997年第3期。

贸易惯例,双方同意适用是其产生约束力的前提。[①] 美国法院曾判决,在合同使用了 CIF 这一贸易术语时,即便合同没有约定适用 INCOTERMS,INCOTERMS 仍可以基于 CISG 第 9 条第 2 款得以适用。[②] 意大利法院也曾判决,在合同未约定适用 INCOTERMS 的情况下,仅依据合同中使用了 FOB 贸易术语这一事实而适用 INCOTERMS。[③] 然而,将 INCOTERMS 视为 CISG 第 9 条第 2 款项下的"惯例"予以适用的做法遭到了很多外国学者的批评。[④]

(三)贸易惯例的性质或效力来源的不确定性

如果依据 CISG 第 9 条第 2 款得以适用的惯例与当事人选择适用的惯例、当事人之间既已确立的习惯做法或者 CISG 的规定相冲突,何者优先?这个问题的答案取决于对惯例性质的认定。对此,CISG 本身并未给出答案。有学者认为,如果基于第 2 款得以适用的惯例与 CISG 的规定相冲突,应优先适用该惯例;如果基于第 2 款得以适用的惯例与当事人选择适用的惯例或者当事人之间既已确立的习惯做法相冲突,应优先适用当事人选择的惯例或者当事人之间确立的习惯做法。[⑤] 我国也有学者持类似的观点。[⑥] 然而,这一立场并非毫无争议。有学者在回顾 CISG 的立法历史后提出,惯例与当事人之间的习惯做法在适用先后顺序上的模糊,是立法者有意为之;尽管当事人之间的习惯做法大多数情况下更能反映当事人的真实意图,因而应当被优先适用,但也存在例外情形,所以应根据当事人的真实意图来决定两者适用的先后顺序。[⑦]

对于惯例的性质,《国际商事合同通则》第 1.9 条的评论明确指出,惯例作

---

① 参见沈木珠:《国际贸易合同适用国际贸易惯例的实证分析》,载《国际贸易问题》2009 年第 5 期。

② St. Paul Guardian Insurance Co. et al. v. Neuromed Medical Systems & Support, No. 00 CIV. 9344(SHS), 2002 WL 465312(S. D. N. Y. 2002).

③ See Franco Ferrari, *Trade Usage and Practices Established between the Parties under the CISG*, 5 International Business Law Journal 571, 575(2003).

④ 参见[加拿大]居伊·勒费佛尔、玛丽·克洛德·瑞格、焦杰:《论商事主体适用国际商事惯例的不确定性》,载《中国律师》2012 年第 8 期。

⑤ See Franco Ferrari, *Trade Usage and Practices Established between the Parties under the CISG*, 5 International Business Law Journal 571, 573 – 574(2003).

⑥ 参见陈晶莹:《论 CISG 项下国际惯例的效力——兼析我国〈民法通则〉第 142 条的改良》,载《国际贸易问题》2011 年第 5 期。

⑦ See William P. Johnson, *The Hierarchy That Wasn't There: Elevating "Usage" to its Rightful Position for Contracts Governed by the CISG*, 32 Northwestern Journal of International Law and Business 263, 295, 302(2012).

为合同的默示条款对当事人产生约束力。因此,如果合同的明示条款与惯例的某些方面相冲突,则合同的明确约定优先;如果《国际商事合同通则》的条款与惯例的某些方面相冲突,则惯例优先。惯例优先于《国际商事合同通则》条款的规则有一项例外:根据《国际商事合同通则》第1.5条的规定,它的部分条款具有强制属性,即在合同适用《国际商事合同通则》的情况下不允许当事人协议排除适用或减损这些条款的效力,因此当惯例与《国际商事合同通则》的强制条款相冲突时,该强制条款优先。

在理论界,有学者认为,国际商事惯例具有契约性效力、强制性效力或者替补效力(或补充效力)。[①] 契约性效力指国际商事惯例的拘束力来源于当事人适用该惯例的合意,国际商事惯例仅在当事人同意适用时才对其产生拘束力。CISG第9条第1款、《国际商事合同通则》第1.9条第1款都认可了国际商事惯例的契约性效力。强制性效力指通过立法赋予国际商事惯例普遍约束力。《国际商事仲裁示范法》第28条第4款体现了国际商事惯例的强制性效力理论,一些国内法据此对惯例的适用做出了强制要求。例如,荷兰《民事诉讼法》第1054条第4款规定:"在所有案件中,仲裁庭均应考虑可适用的贸易惯例。"CISG第9条第2款是强制性效力理论在国际公约中的体现。替补效力(或补充效力)指当事人没有选择适用惯例,并且应当适用的国内法或国际条约对有关事项均缺乏相关规定时,适用国际商事惯例填补合同以及法律规定的空白。《中华人民共和国民法通则》第142条第2款和第3款的规定恰好与替补效力理论相一致。国际商事惯例效力来源的这几种理论在不同的国际法律文件、国内立法中均有所体现,并无统一的认识。

贸易惯例的效力来源不同,其效力的强弱就会有所不同。相应地,国内强制性法律规定、国内任意性法律规定、国际条约强制性规定、国际条约任意性规定、合同的明示条款与惯例相冲突时,何者优先的结论也会有所不同。总而言之,贸易惯例的性质或效力来源不确定的现状进一步加剧了适用贸易惯例的困难。

(四)在跨境ODR程序中如何适用贸易惯例

在UNCITRAL的ODR立法过程中,贸易惯例的可适用性问题曾引发与会代表的讨论。对于"并应考虑到适用于有关交易的任何贸易惯例"这一表述,既

---

① 参见胡绪雨:《国际商事惯例的作用空间与效力基础》,载《当代法学》2006年第2期。

有代表主张这段文字可能难以为消费者理解，应予删除；也有代表主张程序规则草案的适用范围并不局限于 B2C 纠纷，而是同时包括 B2B 纠纷，因此应重拟这段案文，以明确它将仅适用于 B2B 纠纷还是同时适用于其他类型的纠纷。[①] 因实体问题的法律适用分歧难以弥合，《技术指引》最终未提及该问题，贸易惯例的可适用性问题在 UNCITRAL 的讨论中无疾而终。亚太经合组织《示范程序规则》仅针对跨境 B2B 纠纷，不包含 B2C 纠纷，因此其考虑适用贸易惯例也仅针对 B2B 纠纷的 ODR 程序。从前文有关贸易惯例内涵、外延以及性质的讨论可以看出，贸易惯例的适用较为复杂，对裁判者的法律专业技能有非常高的要求，使适用贸易惯例的时间成本、经济成本居高不下。跨境 ODR 程序追求高效率与低成本，跨境 B2C 纠纷的 ODR 程序对高效率与低成本的需求更甚，因此，在跨境 B2C 纠纷的 ODR 程序中不宜考虑贸易惯例的适用问题。

不过，贸易惯例在跨境 B2B 纠纷的 ODR 程序中却有适用的空间。尽管对贸易惯例的适用存在较大的争议，但 UNCITRAL 和亚太经合组织都未轻易放弃适用贸易惯例，原因在于贸易惯例有着其他法律规则所无法替代的优越性：能满足国际商业实践的需求，具备公平合理性和明确性；由商人接受而产生约束力，无须复杂的批准和生效程序；国际商事组织随国际商业实践的变化定期修改贸易惯例，确保其先进性。[②] 如果能减轻甚至消除因贸易惯例内涵、外延以及性质的不确定性给贸易惯例的适用所带来的障碍，则贸易惯例的适用不仅会比冲突法方法解决 ODR 程序中的实体问题更为便利，也比适用 CISG 等国际公约更具有优越性。

为此，跨境 B2B 纠纷的 ODR 立法如采用贸易惯例作为解决纠纷的实体法规则，则应清晰地界定在跨境 B2B 纠纷 ODR 程序的特殊语境下，贸易惯例的定义或特征，以及贸易惯例的性质。比较《联合国仲裁规则》、《国际商事仲裁示范法》、CISG 以及《国际商事合同通则》对贸易惯例的规定后可以看到，《国际商事合同通则》的模式显得更为可取。首先，《国际商事合同通则》中的"惯例"是广义的"商事"惯例，并明确将消费者交易排除在外，恰好适合跨境 B2B 纠纷。相较而言，《联合国仲裁规则》《国际商事仲裁示范法》没有把消费者交易

① *Report of Working Group Ⅲ (Online Dispute Resolution) on the Work of Its Twenty-fourth Session*, para. 141 - 142, United Nations (Nov. 21, 2011), https://undocs.org/en/A/CN.9/739.

② 参见左海聪：《国际商事条约和国际商事惯例的特点及相互关系》，载《法学》2007 年第 4 期。

排除在"商事"的概念之外,"贸易惯例"的外延过宽;CISG 项下的"惯例"局限于货物贸易领域,外延过窄。其次,虽然《国际商事合同通则》也未能对惯例进行准确的定义,但它列举了惯例的核心特征(知道或理应知道、国际性、广泛知道、经常遵守),并予以评注或列举释例,较大程度上减轻了惯例适用上的不确定性。最后,《国际商事合同通则》明确规定,惯例作为合同的默示条款对当事人产生约束力,使惯例与合同或其他法律文件相冲突时适用的先后问题得以解决。

综上所述,在跨境 B2B 纠纷的 ODR 解决程序中可以适用贸易惯例,相关的 ODR 程序规则应参照《国际商事合同通则》的模式界定贸易惯例的核心特征(知道或理应知道、国际性、广泛知道、经常遵守)以及贸易惯例的性质(作为合同的默示条款对当事人产生约束力)。

第二节 欧盟《货物销售合同指令》

在电子商务快速发展的背景下,跨国交易日益频繁,其发展潜力不可小觑。欧盟逐渐认识到,各国合同法律的差异是阻碍欧盟跨境电子商务发展的一大壁垒。然而,合同法律的统一不是单纯的法学问题,科技水平、经济水平、法制传统以及欧盟体制本身都对欧盟合同法的统一产生了不同程度的影响。尽管欧盟在一体化方面有着丰富的经验,但是在合同法的统一进程中仍步履维艰。由于欧盟法域的特殊性,其所积累的法律统一经验对他国的参考性或许有限,但国际社会对于跨境电子商务纠纷应适用的统一实体法仍处于起步和摸索阶段,欧盟经验有助于提炼法律统一过程中面临的共性难题,对我们探讨电子商务国际统一立法有一定的借鉴意义。

2019 年,欧盟同日出台了《欧洲议会和欧盟理事会 2019 年 5 月 20 日关于货物销售合同若干方面并修改(EU)2017/2394 号条例以及 2009/22/EC 号指令的(EU)2019/771 号指令》[Directive (EU)2019/771 of the European Parliament and of the Council of 20 May 2019 on Certain Aspects concerning Contracts for the Sale of Goods, Amending Regulation (EU)2017/2394 and Directive 2009/22/EC, and Repealing Directive 1999/44/EC,以下简称《货物销售合同指令》],以及《欧洲议会和欧盟理事会 2019 年 5 月 20 日关于提供数字内容和数字服务合同若干方面的(EU)2019/770 号指令》[Directive (EU) 2019/770 of the European Parliament and of the Council of 20 May 2019 on Certain Aspects concerning Contracts for the Supply of Digital Content and Digital Services,以下简称《数字合

同指令》]。两个指令在适用范围上互不重叠、互为补充,在体例和内容上有相似之处。本节将重点介绍和分析《货物销售合同指令》,下一节将介绍和分析《数字合同指令》。

一、《货物销售合同指令》的立法背景

随着欧盟经济一体化的深入,欧盟内部市场的体量日益增大。由于意识到内部市场的巨大潜力,以及成员国国内法的差异所形成的贸易壁垒对跨境交易的明显阻碍,欧盟相继颁布了多部指令,以引导成员国的相关法律趋于统一。《欧洲议会和欧盟理事会 1999 年 5 月 25 日关于消费者货物销售及相关担保某些方面的 1999/44/EC 号指令》(Directive 1999/44/EC of the European Parliament and of the Council of 25 May 1999 on Certain Aspects of the Sale of Consumer Goods and Associated Guarantees,以下简称《消费品销售指令》)被视为欧盟 B2C 销售规则统一化的首次尝试,①它仅选取了销售合同中最重要的若干事项进行统一。首先,统一了"消费者""消费者货物""卖方""生产者""保证""修理"这些术语的含义。其次,着重就货物与合同的相符性(第 2 条)、消费者权利(第 3 条)、最终卖方的追索权(第 4 条)、卖方的责任期限(第 5 条)以及担保(第 6 条)这几项实质性问题进行了统一规定。

2003 年,欧盟发起了一项协调欧洲合同法的行动计划,②欲将已有的 8 个涉及消费者的指令合而为一,其中包括《1985 年 12 月 20 日理事会关于保护营业场所以外谈判的合同的消费者的 85/577/EEC 号指令》(Council Directive 85/577/EEC of 20 December 1985 to Protect the Consumer in respect of Contracts Negotiated away from Business Premises,以下简称《保护营业场所以外的合同的消费者指令》)、《1993 年 5 月 5 日理事会关于消费者合同不公平条款的 93/13/EEC 号指令》(Council Directive 93/13/EEC of 5 April 1993 on Unfair Terms in Consumer Contracts,以下简称《消费者合同不公平条款指令》)、《1997 年 5 月 20 日理事会关于远程合同消费者保护的 97/7/EC 号指令》(Directive 97/7/EC of

---

① See Rafał Mańko, *Towards New Rules on Sales and Digital Content: Analysis of the Key Issues*, p. 3, European Union (Mar., 2017), https://www.europarl.europa.eu/RegData/etudes/IDAN/2017/599359/EPRS_IDA(2017)599359_EN.pdf.

② *Communication from the Commission to the European Parliament and the Council-A More Coherent European Contract Law—An Action plan*, European Commission (Feb. 12, 2003), https://ec.europa.eu/info/sites/default/files/_a_more_coherent_european_contract_law_an_action_plan.pdf.

the European Parliament and of the Council of 20 May 1997 on the Protection of Consumers in Respect of Distance Contracts，以下简称《远程销售指令》）以及《消费品销售指令》。最终，《2011 年 10 月 25 日欧洲议会和欧盟理事会关于消费者权利的 2011/83/EU 号指令——修订理事会 93/13/EEC 号指令以及欧洲议会和欧盟理事会 1999/44/EC 号指令，撤销理事会 85/577/EEC 号指令以及欧洲议会和欧盟理事会 97/7/EC 号指令》（Directive 2011/83/EU of the European Parliament and of the Council of 25 October 2011 on Consumer Rights, Amending Council Directive 93/13/EEC and Directive 1999/44/EC of the European Parliament and of the Council and Repealing Council Directive 85/577/EEC and Directive 97/7/EC of the European Parliament and of the Council Text with EEA relevance，以下简称《消费者权利指令》）非常有限地实现了这项统一目标。《消费者权利指令》取代了 1985 年《保护营业场所以外的合同的消费者指令》和 1997 年《远程销售指令》，并修改了 1993 年《消费者合同不公平条款指令》和 1999 年《消费品销售指令》的部分条款。在适用范围上，《消费者权利指令》不仅适用于货物销售合同，而且适用于服务合同；①不仅适用于远程合同，而且适用于场外合同等各种形式的合同。在实体内容上，《消费者权利指令》主要涵盖三个方面：一是对远程合同、场外合同提出了形式要求；二是规定了商家在各类合同中的缔约前信息披露义务；三是对消费者的撤销权进行了详细规定。

《消费品销售指令》和《消费者权利指令》的适用范围均局限于 B2C 交易，规则的统一化程度也非常有限。为了在合同法领域实现更大范围、更深程度的统一，欧盟委员会于 2011 年提议制定《欧洲统一销售法》（Common European Sales Law）。② 该提案放弃了欧盟一直以来以指令的方式间接统一销售法的做法，转而采用直接的统一实体法模式，且在调整范围上大大超越了既有的指令。遗憾的是，该提案最终因成员国的反对未能成功。截至 2015 年，欧盟层面适用于在线 B2C 交易的法律主要有 4 部，除了前述的《消费品销售指令》和《消费者权利指令》外，还有《欧洲议会和欧盟理事会 2000 年 6 月 8 日关于内部市场的

---

① 特定类型的服务被排除在外，如社会服务（包括社会住房、儿童保育和家庭支持）、卫生保健服务、赌博服务、金融服务，等等。详见《消费者权利指令》第 3.3 条。

② *Proposal for a Regulation of the European Parliament and of the Council on A Common European Sales Law*, European Union (Oct. 11, 2011), https://eur-lex.europa.eu/legal-content/EN/TXT/PDF/?uri=CELEX:52011PC0635&from=en.

信息社会服务尤其是电子商务的若干法律问题的2000/31/EC号指令》(Directive 2000/31/EC of the European Parliament and of the Council of 8 June 2000 on certain legal aspects of information society services, in particular electronic commerce, in the Internal Market,以下简称《电子商务指令》),以及《欧洲议会和欧盟理事会2005年5月11日关于内部市场中不公平的企业对消费者商业行为指令——修订理事会84/450/EEC号指令,欧洲议会和欧盟理事会97/7/EC号、98/27/EC号、2002/65/EC号指令以及2006/2004号条例》[Directive 2005/29/EC of the European Parliament and of the Council of 11 May 2005 concerning unfair business-to-consumer commercial practices in the internal market and amending Council Directive 84/450/EEC, Directives 97/7/EC, 98/27/EC and 2002/65/EC of the European Parliament and of the Council and Regulation (EC) No 2006/2004 of the European Parliament and of the Council]。总体而言,此时的欧盟B2C合同统一规则较为分散,且统一化程度有限。

随着互联网科技的迅猛发展和电子商务的兴起,欧盟于2015年提出了"单一数字市场"战略。为配合和推进这一战略,以实现保障"消费者和企业更好地获取全欧洲的在线货物和服务"的目标,欧盟委员会在2015年提交了两份互有关联的提案:《欧洲议会和欧盟理事会关于在线及远程货物销售合同若干方面的指令建议》(Proposal for a Directive of the European Parliament and of the Council on Certain Aspects concerning Contracts for the Online and Other Distance Sales of Goods),以及《欧洲议会和欧盟理事会关于数字内容提供合同若干方面的指令建议》(Proposal for a Directive of The European Parliament and of The Council on Certain Aspects concerning Contracts for the Supply of Digital Content)。2019年5月20日,欧洲议会和欧盟委员会正式通过了《货物销售合同指令》以及《数字合同指令》,①前者取代了1999年的《消费品销售指令》,后者则填补了欧盟现有立法的空白。这两个指令相伴而生,在适用范围上互不重

① 在2015年提出两个指令建议时,拟用《欧洲议会和欧盟理事会关于在线及远程货物销售合同若干方面的指令》调整在线及远程货物销售合同,线下面对面交易的货物销售合同则继续适用1999年的《消费品销售指令》。按此计划,随着两个新指令的出台,将出现在线及远程货物销售、线下面对面货物销售以及数字类合同分别适用3个欧盟指令的局面,这与统一欧盟合同法规则的初衷不尽一致,因销售渠道的不同而给予不同法律对待的正当性也受到质疑。因此,最终出台的《货物销售合同指令》无差别地适用于在线、远程以及线下面对面交易的各类货物销售合同,并取代了1999年的《消费品销售指令》。

叠、互为补充,在体例和内容上有相似之处。

二、《货物销售合同指令》的主要内容及创新

总体而言,2019 年《货物销售合同指令》不涉及合同的订立,只关注合同的履行。① 由于《货物销售合同指令》取代了 1999 年《消费品销售指令》,因此后者所调整的事项在前者中均有所体现。此外,《货物销售合同指令》规定了《消费品销售指令》未曾涉及的个别事项,如第三方权利。本部分先以表格的形式列举这两个指令的主要内容,然后再行比较和分析(见表 2 – 1)。

表 2 – 1　《消费品销售指令》和《货物销售合同指令》的比较

项目	《消费品销售指令》	《货物销售合同指令》
适用范围	适用于消费者货物销售合同,包括待制造或待生产的消费者货物的供应合同(第 1.1 条、第 1.4 条)	适用于卖方与消费者之间的销售合同,包括待制造或待生产货物的供应合同;仅作为数字内容载体的有形介质的供应合同以及为执法而销售的物品除外(第 3.1 条、第 3.2 条、第 3.4 条)
相关定义	消费者是指在本指令所涵盖的合同中为其行业、商业或职业之外的目的而行事的自然人[第 1.2(a)条]	消费者是指在本指令所涵盖的合同中为其行业、商业、手艺或职业之外的目的而行事的自然人(第 2.2 条)
	卖方是指根据合同在其行业、商业或职业过程中出售消费者货物的任何自然人或法人[第 1.2(c)条]	卖方是指针对本指令所涵盖的合同,为行业、商业、手艺或职业之目的而行事的任何自然人或者法人(包括以其名义或代表其行事的任何自然人或者法人),无论其为私人或公共所有(第 2.3 条)
	消费者货物是指有形动产,以下物品除外:(1)为执法而销售的物品;(2)非以固定体积或数量的方式而出售的水和天然气;(3)电[第 1.2(b)条]	货物是指有形动产,包括以固定体积或数量的方式而出售的水、天然气和电;以及"带有数字元素的货物"(第 2.5 条)
		销售合同是指卖方转移或者承诺转移货物所有权给消费者,并由消费者支付或者承诺支付价款的任何合同(第 2.1 条)

① See Matthias Lehmann, *A Question of Coherence—The Proposals on EU Contract Rules on Digital Content and Online Sales*, 23 Maastricht Journal of European and Comparative Law 752, 754(2016).

续表

项目	《消费品销售指令》	《货物销售合同指令》
统一化水平	本指令的目的是初步统一[1]成员国在消费者货物的销售和相关担保方面的法律、法规和行政规定，以确保内部市场环境下统一的最低水平的消费者保护(第1.1条)	除非本指令另有规定，否则成员国不得在其本国法律中维持或加入与本指令规定不同的规定(包括或多或少严格的规定)，以确保不同水平的消费者保护(第4条)
适约性的判断标准	卖方必须向消费者交付符合销售合同的货物。(第2.1条) 如果货物同时满足第2条第2款所列举的4项条件，则推定货物与合同相符：(a)货物与卖方的描述一致，并且其质量与卖方提供的样品或模型一致；(b)货物适合于消费者订立合同时已告知卖方、并为卖方所接受的任何特定目的；(c)货物适合于同一规格货物的通常使用目的；(d)考虑到货物的性质和卖家就货物的具体特性所作的公开陈述特别是广告或标签中的陈述，卖方所交付的货物具备了同类型货物通常所应具备的质量和表现，并且达到消费者的合理期望。(第2.2条) 卖方将不受公开声明的约束，如果卖方：(a)证明自己不知道也不可能合理地知道有关的公开声明；(b)证明在订立合同时公开声明已经被更正；(c)证明购买消费者货物的决定未曾受到公开声明的影响。(第2.4条) 如果安装是货物销售合同的一部分，并且货物是由卖方安装或由卖方负责的，则因错误安装货物所造成的任何不符之处应被视同货物不符合合同。如果产品的安	卖方应向消费者交付符合相符性的主观要求和客观要求，以及安装要求的货物。(第5条) 相符性的主观要求指货物应当：(a)符合销售合同的描述、种类、数量和质量，并具备功能性、兼容性、互操作性以及合同要求的其他特性；(b)满足消费者要求的货物的特定目的，只要消费者最迟在订立合同之时已经告知卖方，并且卖方接受此特定目的；(c)与合同约定的附带品及(安装等)指示一并交付；(d)按合同的约定提供更新。(第6条) 相符性的客观要求指货物应当：(a)满足同类型货物的通常用途，判断通常用途时应考虑可适用的欧盟法、国内法以及技术标准，如无相关技术标准，则应考虑可适用的行业行为准则；(b)应与合同订立前卖方提供给消费者的样品或模型的质量和描述相当；(c)与消费者可合理期待收到的附带品一并交付，包括包装、安装指示或其他指示；(d)具备同类型货物通常具备的并且消费者可合理期待的数量，质量，以及耐用性、功能性、兼容性、安全性等其他特性，在判断消费者的合理期待时应考虑货物本身的性质，以及卖方、卖方代表或者在交易链上有前期联系的其他人(包括生产商)所作的任何公开声明，特别是在广告或者标签中的公开声明。(第7.1条) 如果卖方能证明以下任一情形，则卖方不受公开声明的约束：(a)卖方不知道也不可能合理地知道有关的公开声明；(b)在订立合同时，公开声明已经以与其作出的方式相同或类

续表

项目	《消费品销售指令》	《货物销售合同指令》
	装本应由消费者完成,并且消费者实际进行了安装,但因安装指示的缺陷造成安装不当,则视同货物不符合合同(第2.5条)	似的方式得以更正;(c)购买商品的决定未曾受到公开声明的影响。(第7.2条) 对于带有数字元素的商品,卖方应确保在以下期限内告知消费者并向其提供为保持货物一致性所必需的更新,包括安全更新:(a)如果销售合同规定了一次性提供数字内容或数字服务的行为,则为消费者可以合理地期待的期限,此时应综合考虑货物和数字元素的类型、目的,以及合同的情况和性质;或者(b)如果销售合同规定在一段时间内连续提供数字内容或数字服务,则为第10.2条或第10.5条(如适用)所规定的期限。(第7.3条) 在以下情况下,因错误安装货物所造成的任何不符之处应被视同货物不符合合同:(a)安装是销售合同的一部分,并且货物是由卖方安装或由卖方负责的;(b)安装本应由消费者完成,并且消费者实际进行了安装,但因卖方提供的安装指示的缺陷造成安装不当,或者因带有数字元素的货物的卖方或数字内容、数字服务的提供方所提供的安装指示的缺陷造成安装不当(第8条)
卖方不承担不符责任的情形	如果在订立合同时,消费者知道或者不可能不知道不符之处,或者不符之处的根源是消费者所提供的材料,则不认为货物存在不符(第2.3条)	如果消费者在销售合同订立时已被明确告知,货物的特定特性偏离了本指令第7条第1款和第3款对相符性的客观要求,并且消费者在销售合同订立时已明确并且单独接受了该偏离,则不存在第1款或第3款意义上的不符。(第7.5条) 如果消费者未能在合理的时间内安装卖方为带有数字要素的货物所提供的确保货物相符的必要更新,则卖方对仅因缺乏相关更新而造成的不符之处不承担责任,前提是:(a)卖方已告知消费者如何获取该更新,以及消费者未能安装该更新的后果;(b)消费者安装更新失败或者未正确安装更新并非提供给消费者的安装指示的缺陷所造成的(第7.4条)

续表

项目	《消费品销售指令》	《货物销售合同指令》
违约救济	如有不符之处,消费者有权要求免费修理或更换,以使货物符合合同要求,或者按比例减价、终止合同。(第3.2条) 消费者首先可以要求卖方免费修理或者免费更换货物,除非这样做不可能或不成比例。如果一项救济与替代救济相比会给卖方带来不合理的费用,则该项救济将被视为不成比例,此时应考虑:相符货物本应具有的价值;不符之处的重要性;以及替代救济能否在不给消费者造成显著不便的情况下完成。(第3.3条) 第3.2条和第3.3条所规定的"免费"指令货物符合合同所必要的花费,特别是邮寄费、人工费和材料费。(第3.4条) 在下列任一种情况下,消费者有权要求按比例减价或者解除合同:消费者无权要求修理或者更换;卖方未在合理的时间内完成修理或更换;卖方未以不对消费者造成显著不变的方式完成修理或更换。(第3.5条) 如果不符合同之处轻微,则消费者无权解除合同(第3.6条)	如有不符之处,消费者有权要求让货物符合合同、按比例减价或者终止合同。(第13.1条) 为使货物符合合同,消费者可以在修理和更换之间进行选择,除非所选择的救济是不可能的,或者与其他救济相比会给卖方带来不成比例的费用,是否成比例的判断应考虑到所有情况,包括:(a)相符货物本应具有的价值;(b)不符之处的重要性;以及(c)在不给消费者造成显著不便的情况下是否可以提供替代救济。(第13.2条) 如果考虑到所有情况,修理和更换是不可能的,或者会给卖方造成不成比例的费用,则卖方可以拒绝使货物符合合同。(第13.3条) 在下列任一种情况下,消费者有权依第15条的规定按比例减价,或依第16条的规定终止销售合同:(a)卖方未完成修理或更换(如第14条第2款和第3款应予适用,卖方未按照这两款规定完成修理或更换),或者卖方依据本条(第13条)第3款拒绝使货物符合合同;(b)尽管卖方试图使货物符合合同,但仍出现不符之处;(c)不符之处的性质严重,使立即减价或终止销售合同具有正当性;(d)卖方已声明,或者有关情况显示,卖方将不会在合理的时间内或者以不给消费者造成显著不便的方式使货物符合合同。(第13.4条) 如果不符合同之处轻微,则消费者无权解除合同。不符之处轻微与否的举证责任在卖方。(第13.5条) 在卖方履行本指令规定的卖方义务之前,消费者有权扣留价款的大部分或一部分。成员国可以确定消费者行使扣留价款权利的条件和方式。(第13.6条) 成员国可以规定因消费者自身的部分因素造成不符是否影响以及在多大程度上影响消费者的救济权(第13.7条)

续表

项目	《消费品销售指令》	《货物销售合同指令》
追偿	如果因生产商或者合同链上的先前卖家或其他中介之作为或不作为导致货物不符合合同，最终卖方为此对消费者负责后，有权向销售链的上游卖家或者生产商追偿(第4条)	如果因交易链的先前链接中的某人之作为或不作为(包括未按第7.3条的规定提供带有数字元素的货物的更新)导致货物不符合合同，卖方为此对消费者负责，则卖方有权对交易链中的责任人寻求救济。卖方寻求救济的对象以及相关行为和行使条件，应由成员国法律确定(第18条)
时限	卖方应当对货物交付之时存在的任何不符合同之处负责，但该不符应在货物交付后2年内显现。如果成员国国内法中对违约救济有时效的规定，则该时效期间不应在货物交付时起2年的期间内届满。(第5.1条) 成员国可以规定，为享受其权利，消费者必须在发现货物不符合合同后的2个月的期限内通知卖方此项不符(第5.2条)	卖方应当对货物交付之时存在且在货物交付后2年内显现的任何不符合同之处负责。带有数字元素的货物也适用该项规定。(第10.1条) 对于带有数字元素的货物，如果销售合同规定在一段时间内连续提供数字内容或数字服务，则卖方应当对货物交付后2年内发生或显现的数字内容或数字服务的任何不符合合同之处负责。如果合同规定连续2年以上提供数字内容或数字服务，则卖方应当对合同规定的数字内容或数字服务的供应期限内出现或显现的数字内容或数字服务的任何不符之处承担责任。(第10.2条) 成员国可以维持或引入比第1款和第2款所规定的期限更长的期限。(第10.3条) 如果根据成员国法律，第13条所规定的救济受到特定期限的限制，则成员国应确保该期限允许消费者对卖方依据本条第1款和第2款的规定应予负责的且在这两款规定的期限内显现的不符之处行使本指令第13条所规定的救济。(第10.4条) 成员国可以对第13条所规定的救济维持或引入时效期间的要求。成员国应确保该时效期间允许消费者对卖方依据本条第1款和第2款的规定应予负责的且在这两款规定的期限内显现的不符之处行使本指令第13条所规定的救济。(第10.5条) 成员国可以规定，对于二手货物，卖方和消费者可以在合同条款或协议中约定短于第1款、

续表

项目	《消费品销售指令》	《货物销售合同指令》
		第 2 款和第 5 款所规定的责任期限或时效期限,但该期限不得短于 1 年。(第 10.6 条) 成员国可以维持或引入规定,为享受其权利,消费者必须在发现货物不符合同后的不短于 2 个月的期限内通知卖方此项不符(第 12 条)
举证责任	如果不符合同之处在货物交付后 6 个月内显现,则推定该不符在交付时即存在,除非此项推定与货物的性质或者不符的性质不相容(第 5.3 条)	如果不符合同之处在货物交付后 1 年内显现,则推定该不符在交付时即存在,除非此项推定与货物的性质或者不符的性质不相容。带有数字元素的货物也适用此项规定。(第 11.1 条) 成员国可以维持或引入货物交付时起 2 年的期限,以替代前款规定的 1 年期限。(第 11.2 条) 对于带有数字元素的货物,如果销售合同规定在一段时间内连续提供数字内容或数字服务,则数字内容或数字服务在第 10.2 条规定的期间内所显现的不符,应由卖方举证证明数字内容或数字服务在该期间内是否相符。(第 11.3 条)
担保	担保应按担保声明以及相关广告中所规定的条件对要约人产生法律约束力。(第 6.1 条) 担保应当:陈述消费者在可适用的调整消费者货物销售的国内立法中所享有的权利,并说明这些权利不受担保的影响;以通俗易懂的语言列出担保的内容,以及消费者根据担保提出索赔所必须注意的事项,尤其是担保的期限和领土范围,担保人的姓名和地址。(第 6.2 条) 应消费者的请求,担保应以书面形式提供,或者以耐久性介质提供。(第 6.3 条)	任何商业担保均应按照合同订立之时或订立之前的商业担保声明以及相关广告中所规定的条件对担保人具有约束力。在本条规定的条件下,并且在不损害可适用的欧盟法或国内法规定的情况下,如果生产者向消费者提供了特定货物在一定期间内的耐用性的商业保证,则生产者应在该耐用性商业保证的整个期间内直接对消费者承担责任,依第 14 条的规定修理或更换货物。生产者可以在耐用性声明的商业保证中向消费者提供更有利的条件。 如果商业担保声明中所规定的条件比相关广告中所规定的条件对消费者更为不利,则商业担保应按照与之有关的广告中所规定的条件发挥约束力,除非在合同订立之前,相关广

续表

项目	《消费品销售指令》	《货物销售合同指令》
	作为消费者货物目标市场的成员国,可以依据《建立欧洲共同体条约》的规则要求在其境内的担保使用其指定的一种或多种共同体官方语言。(第6.4条) 如果担保违反第2款、第3款、第4款的要求,其效力不受影响,消费者仍有权依赖并要求担保的内容得以遵守(第6.5条)	告已经以与广告的发布相同或相似的方式得以更正。(第17.1条) 商业担保声明应最迟在货物交付时以耐用介质提供给消费者。商业担保声明应以通俗易懂的语言表达。它应包括以下内容:(a)明确声明,如果货物存在不符之处,消费者有权从卖方那里免费获得救济,并且这些救济不受商业担保的影响;(b)担保人的姓名和地址;(c)消费者为兑现商业担保而应遵循的程序;(d)适用商业担保的货物的名称;以及(e)商业担保的条款。(第17.2条) 如果第2款的要求未得到遵守,不影响商业担保对担保人的约束力。(第17.3条) 成员国可就本条款未作规定的与商业担保有关的其他方面制定规则,包括向消费者提供商业担保的声明应以何种语言作出的规则(第17.4条)
强制效力	根据成员国法律的规定,在提请卖方注意不符前所订立的任何合同条款或协议如果直接或间接放弃或限制了本指令所产生的权利,该合同条款或协议对消费者不具有约束力。成员国可以规定,对于二手物品,卖方和消费者达成的合同条款或协议所规定的卖方责任期限可以短于第5.1条所规定的期限。该期限不得少于1年。(第7.1条) 在合同与成员国领土有密切联系的情况下,成员国应采取必要措施,以确保消费者不会因为选择非成员国的法律作为合同准据法而被剥夺本指令所提供的保护(第7.2条)	除非本指令另有规定,如果在消费者提请卖方注意货物不符前所达成的合同约定排除了转化本指令的国内措施的适用、减损或改变了此类措施的效力,从而损害了消费者的利益,则该合同约定不应对消费者具有约束力。(第21.1条) 本指令不阻止卖方向消费者提供超出本指令所提供之保护的合同安排(第21.2条)

续表

项目	《消费品销售指令》	《货物销售合同指令》
第三方权利		如果因违反第三方的任何权利(特别是知识产权),阻止或限制了符合第6条和第7条的货物之使用,成员国应确保消费者有权就不符之处寻求第13条所提供的救济,除非国内法规定这种情况下的销售合同无效或可撤销(第9条)
实施		成员国应确保存在充足且有效的手段,以保障本指令得以遵守。(第19.1条) 第1款所指的手段应包括由国内法指定以下机构中的一个或多个根据本国法律在法院或主管行政机关前采取行动,以确保转化本指令的国内规定得以适用:(1)公共机构或其代表;(2)具有保护消费者合法利益的消费者组织;(3)具有行动之合法利益的专业组织(第19.2条)

〔1〕此处使用的是“approximation”这个词,而非“harmonization”。

从两个指令对“适用范围”的规定和对“货物”的定义可以看出,尽管《消费品销售指令》和《货物销售合同指令》都适用于B2C货物销售合同,但后者的适用范围明显大于前者。因为后者的“货物”概念不仅包括传统货物,还包括“带有数字元素的货物”。“带有数字元素的货物”指数字内容或数字服务内置于货物,或者需要数字内容、数字服务进行连接的货物,此类货物如果缺乏了数字内容或者数字服务就无法正常使用。值得注意的是,如果某有形介质仅作为数字内容的载体被提供给消费者,则不在《货物销售合同指令》的适用范围内,而应适用《数字合同指令》。随着科技的发展,带有数字元素的货物的品类将越来越多,理论界对于此类货物应适用传统的合同法规则还是适用新的规则有所争议。① 《货物销售合同指令》适时将此类货物纳入调整范围,顺应了数字经济发展的潮流。

---

① See Karin Sein, *What Rules Should Apply to Smart Consumer Goods: Goods with Embedded Digital Content in the Borderland between the Digital Content Directive and Normal Contract Law*, 8 Journal of Intellectual Property, Information Technology and E-Commerce Law 96, 109 – 110(2017).

在指令的统一化程度上,《消费品销售指令》采用的是最低限度协调的做法,仅针对消费者最为关心的合同相符性的判断等有限的事项提出了统一的最低要求。之所以说该指令提出的是最低要求,是因为该指令的第 8 条和序言第 24 条明确说明,成员国可以在本指令所涵盖的范围内通过或维持更严格的规定,以确保更高水平的消费者保护。从成员国转化指令的实践来看,仅德国和奥地利为了指令的转化付出了广泛的努力,并借此机会进行法律改革。① 因此,该指令最终实现的合同规则的统一程度是有限的。与前者不同的是,《货物销售合同指令》采用了最大限度统一(maximum harmonization)的立法模式。② 如果某一欧盟指令采用了最大限度统一的立法模式,则意味着欧盟成员国有义务将指令的内容完全纳入本国法,且不得有所偏差;在指令所调整的领域内,指令的内容与成员国实施该指令的内容在范围和效果上应当一致。从《货物销售合同指令》第 4 条的规定来看,其符合最大限度统一的立法要求。考虑到法律文化和立法技术的差异,成员国实施指令的国内法在用语、立法技术上允许有所不同,但在实质内容上应当与指令保持一致。此外,采用最大限度统一立法模式的欧盟指令可以为成员国保留如何进行规制的若干选择。例如,《货物销售合同指令》第 19 条第 1 款要求成员国采取措施落实指令的内容,第 2 款则给成员国提供了若干选择。

在适约性(conformity of goods)的判断标准上,《消费品销售指令》采用的是一种可推翻的假定模式,即符合第 2 条第 2 款所列举的 4 项条件的货物将被推定为符合合同。③ 这种模式有利于快速判断货物是否与合同相符,但给予消费者的保护略显不足。《货物销售合同指令》的显著特点是对货物提出了主观和客观两方面的要求。对货物相符的客观要求更强调货物的通常用途和消费者的合理期待,如果货物不符合相符性的法定客观要求,除要求消费者在销售合同订立时已被明确告知外,还进一步要求消费者在销售合同订立时明确并且

---

① 参见[德]海因茨·佩特·曼泽尔:《欧洲买卖法改革与德国履行障碍法教义学(上)——〈消费品买卖指令〉转化为国内法后的欧洲买卖法》,沈小军译,载《交大法学》2014 年第 3 期。

② 有学者根据欧盟立法统一化程度的高低将其分为 5 种类型。See F. Grzegorczyk, *Jednolity rynek europejski jako determinanta rozwoju prawa konsumenckiego w Unii Europejskiej* (*Single European market as a factor determining development of consumer law in the European Union*), 19.4 Kwartalnik Prawa Prywatnego 905, 905 - 906(2010).

③ 参见何易:《欧盟消费者销售法指令与联合国国际货物销售合同公约之比较》,载《法学评论》2003 年第 2 期。

单独就这一点表示接受(第 7.5 条)。此外,该指令明确规定了通常用途以及合理期待的判断方法[第 7.1 条(a)项、(d)项],使客观要求的识别更具有操作性。总体而言,《货物销售合同指令》在适约性的判断标准上更有利于消费者。

对于货物不符合合同时消费者所享有的救济,两个指令均规定了免费修理、免费更换、按比例减价和解除合同这几种救济方式,并将免费修理或免费更换作为消费者首要的救济方式,将按比例减价和解除合同作为第二顺序的救济方式。[①] 然而,《货物销售合同指令》对救济方式的规定更为精细,对消费者更为有利。第一,消费者有权在修理和更换之间进行选择,卖方应接受消费者的选择,除非消费者所选择的救济是不可能的,或者与其他救济相比会给卖方带来不成比例的费用。第二,消费者放弃修理或更换的要求,转而要求减价或解除合同的前提条件更为具体和清晰(第 13.4 条)。第三,对于轻微的不符合合同,两个指令均不允许消费者解除合同,但《货物销售合同指令》明确将不符之处轻微与否的举证责任交给了卖方。第四,《货物销售合同指令》第 14 ~ 16 条详细规定了行使各种救济的方法和要求,操作性更强。例如,第 16 条将解除合同分为仅针对部分不符的货物解除合同(第 16.2 条)和解除整个合同(第 16.3 条)两种类型,并明确了各自的解除方法。除此之外,《货物销售合同指令》规定了消费者的自力救济,即在卖方履行义务之前,消费者有权扣留价款的大部分或一部分(第 13.6 条)。不过,指令并未规定消费者自力救济的条件和方式,而是将相关问题留待成员国法律调整。总体而言,《货物销售合同指令》对货物不符合合同时消费者所享有的救济规定更为清晰,对消费者更为有利。

两个指令均规定了两类特殊的期限,一个是卖方对货物不符承担责任的期限,另一个是消费者通知卖方货物不符的期限。对于第一个期限,《消费品销售指令》要求卖方对货物交付之时存在并且在货物交付后两年内显现的不符负责,并且要求成员国国内法对消费者行使违约救济权的诉讼时效不得短于该 2 年期限(第 5.1 条)。《货物销售合同指令》对此有两点突破:一是合同对于数字内容或数字服务提供期限的约定超过 2 年的,由卖方对合同约定期限内出现或显现的数字内容或数字服务的不符承担责任(第 10.2 条);二是允许成员国维持或引入比 2 年期限以及合同约定的超过 2 年的数字内容或数字服务的提供期限更长的卖方责任期限(第 10.3 条)。对于第二个期限,《消费品销售指令》

---

① 《货物销售合同指令》序言第 61 条指出,成员国国内法中有关消费者损害赔偿权的规则仍可继续适用。

允许成员国规定,消费者享有权利的前提是在发现货物不符合合同后的2个月期限内通知卖方此项不符(第5.2条)。《货物销售合同指令》的规定与之略有不同,要求消费者在发现不符后的"不短于2个月的期限内"通知卖方此项不符(第12条),即成员国法律可以将消费者通知货物不符的期限设置为2个月以上。《货物销售合同指令》在这两个期限上的变化,均有利于消费者。

在举证责任方面,《消费品销售指令》规定,如果不符在货物交付后6个月内显现,则推定该不符在交付时即存在,除非此项推定与货物的性质或者不符的性质不相容(第5.3条)。《货物销售合同指令》的相关规定呈现三点变化:一是将推定不符的期限延长至1年(第11.1条);二是允许成员国法律将推定不符的期限规定为2年(第11.2条);三是对于带有数字元素的货物,如果合同约定在一段时间内连续提供数字内容或数字服务,则数字内容或数字服务在2年内或者合同约定的超过2年的供应期内所显现的不符,应由卖方承担举证责任。可见,《货物销售合同指令》大大减轻了消费者的举证责任。

在担保方面,《消费品销售指令》第6条第1款原则上规定了担保的法律约束力,该条第2~4款从内容、形式以及语言各方面对担保提出了要求,该条第5款最后强调,不满足指令要求的担保仍具有约束力。《货物销售合同指令》有关担保的实质规定与《消费品销售指令》大体相同,但增加了生产者直接对消费者承担担保责任的规定,并明确了在商业担保声明比广告所规定的条件对消费者更为不利时,商业担保应按照与之有关的广告中所规定的条件发挥约束力(第17.1条),消费者可因此获得更高程度的保障。

《货物销售合同指令》所调整的合同实体问题绝大多数在原先的《消费品销售指令》中已有所体现,但《货物销售合同指令》增加了对第三方权利的规定(第9条)。《消费品销售指令》没有条文明确涉及这个问题,理论界也倾向于认为该指令不涉及此问题,因为其第2条注意到了标的物自身与合同给付义务体系的区分问题,条文并未提到物的法律关系,立法理由也未提及权利瑕疵责任。①

对于同一事项,《货物销售合同指令》的规定一般比《消费品销售指令》更为详细,仅指令的强制效力问题看似例外。实际上,两者对该问题的规定并无二致:《消费品销售指令》第7.1条关于卖方对二手物品的责任期限的规定被移

---

① 参见[德]海因茨·佩特·曼泽尔:《欧洲买卖法改革与德国履行障碍法教义学(上)——〈消费品买卖指令〉转化为国内法后的欧洲买卖法》,沈小军译,载《交大法学》2014年第3期。

至《货物销售合同指令》第10.6条;《消费品销售指令》第7.2条关于法律规避的规定已经体现在《合同之债法律适用条例》中,[①]故《货物销售合同指令》无须重复规定。因此,《货物销售合同指令》关于指令强制效力的规定与《消费品销售指令》大致相同。

总体而言,《货物销售合同指令》采用了最大限度统一的立法模式,从而有利于推动欧盟B2C货物销售合同法律的统一,在内容上更有利于消费者。不过,不少学者对《货物销售合同指令》能否实现其既定目标持怀疑态度,[②]因为指令涵盖的事项有限,并且对于已涵盖的事项也允许成员国在指令允许的范围内作出不同规定。

第三节　欧盟《数字合同指令》

《数字合同指令》和《货物销售合同指令》是在相似的大背景下同步出台的两个指令,共同构建了欧盟B2C合同法律的新格局。

一、《数字合同指令》的立法背景

本章第二节第一部分梳理了欧盟统一合同法律的努力后发现,截至2015年,欧盟层面适用于在线B2C交易的法律主要有4部,此时的欧盟B2C合同统一规则较为分散且统一化程度有限。因此,欧盟成员国的消费者合同规则存在不小的差异,B2C的特定类型合同可能在不同成员国面临不同的法律对待。例如,对于数字内容的提供合同,欧盟成员国可能将其定性为服务合同、买卖合同、许可合同或独立合同,从而适用不同的合同规则。[③] 与此同时,欧洲法院在数字产品定性问题上的立场也摇摆不定。原则上,如果数字产品的交易不涉及

---

① 该条例禁止当事人选择非成员国法律作为合同准据法。参见李凤琴:《欧盟合同之债法律适用制度的新发展》,载《时代法学》2010年第2期。

② See Kare Lilleholt, *A Half-Built House: The New Consumer Sales Directive Assessed as Contract Law*, 28 Juridica International 3, 8(2019); Matthias Lehmann, *A Question of Coherence—The Proposals on EU Contract Rules on Digital Content and Online Sales*, 23 Maastricht Journal of European and Comparative Law 752, 766-767(2016).

③ 参见金晶:《数字时代经典合同法的力量——以欧盟数字单一市场政策为背景》,载《欧洲研究》2017年第6期。

有形载体,则适用服务的相关规则,反之则适用货物的相关规则。[①] 例如,在萨奇(Sacchi,Case 155/73)案中,欧洲法院将电视信号的传输归为服务,从而适用欧盟有关服务的条约,将碟片等载有电视节目的媒介归为货物,从而适用欧盟有关货物的规定。然而,欧洲法院在某些案件中持不同的立场。例如,在足球协会超级联赛(Football Association Premier League,Case 403/08)案中,欧洲法院将禁止外国解码设备进口的欧盟成员措施定性为影响服务自由流通的措施,理由是解码设备影响到信号的获取,而信号的获取又是广播服务的前提。

合同法律规则的差异和法院态度的摇摆给数字内容或数字服务的跨境提供造成了法律上的不确定性,给企业特别是中小微企业造成了经济上的负担。与此同时,消费者在跨境数字内容或数字服务合同的订立或履行遇到问题时,不清楚其合同权利的内容以及应适用的准据法的内容,导致消费者对订立跨境数字内容或数字服务合同的信心不足。因此,在欧盟层面就数字内容或数字服务提供合同进行实体规则的统一显得尤为急迫,特别是在欧盟推出“单一数字市场”战略的大背景下。[②]

为此,欧盟委员会于2015年12月公布了《欧洲议会和欧盟理事会关于数字内容提供合同若干方面的指令建议》。2019年5月20日,欧洲议会和欧盟委员会正式通过了《欧洲议会和欧盟理事会2019年5月20日关于提供数字内容和数字服务合同若干方面的(EU)2019/770号指令》(前文已将其简称为《数字合同指令》)。为了系统地完成欧盟合同立法的更新,并有助于理清提供数字内容和数字服务合同与其他类型合同之间的关系,欧洲议会和欧盟委员会同步完成了《货物销售合同指令》的立法工作。

二、《数字合同指令》的主要内容

鉴于合同法律规则对于欧盟成员国的重要性以及《欧洲统一销售法》立法失败的教训,欧盟并未打算对数字内容或数字服务提供合同创建全套新规则,而是仅就特定关键问题进行统一化立法。

---

① See Janja Hojnik, *Digital Content as a Market Commodity Sui Generis: EU Lawyers (Finally) Moving from Newton Physics to Quantum Physics*, 22 Economic and Social Development, International Scientific Conference on Economic and Social Development: The Legal Challenges of Modern World 73, 74(2018).

② See Staudenmayer Dirk, *The Directives on Digital Contracts: First Steps towards the Private Law of the Digital Economy*, 28 European Review of Private Law 219, 220(2020).

(一)《数字合同指令》的适用范围

适用《数字合同指令》的情形有三类：第一，商家向消费者提供或者承诺提供数字内容或者数字服务，并且消费者为此支付或承诺支付价款。[①] 如果商家所提供的数字内容或者数字服务是根据消费者提供的规格或要求完成的，仍属于《数字合同指令》的适用范围。根据《数字合同指令》"序言"第19条的解释，为适应技术的快速发展，数字内容或数字服务的概念应当具备未来适应性(future-proof nature)。据此，《数字合同指令》所涵盖的数字内容和数字服务应包括计算机程序、应用、视频文件、音频文件、音乐文件、数字游戏、电子书或其他电子出版物，以及将产生、加工、评估或存储数据的服务(含软件服务，例如视频或音频分享，云计算环境以及社交媒体中的文件托管、文字处理或游戏)。如果上述数字内容或数字服务的提供需借助有形介质作为载体，例如消费者把数据下载到自己的电脑上，则《数字合同指令》不适用于该有形介质。此外，网络接入服务也不属于《数字合同指令》的适用范围。

第二，消费者虽未直接支付价款，但以提供或者承诺提供个人数据给商家作为代价，换取数字内容或数字服务。目前，以个人数据换取数字内容或数字服务的情况较为普遍，尽管欧盟立法高度重视个人数据保护并禁止将个人数据作为商品，但当消费者以个人数据为代价换取数字内容或数字服务时，《数字合同指令》仍有意为其提供合同法上的救济，从而将此类交易纳入其调整范围。[②] 个人数据的提供既可能发生在消费者订立合同之时，也可能是消费者在合同订立时对商家使用其个人信息进行概括性同意，在后续数字内容或数字服务的提供过程中上传或产生一些个人数据。例如，消费者在申请开设社交媒体账号时往往被要求提供其电子邮箱地址，以便该社交媒体向其提供电子内容或电子服务，或者用于满足特定的立法要求，如果该电子邮箱地址信息被用于其他用途，哪怕该项使用已征得消费者的同意，也应受《数字合同指令》的调整和规范。仅在两种特殊情况下，尽管商家收集了消费者的数据，也不应当适用《数字合同指令》：一是消费者的相关数据是商家提供数据内容或数据服务所必需，或者是商

---

① 在购买数字内容或数字服务时，电子凭证、电子优惠券等数字化的价值表现形态的使用较为常见，因此指令将其视为支付方式的一种。如果欧盟成员国的国内法认可虚拟货币的话，则指令也将其归入数字化的价值表现形态，从而可以用于购买数字内容和数字服务。不过，数字化的价值表现形态除了可作为支付手段外，其本身并无其他功用，因此不属于指令所调整的数字内容或数字服务的范畴。参见《数字合同指令》"序言"第23条。

② 参见《数字合同指令》"序言"第24条。

家满足其他法定要求所必需(如某第三方支付机构应反洗钱立法的要求向消费者索取个人身份信息),并且商家未将该数据另作他用;二是《数字合同指令》不适用于商家收集元数据①的情形,除非这种情形在成员国国内法中被认定为构成合同。

第三,如果某有形介质(如DVD、CD、USB存储器、存储卡等)仅作数字内容之载体使用,则《数字合同指令》(第5条和第13条的规定除外)既适用于该有形介质所载的数字内容,也适用于该有形介质本身。根据《数字合同指令》序言第20条的说明,商家的提供义务以及商家履行失败时的消费者救济问题,应当适用2011年的《消费者权利指令》;《消费者权利指令》有关消费者撤销权的条款以及涉及货物提供的合同性质判断的相关条款,也应适用于有形介质及其所载的数字内容。

《数字合同指令》的适用范围有几项例外:第一,带有数字元素的货物的销售问题,原则上应适用2019年的《货物销售合同指令》;②第二,数字服务之外的其他类型服务,即便商家使用数字形式或手段进行服务的提供或传输,也不属于《数字合同指令》的适用范围;③第三,电子通信服务、健康服务、金融服务这几个已经受其他欧盟指令专项调整的服务部门,不属于《数字合同指令》的适用范围;第四,赌博服务、商家免费提供给消费者的软件(前提是商家未将从中获取的消费者个人数据另作他用)不属于《数字合同指令》的适用范围;第五,向

① metadata,指描述数据属性的信息,用来支持指示存储位置、历史数据、资源查找、文件记录等功能。

② "带有数字元素的货物"指数字内容或数字服务内置于货物,或者需要数字内容、数字服务进行连接的货物,此类货物如果缺乏了数字内容或者数字服务就无法正常使用。根据《数字合同指令》"序言"第21条的解释,此类货物中的数字内容或数字服务是否构成货物买卖合同的一部分,取决于合同的约定。如果合同明确要求货物的供应伴随数字内容或数字服务,或者同类型货物通常自带并且消费者可合理期待该货物自带此类数字内容或数字服务,则数字内容或数字服务的提供属于货物买卖合同的一部分内容。例如,如果某智能电视的广告上显示该电视配有特定的视频应用软件,则该视频应用软件构成电视销售合同的一部分内容。数字内容或数字服务既可能是预置在货物中的,也可能是消费者购买后另行下载的;既可以是卖家直接提供的,也可以是卖家委托第三方提供的。如果消费者和商家对于内置式或连接式的数字内容或数字服务之提供是否属于货物销售合同的一部分存在分歧,则应以《货物销售合同指令》为判断依据。如果消费者享受数字内容或数字服务以其同意第三方的许可协议为前提,该事实本身并不影响前述问题的判断。

③ 例如,翻译人员提供电子格式的翻译稿件,律师提供电子格式的法律意见书,通常不属于《数字合同指令》的适用范围;公共服务或公共产品(如社会保障、公共登记)、认证或公证服务的提供也时常以向消费者传输数字的形式进行,也不属于《数字合同指令》的适用范围。

公众开放的数字内容以及根据2003/98/EC号指令由欧盟成员国的公共机构提供的数字内容,不属于《数字合同指令》的适用范围。

(二)适约性的判断标准

《数字合同指令》规定,判断数字内容或数字服务的适约性(conformity of digital content or digital service)时,需重叠适用主观要求和客观要求。"主观要求"即合同约定的质量标准,之所以称其为"主观",是因为形式上它们已经当事人接受;"客观要求"指不受当事人主观影响,而是受行业惯例、市场条件、消费者正常期待等相对客观的多重因素共同影响的标准。

在主观要求方面,《数字合同指令》第7条规定了4个方面的要求。首先,数字内容或数字服务的提供应当符合合同约定的描述、数量、质量、语言、版本,并具备功能性、兼容性、互操作性(interoperability)以及合同约定的其他特性(如安全性)。① 在判断合同约定的具体内容时,根据欧盟2011年的《消费者权利指令》,合同订立前的信息构成合同的一部分,在判断商家履行的适约性时应考虑此类信息。此外,《数字合同指令》"序言"第42条规定,消费者与商家可能以《服务水平协议》的形式就履行的质量进行约定,根据相关成员国国内法,此类协议亦构成双方合同关系的一部分内容。其次,商家的履行应当满足消费者的特定目的,前提是消费者在订立合同前或者合同时已经告知商家,并且商家表示接受此特定目的。再次,数字内容或数字服务应与合同约定的附带品(accessory)、指示(如安装提示)、客户帮助等一并提供。最后,数字内容或数字服务应按合同的约定进行更新。

为防止商家以过低的质量标准约定为手段实质上剥夺消费者的权利,《数字合同指令》要求商家在履行合同质量约定(主观要求)的基础上,进一步遵守《数字合同指令》第8条对于履行质量的6项客观要求:第一,应满足同类型数字内容或数字服务的通常用途;第二,应具备同类型数字内容或数字服务通常应具备的并且满足消费者合理期待的数量、质量及相应的特性(包括功能性、兼

① 数字内容或数字服务提供合同的履行与货物销售合同的履行存在显著差异,一些原本在货物销售合同履行中根本不存在的要素将对数字内容或数字服务提供合同的履行质量产生至关重要的影响,如功能性、兼容性和数据更新能力。"功能性"涉及数字内容或数字服务被利用的方式,如,"数字权利管理"或者"地区编码"保护等技术限制的有无将影响数字内容或数字服务能否实现其既定的所有功能。"兼容性"涉及数字内容或数字服务能否与硬件或者其他功能的软件共同运行,以及运行顺畅的程度,运行顺畅的表现之一是数字内容或数字服务能与其他软件或硬件交换信息并实现信息互用。参见《数字合同指令》"序言"第43条。

容性、可及性、持续性和安全性等);[①]第三,在提供数据更新(包括安全更新)的期限方面,如果合同约定商家在一定期限内持续性地提供数字内容或数字服务,则商家应在该期限内提供数据更新,或者商家应在消费者可合理预期的期限内向消费者提供数据更新,以确保数据内容或数据服务能正常发挥作用;第四,在数据更新的安装方面,商家应提醒消费者安装更新并告知未能安装的后果,并给予消费者安装指示;第五,在履行合格的期限方面,如果合同约定数字内容或数字服务的提供将持续一段期限,则数字内容或数字服务应在整个期限内都符合主客观要求的要求;第六,鉴于数字内容或数字服务频繁地改进,除当事人另有约定外,商家提供给消费者的数字内容或数字服务应当是在订立合同之时的最新版本。

《数字合同指令》第 8 条第 5 款为客观要求的适用规定了例外,以满足灵活性的需求。如果在合同订立之时,商家已将数字内容或数字服务的特定属性将偏离客观要求这一点告知消费者,并且消费者单独就此明确地、积极地表示同意(如在选框中勾选、点击特定按钮),则商家可以不满足客观要求的前 3 项要求(第 8 条第 1 款和第 2 款的规定)。

(三)责任期限与举证责任

如果数字内容或数字服务的提供是通过单个行为或者一系列行为实现的,则商家承担责任的期限问题将适用《数字合同指令》第 11 条第 2 款的规定:如果数字内容或数字服务的提供不符合《数字合同指令》所规定的主观或客观要求,且此项不符在商家提供之时就已存在,则商家须对此负责,并且卖方承担此项责任没有期限的限制。然而,如果成员国的国内法仅要求商家对提供后一段期限内显现(becomes apparent)的不符负责,则《数字合同指令》要求该期限不得短于数字内容或数字服务提供之后的 2 年;如果成员国的国内法对于消费者要求减价、终止合同等违约救济有诉讼时效方面的要求,则《数字合同指令》要求相关国内法确保消费者能够对于提供之时就存在并且在提供后 2 年内显现的不符寻求法律救济。如果合同约定数字内容或数字服务的提供将持续一段时间,那么商家承担责任的期限问题将适用《数字合同指令》第 11 条第 3 款的规定,商家应对合同约定的提供期限内所产生或者显现的不符承担责任。

---

① 《数字合同指令》第 8.1(b)条规定,在判断消费者的合理期待时,应考虑数字内容或数字服务本身的性质,考虑商家、商家代表或者与本次交易有前期联系的其他人就数字内容或数字服务的具体特性所作的任何公开声明。

在举证责任的分配方面,《数字合同指令》第 12 条原则上要求商家承担举证责任。不过,根据具体情形的不同,商家所承担的举证责任略有不同。第一,根据《数字合同指令》第 5 条,商家提供数字内容或数字服务不得有不合理的迟延,并应保证数字内容的访问、下载等传输渠道畅通,有关第 5 条的举证义务由商家无条件地承担。第二,对于通过单个行为或者一系列行为来实现数字内容或数字服务提供的情形,如何证明不符在提供之时即已存在是至关重要的问题,对此《数字合同指令》规定:如果不符是在提供后 1 年内显现的,则商家承担举证责任。换言之,如果商家不能证明该项不符在提供时不存在,则应就此项不符承担责任。第三,对于商家在某一时段内持续提供数字内容或数字服务的情形,《数字合同指令》要求商家就该时段内出现的任何不符承担举证责任。考虑到数字内容或数字服务提供的成功与否与接收数字内容或数字服务所必需的软硬件的兼容性息息相关,《数字合同指令》对举证责任的分配规定了例外:在第二和第三种情形下,如果商家能够证明自己在合同订立前已经清楚、明白地告知消费者数字内容或数字服务接收的相关技术要求,而消费者未能满足此项技术要求,则举证责任回归到消费者。

(四)违约救济

《数字合同指令》第 13 条和第 14 条分别就"提供失败"以及"不符"的救济方式作出了规定。总体而言,《数字合同指令》以实际履行为首选救济方式,辅之以减价、终止合同的救济方式。

在提供失败的情况下,消费者应首先要求商家提供数字内容或数字服务。[①]如果商家未能以无不合理迟延的方式提供,或者未能在消费者给予的宽限期内提供数字内容或数字服务,则消费者有权终止合同。在两种情形下,消费者无须等待商家继续履行,即有权立即终止合同:一是商家声明其将不提供数字内容或数字服务,或者有关情形表明商家将不提供数字内容或数字服务;二是消费者曾与商家约定或者合同订立时的有关情形显示,在某一特定的时间提供数字内容或数字服务对消费者而言至关重要,而商家未能在该时间之前提供。

在数字内容或数字服务的提供不符合约定或法定要求时,消费者仍应首先

---

① 《货物销售合同指令》所规定的首要救济方式是免费修理或免费更换。在这一点上,两个指令具有显著的区别。其理由在于,数字内容或数字服务不适于修理或更换。See Jorge Morais Carvalho, *Sale of Goods and Supply of Digital Content and Digital Services-Overview of Directives* 2019/770 *and* 2019/771, 8 Journal of European Consumer and Market Law 194, 199(2019).

要求商家实际履行,改正其不符之处。只有在实际履行不可能,实际履行会给商家造成不成比例的费用负担,商家尝试实际履行后不符仍存在,不符的性质非常严重以至于立即要求减价或者终止合同是合理的,商家声明或者有关情形表明商家将无法在合理时间内、以不造成消费者明显不便的方式进行实际履行等几种情形下,消费者才有权要求减价或者终止合同。

三、《数字合同指令》的特点和创新

作为欧盟统一 B2C 合同法律的同步成果,《数字合同指令》和《货物销售合同指令》均与 1999 年的《消费品销售指令》密切相关,基于立法体系化的考虑,欧盟委员会在制定这两个指令时尽力使之协调一致。① 因此,《数字合同指令》的特点和创新之处与《货物销售合同指令》有相似之处。

(一)采用最大限度统一的立法模式

《数字合同指令》第 4 条规定,欧盟成员国不得保留或者制定与《数字合同指令》要求相悖的国内法,即成员国国内法为消费者所提供的保护水平既不得高于也不得低于指令所提供的保护水平,除非《数字合同指令》本身对此有例外规定。《数字合同指令》采用最大限度统一的立法模式,主观原因是欧盟意图在这一领域实现较高程度的规则统一,以推动欧盟"单一数字市场"战略的实现;客观原因是欧盟成员国在提供数字内容和数字服务合同领域的既有规则有限,在欧盟层面实现较高程度的规则统一相对容易实现。

对于《数字合同指令》和《货物销售合同指令》采用最大限度统一的立法模式能否真正实现最大限度统一成员国在相关领域的合同规则的目标,学者持有疑义,因为两个指令均明确规定指令未涵盖的问题仍由成员国国内法调整,即便是两个指令调整范围内的问题,指令也授权成员国法律在此基础上作进一步

① *Opinion of the European Economic and Social Committee on the "Proposal for a directive of the European Parliament and of the Council on certain aspects concerning contracts for the supply of digital content"* [*COM*(2015)634 *final* - 2015/0287(*COD*)] *and the "Proposal for a directive of the European Parliament and of the Council on certain aspects concerning contracts for the online and other distance sales of goods"* [*COM*(2015)635 *final* - 2015/0288(*COD*)], para. 2. 1, European Union(Jul. 20, 2016), https://publications.europa.eu/resource/cellar/cdf5739a-4e3f-11e6-89bd-01aa75ed71a1.0006.01/DOC_1.

的规定。[①] 例如,违约救济是两个指令的重点内容,但两个指令均不涉及损害赔偿问题,成员国国内法中的损害赔偿规则仍可适用。[②] 这一担忧不无道理。不过,《数字合同指令》调整的事项虽然有限,但对于已在调整范围内的问题,极少允许成员国法律作出不同规定。

(二)仅就若干核心问题创设了统一规则

对于《数字合同指令》适用范围内的数字内容和数字服务,《数字合同指令》针对适约性标准、举证责任与举证期限、违约救济这几个重点问题制定了统一适用于欧盟成员国的规则。对于《数字合同指令》未涵盖的事项,仍由欧盟成员国的国内法予以调整。《数字合同指令》"序言"明确列举的仍由欧盟成员国国内法调整的与数字内容或数字服务合同有关的事项包括:此类合同的成立及效力的判断;此类合同无效的法律后果;此类合同的法律属性(此类合同究竟属于销售、服务、租赁或特殊类型的合同);消费者因数字内容或数字服务的提供向商家以外的第三人提出请求;因商家控制之外的障碍(如不可抗力)导致其未履行、瑕疵履行数字内容或数字服务合同的法律后果;当事人中止履行其在数字内容或数字服务合同项下的全部或部分合同义务的权利,如消费者在商家履行不合格时中止或部分中止付款。

《数字合同指令》对调整范围的自我约束,源于从雄心勃勃的《欧洲统一销售法》的最终失败所汲取的教训。《欧洲统一销售法》最初的计划是在欧盟立法层面实现合同法实体规则的统一,但最终因成员国反对而失败。合同法规则历来属于欧盟成员国的国内立法事项,各国均有完备的合同法律体系,欧盟另起炉灶制定合同法规则,必然导致与各国现有的合同法产生重叠与冲突。相对而言,数字内容和数字服务提供合同的成员国的国内立法尚属空白,对这一特殊领域的关键问题设立特殊的欧盟统一规则较易为成员国接受。

(三)认可个人数据为对待给付的方式之一

消费者以提供或者承诺提供个人数据给商家作为代价,换取数字内容或数字服务,这种类型的交易首次通过《数字合同指令》被纳入欧盟法的调整范围。

---

① See Lehmann Matthias, *A Question of Coherence, the Proposals on EU Contract Rules on Digital Content and Online Sales*, 23 Maastricht Journal of European and Comparative Law 752, 767 (2016); Jorge Morais Carvalho, *Sale of Goods (Directive 2019/771) and Supply of Digital Content and Digital Services (Directive 2019/770): Scope and Degree of Harmonisation*, 12 Cuadernos Derecho Transnacional 930, 940(2020).

② 参见《货物销售合同指令》"序言"第 61 条以及《数字合同指令》"序言"第 73 条。

欧盟委员会在2015年的指令建议稿中指出：以数据换取数字内容是当前一种重要的商业模式，如果欧盟立法区别对待金钱和数据这两种对待给付方式，将变相鼓励商家更多地运用以数据换取数字内容这种商业模式，进而损害消费者的经济利益。① 为了避免这样的后果，《数字合同指令》应当为以金钱为对待给付方式的交易和以数据为对待给付方式的交易提供同等规则。

在立法过程中，各方对于个人数据应否被视为对待给付的一种方式存在激烈的争论。在欧盟，个人数据权被赋予了人权的属性，②因而天然地排斥商业化运用。有学者提出，认可数据作为对待给付的方式之一，在某种程度上确实会提高消费者受保护的水平，但可能因此被市场解读为立法对个人数据商业化的认可，这将是欧盟数据保护立法的倒退。③ 反之，拒绝数据作为对待给付的方式，虽然避免了给市场造成这样的印象，但要承受消费者保护水平降低的代价。欧盟理事会和欧洲议会基本同意欧盟委员会在这一问题上的立场；欧洲数据保护主管（European Data Protection Supervisor，EDPS）也表示，他们原则上欢迎立法对数字环境下的消费者（包括以个人数据换取表面上的免费服务的消费者）提供保护。④ 有学者指出，如果《数字合同指令》仅规制以金钱作为对待给付的交易，将以数据换取数字内容或数字服务这种商业模式留待欧盟成员国的国内法自行加以调整，则将使欧盟错失在这一领域制定统一规则的良机，也使《数字合同指令》无法圆满完成其使命。⑤

综合考量各种因素之后，《数字合同指令》最终在第3条第1款规定，其适

① *Proposal for a Directive of the European Parliament and of the Councilon Certain Aspects concerning Contracts for the Supply of Digital Content(Text with EEA relevance)*, Recital 13, European Union(Dec. 9, 2015), https://eur-lex.europa.eu/legal-content/EN/TXT/PDF/?uri=CELEX:52015PC0634&from=EN.

② 参见张金平：《欧盟个人数据权的演进及其启示》，载《法商研究》2019年第5期。

③ See Laura Drechsler, *Data as Counter-Performance: A New Way Forward or a Step Back for the Fundamental Right of Data Protection?*, edited in Datenschutz & LegalTech/ Data Protection & LegalTech: Digitale Ausgabe zum Tagungsband des 21, Internationalen Rechtsinformatik Symposions 2018.

④ See European Data Protection Supervisor, *Opinion 4/2017 on the Proposal for a Directive on Certain Aspects Concerning Contracts for the Supply of Digital Content*, p. 7, European Union(Mar. 14, 2017), https://edps.europa.eu/sites/edp/files/publication/17-03-14_opinion_digital_content_en.pdf.

⑤ See Axel Metzger, et al., *Data-Related Aspects of the Digital Content Directive*, 9 Journal of Intellectual Property, Information Technology and Electronic Commerce Law 90, 94(2018).

用于消费者提供或者承诺提供个人数据给商家以换取数字内容或数字服务的情形。与此同时,为了避免给市场造成误导,《数字合同指令》删除了草案中所使用的"对待给付"这一表述,在其序言第 24 条重申了"个人数据保护是一项基本权利",并强调"个人数据不得被视为商品"。尽管《数字合同指令》回避使用"对待给付"这一表述,其第 3 条第 1 款关于适用范围的规定事实上认可了消费者可以用个人数据作为对待给付的方式之一。

(四)重叠适用主观要求和客观要求

立法者倾向于主观要求还是客观要求,实际上取决于立法者意图提供何种程度的消费者保护。一般而言,立法倾向于主观要求对商家有利,反之则对消费者有利,因为消费者处于弱势地位,无法实际影响合同条款的内容。欧盟的 B2C 立法较早开始考虑采纳客观要求,以保护消费者的利益。例如,1999 年的《消费品销售指令》第 2 条第 2 款规定满足该款 4 项条件的货物被推定为符合合同,①该款第 3 项提及的"同一规格货物的通常使用目的"以及第 4 项提及的"消费者的合理期望"均是客观要求的体现。

《数字合同指令》的立法建议稿采用了优先适用主观要求、合同未约定或约定不清晰时才适用客观要求的立场。② 立法建议稿在该问题上的立场遭到了学者的批评,学者认为这将导致《数字合同指令》所提供的保护水平比同步立法的《货物销售合同指令》的保护水平低很多。③ 目前,欧盟大部分国家对于数字内容沿用传统的销售规则或者服务规则加以调整,如奥地利、德国和荷兰。《数字合同指令》草案以主观要求为主、客观要求为辅的适约性判断标准将导致部分欧盟成员国被迫降低既有的消费者保护标准。④ 最终,《数字合同指令》决定重叠适用主观要求和客观要求,以便更好地实现欧盟为数字内容和数字服务的消费者提供较高水平保护的立法初衷。

---

① 详见本节第二部分关于"适约性的判断标准"的介绍。

② 参见孙新宽:《论数字内容合同的权利救济体系——以欧盟〈数字内容合同指令议案〉为中心》,载《北京航空航天大学学报(社会科学版)》2017 年第 6 期。

③ See Rafał Mańko, *Towards New Rules on Sales and Digital Content: Analysis of the Key Issues*, p. 12, European Union (Mar., 2017), https://www.europarl.europa.eu/RegData/etudes/IDAN/2017/599359/EPRS_IDA(2017)599359_EN.pdf.

④ Ibid., p. 30.

对于《数字合同指令》的实效，学者普遍持谨慎乐观的态度。① 由于采用了指令这一立法工具，《数字合同指令》的内容还有待欧盟成员国进行转化立法，在此过程中，成员国需高度注意指令内容与本国既有合同法律制度的协调，因此短期内尚无法预估该指令的实效。

---

① See Vanherpe Jozefien, *White Smoke, but Smoke Nonetheless: Some (Burning) Questions regarding the Directives on Sale of Goods and Supply of Digital Content*, 28 European Review of Private Law 251, 251 - 274(2020); Jorge Morais Carvalho, *Sale of Goods and Supply of Digital Content and Digital Services-Overview of Directives* 2019/770 *and* 2019/771, 8 Journal of European Consumer and Market Law 194, 194 - 201(2019).

第三章　ODR结果的执行机制

ODR是综合利用谈判、调解、仲裁等纠纷解决方式的在线解决过程,ODR解决纠纷的结果一般体现为经当事人谈判所达成的和解协议、经第三人调解所达成的调解协议或者经仲裁所作出的裁决。在ODR的制度设计中,程序结果的执行机制是重要的一环,如果缺乏有效的执行机制,ODR就难以对跨境电子商务纠纷的当事人发挥吸引力。

第一节　依据《纽约公约》执行ODR裁决的可能及限制

根据《纽约公约》第4条第1款的规定,为跨国承认和执行仲裁裁决,申请承认和执行裁决的当事人应该提供经正式认证的裁决正本或经正式证明的副本,以及仲裁协议正本或经正式证明的副本。如申请人提供了符合要求的这两份文件,则被请求承认或执行裁决的管辖机关应履行承认和执行裁决的义务,除非该管辖机关依据该公约第5条的规定拒绝承认和执行该裁决。此外,《纽约公约》第2条对仲裁协议有书面形式的要求;仲裁协议无效属于公约第5条所列举的拒绝承认和执行裁决的理由之一,且该公约第5条第1款a项将判断仲裁协议效力的准据法规定为当事人选择的法律或者裁决作出地国的法律。综合考虑上述规定后可以发现,当事人选择 ODR 解决纠纷的约定是否属于《纽约公约》意义上的仲裁协议，该约定能否满足该公约对仲裁协议的书面要求，ODR 裁决书是否为该公约意义上的仲裁裁决，以及如何认定 ODR 的仲裁地，这 4 个问题将影响包含仲裁程序的 ODR 裁决书能否依据《纽约公约》得到承认和执行。

一、当事人选择 ODR 解决纠纷的约定是否属于《纽约公约》意义上的仲裁协议

《纽约公约》并未对"仲裁协议"作精准的定义，从该公约第 2 条第 1 款的规定来看，[①]"仲裁协议"的核心要素是当事人之间存在将纠纷提交仲裁解决的合意。2016 年，UNCITRAL 就《纽约公约》的解释和适用发布了指南(《贸易法委员会秘书处〈关于承认及执行外国仲裁裁决公约〉(1958 年，纽约)的指南》，以下简称《2016 年指南》)，澄清了该公约在解释和适用上的一些疑问，明确了相关条款的具体含义。《2016 年指南》对《纽约公约》第 2 条第 3 款[②]的解释表明，当事人之间提交仲裁解决纠纷的合意并不局限于特定方式，因为适用《纽约公约》的各法域的判例法表明认定当事人同意仲裁的情况各种各样，包括当事人参与合同的谈判、参与合同的履行、既参与合同的谈判也参与合同的履行、知悉仲裁协议或者参与仲裁程序而未对仲裁庭的管辖权提出任何异议。[③] 因此，只要当事人之间确有将纠纷提交仲裁的合意，该合意以何种方式呈现并不影响仲裁协议存在与否的判断。

在跨境电子商务交易中，如果合同的纠纷解决条款规定，当事人将彼此之间的纠纷提交某 ODR 机构解决；与此同时，该 ODR 机构的公开资料显示，其 ODR 程序包含了仲裁这一环节。在这种情况下，可以认定该纠纷解决条款体现了当事人将纠纷提交仲裁解决的合意，该纠纷解决条款属于《纽约公约》意义上的仲裁协议。

---

① 《纽约公约》第 2 条第 1 款规定："如果双方当事人书面协议把由于同某个可以通过仲裁方式解决的事项有关的特定的法律关系，不论是不是合同关系，所已产生或可能产生的全部或任何争执提交仲裁，每一个缔约国应该承认这种协议。"

② 《纽约公约》第 2 条第 3 款要求，在有仲裁协议的情况下，应当事人的请求，缔约国法院应下令当事人通过仲裁解决纠纷。

③ 《2016 年指南》，第 2 条分析第 15 段。

二、《纽约公约》对仲裁协议的书面要求能否得到满足

《纽约公约》第2条第1款要求仲裁协议为书面形式，该条第2款将书面仲裁协议解释为“当事人所签署的或者来往书信、电报中所包含的合同中的仲裁条款和仲裁协议”。根据第2条第2款的规定，载于基础合同中的仲裁条款或者独立的仲裁协议在两种情况下均可满足该公约对“书面”的要求：一是经双方当事人签署，二是相关仲裁条款或仲裁协议包含于双方当事人的来往书信、电报中。第2款的规定在实践中引发了许多争议，如当事人的签字是否为必需、如何签字、互换的含义和方式、被引用的单独文件中所包含的仲裁条款是否有效等。①

《2016年指南》对第2条第2款作出了如下说明：尽管该款仅明确提及“来往书信、电报”，但广泛认可该款涵盖任何来往文件，并不局限于书信和电报；多数法院承认载于来往文件或其他书面通信（无论是物理媒介还是电子媒介）的仲裁协议满足该款的要求；从第2款的字面含义以及公约的准备工作材料来看，如果仲裁协议载于来往文件，并不要求当事人在仲裁协议上签字，多数国家的法院在实践中遵循了这种解释，但也有少数例外。②

跨境电子商务纠纷的当事人选择用ODR的方式解决纠纷，一般是通过基础合同中的纠纷解决条款来实现的。跨境电子商务交易是无纸化的，当事人通常不会在纸面上签字。在B2C交易以及部分B2B交易中，卖家在网页上展示商品信息和合同条款，买家点击页面上的“购买”、“确认”或“提交订单”等按钮，销售系统自动接受购买请求或者卖家手动确认购买请求后，合同订立过程结束。在这一过程中，卖家在网页上发布交易信息、买家点击按钮将购买意向传递给卖家，这类举动均可被归为《纽约公约》第2条第2款意义上的“来往书信、电报”，从而使包含在其中的ODR选择条款满足“书面”的要求。原因有三点：第一，UNCITRAL《2016年指南》明确了“来往书信、电报”并不局限于书信和电报本身，而是能够涵盖当事人之间的任何来往文件，电子媒介的来往通信已经被多数法院认可为满足《纽约公约》第2条第2款对书面的要求。第二，根据UNCITRAL《电子商务示范法》第11条的规定，除非当事人另有约定，否则可以用数据电文的手段进行合同的要约和承诺，合同的有效性或合同的可执行性

---

① 参见黄亚英：《论〈纽约公约〉与仲裁协议的形式》，载《法学杂志》2004年第2期。

② 《2016年指南》，第2条分析第50~57段。

不能仅仅因为其使用了数据电文而遭到否定。随着该示范法的推广和运用,更多的国家将认可电子媒介的来往通信满足《纽约公约》第 2 条第 2 款对书面的要求。例如,根据我国《电子商务法》第 49 条的规定,电子商务经营者发布的商品或者服务信息符合要约条件的,用户选择该商品或者服务并提交订单成功,合同成立。[①] 据此,如果卖家在商品信息页面载明了 ODR 选择条款,用户提交订单成功后,该条款就成为双方当事人合同的一部分,且符合《纽约公约》第 2 条第 2 款对书面的要求。第三,2006 年 UNCITRAL 修订的《国际商事仲裁示范法》第 7 条有关"仲裁协议"的备选案文一在坚持书面要求的基础上,拓宽了"书面形式"的定义,将"电子通信所含信息可以调取以备日后查用的"视为符合仲裁协议的书面形式要求,这将进一步促使各国将载于来往电子通信中的仲裁条款或仲裁协议认可为"书面"仲裁协议。

除了卖家在网页上展示商品信息、买家点击购买完成交易这种形式外,也有部分 B2B 跨境电子商务交易是通过双方当事人相互发送电子邮件等电子通信的方式完成的。如果当事人选择用 ODR 解决纠纷的条款载于往来的电子通信中,即便未经当事人签字,也符合《纽约公约》第 2 条第 2 款对仲裁协议的书面要求。

总体而言,虽然《纽约公约》制定时并未预料到电子商务以及 ODR 的发展,但并不妨碍以电子通信方式选择 ODR 解决纠纷的条款或协议被认可为该公约意义上的书面仲裁协议。然而,这种认可很大程度上取决于国内法特别是请求承认和执行裁决地的国内法的规定,因此存在极少数国家拒绝承认和执行依据此类 ODR 条款或协议所作出的仲裁裁决的可能。[②] 这种潜在的可能给跨境执行 ODR 裁决书带来了不确定性。

三、ODR 裁决是否为《纽约公约》意义上的仲裁裁决

这个问题应从两个层面展开分析:一是在形式上,电子形式的 ODR 裁决书是否满足《纽约公约》第 4 条第 1 款对"经正式认证的裁决正本或经正式证明的副

---

① 我国《电子商务法》第 49 条规定:当事人另有约定的,从其约定。实践中,当事人另有约定的情况一般为卖家要求:买家提交订单并不构成承诺,合同成立须以卖家最后确认为准。在这种情况下,卖家在网页上展示的信息构成要约邀请,买家提交订单构成邀约,卖家的系统自动确认交易或者卖家手动确认交易构成承诺。

② 《2016 年指南》的脚注 275 列举了巴西最高法院拒绝执行通过电传交换的未签字的仲裁协议的实例。

本”的要求;二是在实质上,ODR 裁决书是否属于《纽约公约》意义上的仲裁裁决。

在裁决书的形式问题上,理论界对电子裁决的执行问题提出了两种解决方案。一是结合《纽约公约》第 3 条的规定解释该公约第 4 条,鉴于第 3 条要求缔约国“对承认或执行本公约所适用的仲裁裁决,不应该比对承认或执行本国的仲裁裁决规定实质上较烦的条件或较高的费用”,如果裁决执行地国接受电子形式的裁决,那么承认和执行外国的电子裁决就不存在障碍了。二是《纽约公约》第 4 条第 1 款之所以要求申请人提供经正式认证的裁决正本或经正式证明的副本,其目的是确认裁决的真实性,因此只要能够在技术上保证电子裁决是完整的、无法篡改的,就可以将电子裁决认定为原件。① 这两种方案的本质要求是一样的,即要求一种技术方法来确保电子文件的完整性和不可篡改性,并能准确显示该文件的发件人。如技术上能实现上述目标,则电子形式的裁决与纸质裁决并无二致。目前,能够实现上述目标的技术是电子签名。② 早在 2001 年,UNCITRAL 就制定了《电子签名示范法》,以推动电子签名的运用。2004 年我国《电子签名法》的制定在很大程度上参考了该示范法的规定。尽管电子签名在不少国家得到了运用,也有不少国家出台了电子签名的相关立法,但各国法院对于电子裁决的接受程度并不高。尽管如此,ODR 电子裁决的跨境承认和执行在实践中并不存在真正的障碍。只要仲裁员将电子裁决打印并签名,电子裁决就转化为纸质裁决,仅在效率上有些许损失。

在裁决书的实质问题上,《纽约公约》并未对“仲裁裁决”进行定义。在该公约第 1 条的谈判过程中,奥地利代表曾提出“一项具体决定是否应视为仲裁裁决,将取决于裁决执行地国家的法律”。因此,《2016 年指南》指出,一项决定在何种情况下可根据《纽约公约》定性为“仲裁裁决”,应由请求承认和执行所在地国法院判定。各国法院普遍认为:对一项决定是否属于裁决的判定须取决于其性质和内容,而非该决定本身所使用的措辞;《纽约公约》意义上的“仲裁裁决”应当满足由仲裁员作出,以终局方式解决或部分解决争议,以及具有约束力这三项要求。此外,相关判例法表明,只有对双方当事人具有约束力的决定

① 参见邓瑞平、唐海涛:《电子商务时代网上仲裁:困境与出路》,载《河北法学》2013 年第 12 期。

② 参见涂舜:《电子签名笔迹鉴定理论与实务研究》,法律出版社 2019 年版;邵淼等:《可靠电子签名在仲裁领域中的应用研究》,载《信息安全研究》2016 年第 6 期。

方可视为该公约意义上的"仲裁裁决"。[①] ODR 具有很大的灵活性,不同 ODR 提供者所提供的 ODR 程序各不相同,有的明确包含仲裁程序,有的明确不包含仲裁程序,还有的程序虽未以"仲裁"命名却在本质上与仲裁相同。对此,要仔细甄别,只要经 ODR 程序作出的决定满足由仲裁员作出、具有终局性和约束力的要求,就应当被认定为《纽约公约》意义上的仲裁裁决。

在有些国家,特定类型的纠纷解决程序的结果仅对商家一方具有约束力,对作为另一方当事人的消费者不具有约束力,消费者如果对决定不服,仍可以诉诸司法手段。例如,根据德国《保险监察员程序规则》(Verfahrensordnung des Versicherungsombudsmanns)第 10 条第 3 款和第 11 条第 1 款的规定,监察员对 1 万欧元以下的纠纷直接作出决定,该决定仅对被申诉的商家有约束力,商家不得不服从该决定将同一纠纷诉诸法院。[②] 从《欧盟 ADR 指令》序言第 43 条、第 49 条以及第 9 条的规定来看,欧盟允许成员国国内法就仅对商家一方具有约束力的 ADR 程序作出规定,并且将此类程序纳入《欧盟 ADR 指令》的调整范围。此类决定仅对一方当事人有约束力,因此不应被认定为《纽约公约》意义上的仲裁裁决继而获得跨国承认和执行。

四、如何认定 ODR 的仲裁地

仲裁地在《纽约公约》中具有非常重要的地位:第一,除"非内国裁决"外,只有在请求承认和执行地以外的其他缔约国作出的裁决,才能援引该公约得到跨国承认和执行;第二,《纽约公约》第 5 条第 1 款 a 项规定,在当事人未选择仲裁协议准据法的情况下,如仲裁协议根据裁决作出地国的法律被认定无效,被请求承认或执行裁决的管辖机关可以应当事人的申请拒绝承认和执行裁决;第三,《纽约公约》第 5 条第 1 款 d 项规定,在当事人未选择仲裁程序准据法时,如仲裁庭的组成或仲裁程序与仲裁地国家的法律不符,被请求承认或执行裁决的管辖机关可以应当事人的申请拒绝承认和执行裁决;第四,《纽约公约》第 5 条第 1 款 e 项规定,如裁决已被裁决作出地国家的管辖机关撤销或停止执行,被请求承认或执行裁决的管辖机关可以应当事人的申请拒绝和承认执行裁决。

在 ODR 程序中,仲裁地的确定并非易事。ODR 最突出的特点是借助网络

---

① 参见《2016 年指南》,第 1 条分析第 18 ~ 25 段。

② 对于 10,001 ~ 10 万欧元的纠纷,监察员只能作出无约束力的建议。

完成纠纷解决程序,ODR程序因此涉及双方当事人所在地、仲裁员所在地、ODR提供者的营业地、ODR提供者的服务器所在地等多个物理空间,哪个地点应被认定为仲裁地?

理论界对确定网上仲裁的仲裁地有几种学说:一是以仲裁员或首席仲裁员的所在地作为网上仲裁的仲裁地;二是以网上仲裁所利用的网络服务器的物理空间所在地作为网上仲裁的仲裁地;三是以提供网上仲裁服务的网站所有人或控制人的所在地作为网上仲裁的仲裁地。有学者认为,上述学说均存在不同程度的缺陷,继而提出适用"非内国仲裁理论"。该理论认为:国际仲裁程序应依当事人约定的规则进行,无此约定时依仲裁庭确定的规则进行,不受仲裁地国法律的约束,仅受申请承认和执行地国法律的制约;仲裁裁决的效力来源并非仲裁地国法律,而是当事人的意思自治;裁决即使被作出地国法院依法撤销,仍可在其他国家得到承认和执行。[①] 然而,这是一种消极的应对办法,无法从根本上解决网上仲裁的仲裁地问题,且"非内国仲裁理论"本身并不完善,在实践中并未得到广泛接受。[②]

从务实的角度出发,由于在线仲裁涉及多个物理空间,很难确定哪个地点与在线仲裁程序存在实质上的联系或者最密切的联系,因此应当更加重视有关主体对仲裁地点的选择。有学者指出,对于线下仲裁,仲裁地通常由当事人通过仲裁协议明确选定,或者在当事人未选择时由仲裁机构或仲裁员根据仲裁协议推断或自行确定仲裁地点,这两种方式同样应适用于在线仲裁地的确定。[③] 这种观点具有合理性,在实践中也有所体现。亚太经合组织《示范程序规则》第16条规定:"如果当事人没有决定仲裁地点,则ODR提供者应在考虑案件的所有情况后选择仲裁地点。"因此,按照传统规则确定ODR仲裁地点虽有困难,但这一问题并非不可解决。

五、结论

当事人选择ODR解决纠纷的约定可以构成《纽约公约》意义上的仲裁协议,将以电子通信方式选择ODR解决纠纷的条款或协议认定为《纽约公约》意义上的书面仲裁协议不存在理论上的障碍,有约束力的ODR电子裁决的跨境

---

① 参见李虎:《网上仲裁法律问题研究》,中国民主法制出版社2005年版,第137~142页。

② 参见马迁:《网上仲裁的法律问题研究》,载《河南社会科学》2009年第2期。

③ 参见钟丽:《在线仲裁的界定及其仲裁地问题探讨》,载《社会科学》2002年第3期。

承认和执行不存在真正的障碍,ODR 的仲裁地可以由当事人约定或者无此约定时由 ODR 提供者选择,因此,依据《纽约公约》跨境承认和执行 ODR 裁决书在理论上是可行的。不过,少数国家可能拒绝承认和执行依据电子形式的 ODR 条款或协议所作出的仲裁裁决,这给依据《纽约公约》跨境承认和执行 ODR 裁决书带来一定的不确定性。

实践中,依据《纽约公约》承认和执行跨境电子商务 B2C 纠纷的 ODR 裁决较为困难。国内有学者认为,网上仲裁裁决的执行不同于传统仲裁裁决的执行,向法院申请承认与执行裁决并不是最佳选择。[①] 国外也有学者提出,依据《纽约公约》执行网上仲裁裁决并不适用于跨境消费者纠纷。[②] 一方面,《纽约公约》第 1 条第 3 款规定了"商事保留",作出了此项保留的缔约国无须依据该公约承认和执行本国法所规定的非商事纠纷的仲裁裁决。一些国家将消费者纠纷视为非商事纠纷,如果此类国家作出了商事保留,则跨境电子商务 B2C 纠纷的 ODR 裁决就无法依据《纽约公约》在该国得到承认和执行。另一方面,依据《纽约公约》跨境承认和执行裁决的成本较高,而跨境电子商务 B2C 纠纷多数是小额纠纷,导致承认和执行裁决的成本与纠纷的标的金额明显不相称。如在法国,如果当事人申请执行国内裁决,应向裁决作出地的一审法院提出申请,而如果当事人依据《纽约公约》申请执行裁决,则只能向巴黎一审法院提出申请。各国对跨境承认和执行裁决的类似程序要求显然会增加执行成本。因此,尽管具有理论上的可行性,但实践中跨境电子商务 B2C 纠纷的 ODR 裁决并不适宜依据《纽约公约》承认和执行。

第二节　依据《新加坡调解公约》执行 ODR 调解协议的可能及限制

2018 年 12 月 20 日,联合国大会通过了《联合国关于调解所产生的国际和解协议公约》,该公约于 2019 年 8 月 7 日在新加坡对所有国家开放签字,因此被简称为《新加坡调解公约》。自 2015 年获得了 UNCITRAL 第四十八届会议

---

① 参见郭玉军、肖芳:《网上仲裁的现状与未来》,载《法学评论》2003 年第 2 期。

② See Maxime Hanriot, *Online Dispute Resolution (Odr) as a Solution to Cross Border Consumer Disputes: The Enforcement of Outcomes*, 2 McGill Journal of Dispute Resolution 1, 12(2015 - 2016).

的授权后,UNCITRAL 第二工作组启动了以经调解达成的国际商事和解协议之可执行性为主题的立法工作。2018 年 2 月,工作组完成了《新加坡调解公约》及《国际和解协议示范法》(2018 年)的起草工作。这两个草案文本于 2018 年 6 月 UNCITRAL 第五十一届会议获得通过。最终,《新加坡调解公约》获得了联合国大会的通过。

一、《新加坡调解公约》的适用范围

《新加坡调解公约》第 1.1 条规定,公约适用于调解所产生的、当事人为解决商事争议而以书面形式订立、在订立时具有国际性的协议(以下简称国际和解协议)。该公约的适用范围涉及以下三方面的问题。

(一)《新加坡调解公约》适用范围的基本内涵

根据《新加坡调解公约》第 1.1 条的规定,其适用范围取决于"商事争议""书面形式""国际性"这三个概念的内涵和外延。

《新加坡调解公约》未定义何为"商事争议",仅在第 1.2 条列举了两种除外情形:一是以消费者为一方当事人的和解协议不适用该公约,"消费"是指为个人、家庭或家居目的而进行交易;二是与家庭法、继承法或就业法有关的和解协议不适用该公约。值得注意的是,以国家、政府机构或者代表政府机构行事的任何人为一方当事人的和解协议,原则上也属于该公约的适用范围,但成员可以根据第 8.1(a)的规定对此作出保留,在声明规定的限度内公约不予适用。该公约项下"商事争议"这一概念的解释,应依据《维也纳条约法公约》第 31 条所规定的条约解释方法,取其通常含义,并结合公约的目的和宗旨。因此,《新加坡调解公约》项下"商事争议"的概念应获得尽可能一致的解释,这与《纽约公约》项下"商事"一词的解释颇为不同。《纽约公约》第 1 条第 3 款有关"商事保留"的规定允许保留国根据本国法律判断何为"商事",而各国法律对于"商事"一词的规定不可能完全一致。

《新加坡调解公约》第 2.2 条对"书面形式"的要求是"和解协议的内容以任何形式记录下来";电子通信亦可满足和解协议的书面形式要求,只要该"电子通信所含信息可调取以备日后查用"。该公约没有定义"电子通信",这一概念应参考 UNCITRAL 其他案文中的定义,如《联合国国际合同使用电子通讯公约》《贸易法委员会电子商务示范法》《贸易法委员会电子签名示范法》。[①] 因此,当事人以数据电文方式所发出的任何通信,包括以电子的、磁化的、光学的或者类似的手段生成、发送、接收或存储的信息(包括电子数据互换、电邮、电报、电传或传真等),都是 UNCITRAL 相关文件中的电子通信。《新加坡调解公约》有关电子通信的规定适应了 ODR 的发展需求,使在线调解所形成的和解协议的跨国执行成为可能。

《新加坡调解公约》第 1.1 条为和解协议的"国际性"规定了营业地、义务履行地以及最密切联系地这 3 项判断指标。第一,在和解协议订立之时,至少有两方当事人在不同国家设有营业地,该和解协议具有国际性。如果一方当事人有多个营业地,则以与和解协议所解决的争议关系最为密切的营业地为准,此时应考虑和解协议订立之时各方当事人已经知道或者预见到的情况;对于没有营业地的当事人,则将其惯常居住地视作其营业地。第二,在和解协议订立之时,如果和解协议各方当事人设有营业地的国家与和解协议所规定的相当一部分义务(a substantial part of the obligations)的履行地所在国不一致,则该和解协议具有国际性。第三,在和解协议订立之时,和解协议各方当事人设有营业地的国家与和解协议所涉事项关系最密切的国家不一致,该和解协议具有国际性。

(二)司法或仲裁程序中订立的和解协议是否适用《新加坡调解公约》

《新加坡调解公约》第 1.3 条规定,由法院批准或者在法院程序过程中订立,并且可在该法院所在国作为判决执行的和解协议不适用公约;已记录在案,并可作为仲裁裁决执行的和解协议不适用公约。尽管该条将司法及仲裁程序中达成的和解协议有条件地归入公约适用的例外,但并未对主管机关如何判定某个特定的和解协议是否属于第 1.3 条所规定的例外情形作出具体规定。曾有代表建议公约对此加以明确,但工作组会议决定这种程序留待国内规则加以解决。[②] 将这两类和解协议排除在外,初衷是避免可能出现的漏洞,或者避免与其他公约(如 1958 年《纽约公约》、2005 年《选择法院协议公约》以及海牙国际私法会议《承认与执行外国民商事判决公约》)可能出现的重叠。[③]

---

① *Report of the United Nations Commission on International Trade Law—Fifty-first Session*, para. 23, United Nations(Jul. 13, 2018), https://undocs.org/A/73/17.

② 《第二工作组(争议解决)第六十八届会议(2018 年 2 月 5 日至 9 日,纽约)工作报告》,第 24 段,载联合国网 2018 年 2 月 19 日,https://undocs.org/zh/A/CN.9/934。

③ 《第二工作组(争议解决)第六十六届会议(2017 年 2 月 6 日至 10 日,纽约)工作报告》,第 26 段,载联合国网 2017 年 2 月 16 日,https://undocs.org/zh/A/CN.9/901。

在司法调解或仲裁调解的过程中,法官或仲裁员可能以多种方式参与调解,有的仅仅记录当事人的和解协议,有的则在调解过程中发挥积极作用,此类和解协议的可执行性在《新加坡调解公约》起草过程中是讨论的焦点问题之一。最终的结论是,司法程序或仲裁程序期间达成、但不作为司法判决或仲裁裁决加以记录的和解协议仍属于该公约的适用范围。工作组的讨论中特别提及,不应仅因法官或仲裁员参与调解过程而将和解协议排除在《新加坡调解公约》范围之外。① 换言之,诉讼或仲裁过程中达成的和解协议,只有经过司法确认或仲裁确认,并可在程序进行地国作为判决或裁决加以执行的和解协议,才不适用《新加坡调解公约》;②未经司法确认或仲裁确认的和解协议,尽管法官或仲裁员参与了调解过程,该和解协议仍可适用该公约。

(三)当事人意思对《新加坡调解公约》可适用性的影响

对于公约的适用是否取决于和解协议当事人的同意,谈判过程中有不同的观点。第一种观点指出,《新加坡调解公约》适用与否不受当事人意思的影响,如果没有拒绝执行的理由,并且公约的相关要求都已被满足,则此时应当适用该公约。如此,《新加坡调解公约》将提供一种与《纽约公约》所规定的仲裁裁决执行相当的制度。第二种观点是,由于当事人意思自治极其重要,应由他们自己选择是否适用《新加坡调解公约》。为调和两者的矛盾,有谈判代表提出,该公约适用是否取决于和解协议当事人同意的问题可留待各国在通过或执行公约时加以解决。③ 为此,《新加坡调解公约》第 8.1 条运用保留的制度设计解决了当事人意思对该公约可适用性的影响问题,即成员可声明"本公约适用,唯需以和解协议当事人已商定适用本公约",且成员可随时提出此项保留。在签署时作出的保留,须在批准、接受或核准时加以确认,此项保留将在该公约对有关成员国生效时同时生效;批准、接受、核准公约或者加入该公约时作出的保留,将在公约对有关成员生效时同时生效;公约对该成员生效后交存的保留书,将自交存日起 6 个月后生效。

---

① 《第二工作组(争议解决)第六十六届会议(2017 年 2 月 6 日至 10 日,纽约)工作报告》,第 25 段,载联合国网 2017 年 2 月 16 日,https://undocs.org/zh/A/CN.9/901。

② 如果法院程序开始后,当事人在没有法院协助的情况下通过调解达成和解,则只要和解协议在法院程序启动地所在国可作为判决执行,此种和解协议就不在公约的适用范围。参见《第二工作组(争议解决)第六十七届会议(2017 年 10 月 2 日至 6 日,维也纳)工作报告》,第 20 段。

③ 《第二工作组(争议解决)第六十六届会议(2017 年 2 月 6 日至 10 日,纽约)工作报告》,第 36~39 段,载联合国网 2017 年 2 月 16 日,https://undocs.org/zh/A/CN.9/901。

二、《新加坡调解公约》成员的基本义务

《新加坡调解公约》第 3 条“一般原则”规定了成员的两项基本义务，即执行和解协议以及承认和解协议。

（一）执行和解协议

《新加坡调解公约》第 3.1 条规定，成员应“按照本国程序规则并根据本公约规定的条件执行和解协议”。“公约规定的条件”包括：和解协议满足公约第 1 条有关适用范围的规定，申请执行和解协议的当事人提供公约第 4 条所要求的文书，不存在公约第 5 条授权成员主管机关拒绝准予救济的理由。

和解协议的执行既可能涉及金钱的支付，也可能涉及非金钱的履行内容，如建立或修改双方当事人的长期商业安排。在《新加坡调解公约》的起草过程中，曾经有代表提出将和解协议的跨国执行限定于金钱赔偿，但未被接受。[①] 调解相较于诉讼和仲裁的优势之一是其灵活性，调解人可以提出各种商业安排的建议，以恢复双方当事人的利益均衡，经当事人认可后，此类商业安排最终被载入和解协议。因此，相较于法院判决和仲裁裁决，经调解所达成的和解协议更有可能包含非金钱的履行内容。《新加坡调解公约》未将和解协议的执行局限于金钱支付，有利于最大限度地发挥调解所固有的灵活性优势。

（二）承认和解协议

《新加坡调解公约》第 3.2 条规定：“如果就一方当事人声称已由和解协议解决的事项发生争议，公约当事方应允许该当事人按照本国程序规则并根据本公约规定的条件援用和解协议，以证明该事项已得到解决。”据此，如果某一事项已经调解达成和解协议，一方当事人仍主张双方就该事项存在争议并提出诉讼、仲裁或调解请求，则对方当事人可以以双方已存在和解协议作为抗辩。此时，只要抗辩方满足该公约所规定的条件，公约成员国就有义务承认和解协议，并根据本国程序规则驳回诉讼请求，或者采取措施终止仲裁或调解程序。此处所要求的“公约规定的条件”与第 3.1 条的相同概念的含义一致，即要求：和解协议满足公约第 1 条有关适用范围的规定，申请执行和解协议的当事人提供公约第 4 条所要求的文书，不存在公约第 5 条授权成员国主管机关拒绝准予救济的理由。

---

① See Timothy Schnabel, *Recognition by any Other Name*: *Article* 3 *of the Singapore Convention on Mediation*, 20 Cardozo Journal Conflict Resolution 1181, 1182 - 1183(2019).

为什么第3.2条不直接使用“承认”和解协议这一表述？在《新加坡调解公约》的谈判过程中，确实有代表提出：该款应效仿《纽约公约》，采用更为直接的表述，因为在很多法系承认是执行的前提，如果《新加坡调解公约》不就承认作出明确规定，将有损公约目的之实现。相反的观点认为：该公约只应规定执行问题，不应规定承认问题。其部分原因在于，“承认”和解协议在某些法系意味着法院不得立案审查和解协议之外的证据，将导致该国无法适用《新加坡调解公约》第5条有关拒绝给予救济的规定，这显然超出了该公约的本意。对此，有代表提出，承认和解协议可产生两种程度的法律后果，一是对于和解协议已解决的争议，法院绝对不得立案，二是和解协议仅作为法院在特定案件中所审查的若干证据之一。[①]《新加坡调解公约》的意图显然并非让和解协议产生上述任一法律后果，因此，公约应在二者之间寻求一个折中点，使和解协议不仅是法院审查的若干证据之一，而是作为所涉争议已经得到解决的决定性证据，同时允许法院立案审查是否存在这样的决定性证据。基于上述考虑，该公约没有直接采用“承认”和解协议的表述。

三、《新加坡调解公约》对依赖和解协议的要求

《新加坡调解公约》第4.1条规定，当事人根据公约依赖于和解协议（依据《新加坡调解公约》第3.1条请求执行和解协议或者依据第3.2条请求承认和解协议），应向寻求救济所在公约当事方主管机关出具两项材料：一是由各方当事人签署的和解协议；二是显示和解协议产生于调解的证据。“显示和解协议产生于调解的证据”可以是调解员在和解协议上的签名、调解员签署的表明已进行了调解的文件或者调解过程管理机构的证明这三类文件中的任一类。如果没有上述三类能够证明和解协议系产生于调解的证据，则该公约允许主管机关接受其他任何具有同等证明作用的证据。

无论是当事人在和解协议上的签名，还是调解员在和解协议上的签名，都可以是电子形式的。根据《新加坡调解公约》第4.2条的规定，在两种情况下可以认定当事人或者调解员签署了载于电子通信中的和解协议：第一，如果使用一种方法识别当事人或者调解员的身份并表明当事人或者调解员对电子通信所含信息的意图，并且从各种情况（包括任何相关协议）来看，该方法对于生成

---

① See Timothy Schnabel, *Recognition by any Other Name: Article 3 of the Singapore Convention on Mediation*, 20 Cardozo Journal Conflict Resolution 1181, 1187 - 1188(2019).

或者传递电子通信所要达到的目的而言是适当且可靠的;第二,如果使用一种方法识别当事人或者调解员的身份并表明当事人或者调解员对电子通信所含信息的意图,并且该方法本身或者结合进一步证据,事实上被证明具备识别相关主体身份及其意图的功能。

《新加坡调解公约》为当事人出具"显示和解协议产生于调解的证据"提供了4种可能,而非简单地要求当事人提供经调解人签字的和解协议。这是因为,第二工作组在公约起草过程中就此进行了讨论,并最终作出了折中的安排。在某些国家和地区,调解人负责起草和解协议,并最终在和解协议上签名。然而在北美国家以及英国,调解员通常既不负责起草和解协议,也不在和解协议上签名。① 经过讨论,第二工作组形成的共识是调解员无须起草和解协议,对于调解员是否应在和解协议上签名,未能形成一致意见。因此,《新加坡调解公约》第4.1(b)条允许当事人提供调解员在和解协议上的签名以外的证据,来证明和解协议是调解的结果。

四、拒绝准予救济的理由

如果和解协议的一方当事人依据《新加坡调解公约》第4条请求成员国主管机关提供公约所规定的救济,则另一方当事人可以依据该公约第5.1条请求该主管机关拒绝准予救济,被请求的主管机关也可以依据该公约第5.2条主动拒绝准予救济。

(一)应申请拒绝准予救济

《新加坡调解公约》第5条第1款赋予了成员主管机关应当事人申请拒绝准予救济的权力,该款实际上规定了9种情形:一是和解协议一方当事人无行为能力;二是和解协议无效、失效或者无法履行,和解协议效力的判断依据是当事人有效约定的和解协议管辖法律,如当事人没有就此约定,则由被请求的主管机关确定适用什么法律;三是根据和解协议条款,和解协议不具约束力或者不是终局的;四是和解协议随后被修改;五是和解协议中的义务已经履行;六是和解协议中的义务不清楚或者无法理解;七是准予救济将有悖和解协议条款;八是调解员严重违反适用于调解员或者调解的准则,如果调解员遵守了相关准则,则当事人本不会订立和解协议;九是调解员未向各方当事人披露可能对其

---

① See Allan J. Stitt, *The Singapore Convention: When Has a Mediation Taken Place (Article 4)*, 20 Cardozo Journal Conflict Resolution 1173, 1175 - 1176(2019).

公正性或者独立性产生正当怀疑的情形，并因此对一方当事人产生实质性影响或者不当影响，如果调解员曾进行相关披露，则受影响的当事人本不会订立和解协议。

虽然《新加坡调解公约》第 5 条在很大程度上借鉴了《纽约公约》第 5 条的规定，但是前者的第 1 款与《纽约公约》第 5 条第 1 款的规定存在较大差异。

第一，《新加坡调解公约》有关执行抗辩理由的规定强调了和解协议的合意性。① 因此，根据其条款和解协议不具约束力或者不是终局的，和解协议随后被修改以及准予救济将有悖和解协议条款这三种情况被列入第 5 条第 1 款，作为拒绝准予救济的理由。仲裁裁决没有所谓的合意性，因此《纽约公约》第 5 条第 1 款没有与之对应的抗辩理由。

第二，违反正当程序是《纽约公约》第 5.1(b)条规定的拒绝承认和执行裁决的理由，《新加坡调解公约》则未明确将违反正当程序作为拒绝准予救济的理由。有人在《新加坡调解公约》的起草过程中建议，将缺乏正当程序作为一项特殊的抗辩，不执行违反正当程序的和解协议。支持此观点的人进一步解释，正当程序这一要素包含了调解员的公正和中立、程序保密以及平等对待双方当事人。工作组讨论后认为，调解的结果是达成一项协议，而不是由第三方强加一项有约束力的决定，因此调解中的正当程序不能等同于司法或仲裁程序中的正当程序；此外，可以在程序性公共政策这一更广泛的背景下考虑正当程序问题，而不必将正当程序作为一项单独的抗辩理由。② 尽管如此，《新加坡调解公约》对于正当程序事实上是有要求的，调解员严重违反适用于调解员或者调解的准则，调解员违反披露义务从而可能导致其公正性或独立性受到怀疑，这两项分别被列为拒绝准予救济的理由。

第三，仲裁地在《纽约公约》下有多重意义，其中之一体现在第 5.1(e)条的规定，即如果仲裁裁决已被作出地国撤销或停止执行，则被请求承认或执行裁决的管辖机关可以拒绝请求。《新加坡调解公约》有意弱化了调解地的概念，该公约第 5 条第 1 款未明确提及调解地法院撤销和解协议的问题。如果和解协议被作出地法院撤销，能否继续在其他国家得到承认和执行，现有公约文本并未给出清晰的答案。在《新加坡调解公约》起草过程中，“和解协议的执行将有

---

① 《第二工作组(仲裁和调解)第六十三届会议(2015 年 9 月 7 日至 11 日，维也纳)工作报告》，第 96 段，载联合国网 2015 年 9 月 17 日，https://undocs.org/zh/A/CN.9/861。

② 同上，第 90 段。

悖于另一法院或另一主管机关的决定”曾被考虑作为主管机关拒绝准予救济的理由之一。各国对于是否保留这项抗辩存在很大分歧。支持者认为保留这项抗辩理由的可取之处在于:这项理由是以任意方式提出的(被请求的主管机关“可以”而非“应当”在此情形下拒绝准予救济);可以顾及某些国家可能在某些关于承认外国法院判决的条约下所承担的义务。归根结底,执行机构对执行过程拥有最终发言权。反对者认为:现有表述有可能诱使当事人择地诉讼;这项规定有可能造成扩展定案原则之范围的意外效果,从而将本不具有定案效力的决定包括进去;另一国法院或主管当局拒绝执行和解协议,不应对执行机构作出决定产生影响。[①] 最终,《新加坡调解公约》未保留这一抗辩。从这一抗辩理由的谈判历史可以推测,《新加坡调解公约》成员将无法直接以和解协议已被其他国家撤销或者拒绝执行为由拒绝准予救济,但不排除被请求的主管机关基于该公约第 5.2(a)条所规定的公共政策拒绝准予救济的可能。

第四,《新加坡调解公约》回避就准据法问题作出规定。在该公约起草过程中,工作组曾讨论到执行程序抗辩理由的法律适用问题。该问题涉及适用于执行程序的法律、适用于当事人的法律(以判断当事人的行为能力)、适用于和解协议的法律(以判断和解协议的效力)以及适用于调解过程的法律,因此非常复杂。会上提出了各种观点:调解地以及和解协议订立地不应与适用的法律有关联;虽然当事人可能选择适用于和解协议的法律,但这未必对适用于抗辩理由的法律有所影响,也不必然在执行程序中排除其他法律的适用;产生争议的合同所依据的管辖法律可能不同于和解协议的管辖法律,从而增加适用法律上的不确定性。最终,工作组决定该公约将不涉及执行程序抗辩理由的适用法律;这一结论的前提是执行机关或受理该事项的法院通常将适用执行地的法律冲突规则,并在有关情况下考虑到当事人在和解协议中选择的法律。[②] 因此,《新加坡调解公约》第 5 条第 1 款仅在 b 项规定,和解协议效力的准据法是当事人选择的法律,或者无此选择时为被请求的主管机关认为应予适用的法律。值得注意的是,被请求的主管机关依据准据法对和解协议的效力进行认定应限于形式要求的范围,以避免执行机构“通过对效力抗辩理由作出解释来强加国内法

---

① 《第二工作组(仲裁和调解)第六十四届会议(2016 年 2 月 1 日至 5 日,纽约)工作报告》,第 166～167 段,载联合国网 2016 年 2 月 10 日,https://undocs.org/en/A/CN.9/867。

② 《第二工作组(仲裁和调解)第六十三届会议(2015 年 9 月 7 日至 11 日,维也纳)工作报告》,第 100～102 段,载联合国网 2015 年 9 月 17 日,https://undocs.org/zh/A/CN.9/861。

中的要求”,[①]从而减轻和解协议执行结果的复杂性和不确定性。

(二)依职权拒绝准予救济

如果准予救济将违反被请求的主管机关所在的《新加坡调解公约》成员的公共政策,或者根据该公约成员的法律争议事项无法以调解方式解决,则即便未经当事人请求,成员主管机关也可以依据该公约第5条第2款主动拒绝准予救济。该款规定与《纽约公约》第5条第2款高度相似。

在《新加坡调解公约》起草过程中,曾有建议提出用“国际公共政策”的概念取代“公共政策”的概念,以便对后者作出限制。其原因是公共政策涉及实体方面和程序方面,当事各方可以轻而易举地利用调解的灵活性质,以程序方面的公共政策抗辩为由抵制执行。工作组讨论后认为,国际公共政策的概念有可能被理解为某一些国家共同认可的公共政策,这将增加该公约获得通过的难度。[②] 最终的共识是,应由每一缔约方确定何为公共政策,在某些情况下,公共政策可能包括与国家安全或国家利益有关的问题。[③]

五、结论

从本节第一部分的分析来看,在线调解所产生的和解协议可以符合《新加坡调解公约》对于和解协议的“书面”要求。从本节第三部分的分析来看,当事人依据该公约第3.1条请求执行和解协议或者依据该公约第3.2条请求承认和解协议,仅需出具由各方当事人签署的和解协议以及显示和解协议产生于调解的证据。根据该公约第4.2条有关签名的规定,当事人以及调解员都可进行电子形式的签名,此外,在没有调解员签名的情况下还可以用其他材料来证明和解协议系经调解产生。总体而言,经ODR调解所达成的和解协议依据《新加坡调解公约》得以执行并不存在理论上的障碍。

然而,《新加坡调解公约》对自身的适用范围有一项重要限制,即以消费者为一方当事人的和解协议不适用该公约。因此,所有B2C纠纷的在线调解所达成的和解协议无法依据该公约得到跨境执行,只有B2B纠纷的ODR调解协议

---

① 《第二工作组(仲裁和调解)第六十四届会议(2016年2月1日至5日,纽约)工作报告》,第160段,载联合国网2016年2月10日,https://undocs.org/en/A/CN.9/867。

② 同上,第156~157段。

③ 《第二工作组(争议解决)第六十八届会议(2018年2月5日至9日,纽约)工作报告》,第67段,载联合国网2018年2月19日,https://undocs.org/zh/A/CN.9/934。

方能依据该公约实现跨境执行。

第三节　私人执行机制

根据前两节的分析,依据《纽约公约》跨境承认和执行 ODR 仲裁裁决书在理论上是可行的,但存在一定的不确定性,并且实践中跨境电子商务 B2C 纠纷的 ODR 裁决难以依据《纽约公约》得到落实;依据《新加坡调解公约》可以执行跨境电子商务 B2B 纠纷 ODR 调解所达成的和解协议,B2C 纠纷的 ODR 调解结果无法依据该公约得到执行。因此,相当一部分 ODR 程序的结果无法以法律方式得到落实。

有学者指出,解决网络商事活动产生的纠纷特别是小额消费纠纷,目前的司法制度较难做到正义、效率和成本的兼顾;相较于公共执行,私人执行在专业性、成本、激励等方面具有显著优势,当前较为成功的 ODR 主要依赖私人执行。[①] 早在 2011 年年初,UNCITRAL 第三工作组就曾设想建立一套比《纽约公约》的执行机制更简便的 ODR 执行机制,秘书处于 2013 年草拟了《私人执行机制概览》。该文件将私人执行机制分为两大类:一是替代法院执行仲裁裁决或和解协议,并且可以激励当事人履行 ODR 结果的机制;二是替代法院执行仲裁裁决或和解协议,并且自动执行 ODR 结果的机制。

一、产生履行激励作用的机制

《私人执行机制概览》提到的履行激励机制有评分和信誉标记制度。两者的相同点在于都是信任指标,区别在于评分是由用户产生的,而信誉标记是由第三方机构产生的。实践中存在的以及学者建议的可以用作 ODR 结果的履行激励机制还有:让不履行 ODR 结果的商家暂停使用其域名、建立商家"黑名单"、与电子商务交易平台合作从而中止不履行的商家在平台的账户、取消不履行商家在行业协会的会员资格等。

(一)信誉标记制度

信誉标记是加诸企业网站上的一种标签,用以向网络用户特别是消费者表明该网站在安全性、保密性以及商业操守等方面达到了某种标准。对网站是否

---

① 参见高薇:《互联网争议解决中的执行问题——从司法、私人到去中心化数字执行》,载《法商研究》2018 年第 6 期。

达到相关标准进行评估,并授权达标的被评估网站使用特定信誉标记的主体是信誉标记提供商(trust service provider)。曾经有欧盟机构发起过一项调查,结果显示76%的受访者更愿意访问有信誉标记的网站。[①] 可见,信誉标记对于提升网络用户对网站的信心有重要帮助。

1.《私人执行机制概览》的初步设想

如何将信誉标记用于ODR结果的执行?《私人执行机制概览》一文提出了两种模式:一是由ODR提供者向网上商家出售或者以其他方式授予信誉标记(图章或其他标志),被授权商家将此类标记展示在自己的网站上,用以说明它们是第三方认可的值得信任的交易伙伴;二是由独立的第三方以资格认可的方式向ODR提供者授予信誉标记。该文对于第二种模式的讨论有限,对于第一种模式则进行了看似可行的初步设想:商家获得ODR提供者的认证并在其网站展示信誉标记,用以说明该商家已经承诺遵守某些标准或最佳做法(包括使用ODR解决纠纷),如果该商家不履行对其不利的ODR决定,该信誉标记将被撤销,用这种方式鼓励网上商家执行ODR程序的最终结果。这一模式在应用时可有两种具体办法:一是沿用信誉标记的惯常做法,允许ODR提供者向被授权使用信誉标记的商家收费;二是ODR提供者不对此收费,其授权使用信誉标记仅仅是为本机构的ODR结果执行提供一个配套机制。

由ODR提供者向网上商家出售或者以其他方式授予信誉标记这种模式存在若干值得进一步思考的问题。第一,除了由ODR提供者作为信誉标记的授予者外,可否由第三方机构根据企业遵守ODR结果的情况决定是否授予其信誉标记?第二,在ODR提供者兼任信誉标记授予者的角色时,是否会发生利益冲突?例如,企业会不会因此选择对他们更加友好的ODR提供者,ODR提供者是否会因为其双重角色而丧失中立性?第三,决定是否授予信誉标记的标准是什么?所有的信誉标记提供者都使用同一标准,还是各自根据自己的标准行事?第四,在缺乏一个统一的、全球性的信誉标记认证体系的情况下,谁来管理和监督信誉标记提供者自身?这些问题的解决,将影响信誉标记在ODR结果执行方面作用的发挥。

---

① See Julie Hunter & Mark Wilson, *Cross-border Online Shopping within the EU—Learning from Consumer Experiences*, p. 24, ANEC (Dec. 2, 2015), https://www.anec.eu/images/documents/ANEC-RT-2015-SERV-005.pdf.

2. BBB对初步设想的践行

由ODR提供者向网上商家出售或者以其他方式授予信誉标记的模式在实践中已经得到运用。BBB(Better Business Bureau)是一家在美国和加拿大提供信誉认证服务的企业,是比较成功的信誉标记提供商。① 如果一家企业通过了BBB的认证,就可以在自己的网页上标注"accredited by BBB"的字样,从而提高网络用户特别是消费者对本企业的认可度。被认证的企业需要为此向BBB付费,BBB会持续跟踪该企业,并定期审查该企业是否仍符合BBB的认证标准。BBB的认证标准涵盖8个方面的内容:第一,打造信任,如申请认证的企业应已履行所有的许可手续并向BBB提供相关信息;第二,诚实广告,被认证企业不仅要遵守联邦和州有关广告的法律要求,还应遵守BBB自己的广告守则;第三,告知事实,诚实地陈述自己的产品和服务,清楚、充分地披露所有重要条款等;第四,保持透明,公开企业的性质、地点、所有人的相关信息,并披露对消费者的购买决定产生影响的保证、程序等信息;第五,遵守承诺,遵守本企业所有的书面协议和口头承诺;第六,有责任感,快速、专业、诚信地解决纠纷;第七,保障隐私,保护所有已收集的信息免受不当处置或欺诈,仅收集必要的信息等;第八,注重形象,诚信地处理所有业务、市场交易和承诺,避免参与对BBB或其认证企业的公众形象有不利影响的活动。②

总体来看,上述8个方面的要求与其他信誉标记提供商的认证要求相差不大,真正令BBB区别于传统信誉标记提供商的地方在于:BBB在提供信誉标记的同时还提供纠纷解决服务,③并将信誉标记的授予与被认证企业执行纠纷解决结果的状况相挂钩。具体来说,消费者可以在BBB的网站提交对企业的申诉,由BBB将申诉转递给企业;被申诉企业应及时回应BBB转递的申诉,并直接与申诉人解决纠纷,继而将结果通知BBB;必要的情况下,BBB会请求被投诉企业与消费者进行调解或仲裁。BBB认证标准的第一方面含有一项具体要求,即被认证的企业应遵守BBB纠纷解决程序所作出的任何协议或决定。作

---

① See Cole Steven J., *Fifteen Years of ODR Experience: The BBB Online Reliability Trust Mark Program*, 43 Uniform Commercial Code Law Journal 443(2010 - 2011).

② *BBB Accreditation Standards Overview*, Better Business Bureau, https://www.bbb.org/bbb-accreditation-standards(Last visited on February 26, 2022).

③ 2014年,BBB收到了843,884份投诉,处理了662,148份投诉。See Amy J. Schmitz, *Consumer Redress in the United States*, in Pablo Cortés eds., The New Regulatory Framework for Consumer Dispute Resolution, Oxford University Press, 2016, p.334.

为 ODR 提供者和信誉标记提供商,BBB 将遵守本平台作出的 ODR 结果作为授予和维持使用信誉标记的前提条件之一,这正是 UNCITRAL《私人执行机制概览》所设想的以信誉标记执行 ODR 结果的第一种模式。

3. 欧盟在信誉标记使用方面的探索及其创新

信誉标记在欧盟得到了较为广泛的使用。欧洲消费者中心 2013 年针对信誉标记的报告显示,欧盟各成员国的信誉标记提供商共计提供了 54 种信誉标记,其中大多数信誉标记的使用范围局限于一个成员国,少数信誉标记在多个国家得到使用。部分信誉标记的授权和使用与 ADR/ODR 相挂钩,奥地利、比利时、捷克、丹麦、西班牙、希腊、匈牙利、荷兰、波兰 9 国的 17 个信誉标记提供商设有内部 ADR 程序,用以解决经其认证的商户与消费者之间的纠纷;另有 15 国的 20 个信誉标记提供商与外部 ADR 机构建立了合作。① 部分信誉标记提供商将是否遵守自己指定的内部或外部 ADR/ODR 程序作为评估被授权企业是否可以继续使用信誉标记的标准之一。例如,匈牙利的信誉标记"Fairbusiness"要求被授权的企业与其内部的 ODR 程序合作,并遵守该程序的处理建议,否则将撤销该企业使用信誉标志的授权。瑞典的信誉标记"Trygg e-handel"与本国官方 ADR 机构合作,如果被授权企业不遵守全国消费者纠纷委员会(National Board for Consumer Disputes)这个 ADR 机构的建议,将有可能导致该企业使用信誉标记的授权被终止。②

信誉标记在欧盟的广泛使用暴露了既有信誉标记使用模式潜在的一些问题:第一,各信誉标记提供商有关授予和维持使用信誉标记的评估标准不尽一致,导致各信誉标记所对应的质量标准高低不一,而消费者难以准确地区分各信誉标记所代表的质量标准有何不同,特别是跨境电子商务的消费者对于本国之外的信誉标记缺乏足够的了解。例如,授予信誉标记的标准是消费者应予了解的重要信息,虽然大多数欧盟的信誉标记提供商都在其网站公开了自己的认证标准,但仍有少数未能做到这一点。③ 第二,信誉标记的授权一般是有偿的,各信誉标记提供商的认证标准和收费标准不一,存在劣币驱逐良币的风险,即

---

① See European Consumer Centre Sweden, *Trust Marks Report* 2013—"*Can I Trust the Trust Mark*?", p. 40 – 42, European Union (Oct., 2013), https://ec. europa. eu/info/sites/default/files/trust_mark_report_2013_en. pdf.

② Ibid., p. 46.

③ Ibid., p. 8.

那些坚持较高的评估标准、收费也相对较高的信誉标记相较于低标准、低收费的信誉标记处于竞争的不利地位。第三,各信誉标记提供商仅受自我约束,不受任何外部的监督和约束,长此以往不利于信誉标记产业的发展。

欧盟出台的《欧洲议会和欧盟委员会2014年7月23日关于内部市场中电子交易的电子身份和信任服务以及撤销1999/93/EC号指令的910/2014号条例》[Regulation (EU) No 910/2014 of the European Parliament and of the Council of 23 July 2014 on Electronic Identification and Trust Services for Electronic Transactions in the Internal Market and Repealing Directive 1999/93/EC,以下简称《eIDAS条例》]创设了一套机制,用以应对信誉标记的前述问题。《eIDAS条例》的目标之一,是为合格信任服务(qualified trust services)创立一个统一的欧盟信誉标记,以便让此类信任服务区别于其他的信任服务,提升信任服务市场的透明度。

《eIDAS条例》有关欧盟信誉标记使用的构想是:第一,定义何为"信任服务",符合条例相关要求的信任服务被界定为"合格信任服务",提供一项或者多项合格信任服务并且被监管机构认可其资格的信任服务提供者为"合格信任服务提供者"(qualified trust service provider);第二,欧盟各成员国应指定一个监管机构,用于履行条例所规定的监管职责,特别是对合格信任服务提供者进行监管;第三,欧盟各成员国应制定、维护和公布本国的信任清单,信任清单应包括合格信任服务提供者的相关信息,以及此类提供者所提供的合格信任服务的相关信息;第四,被认可为"合格"并且被列入信任清单的合格信任服务提供者方可以使用"欧盟信誉标记"(EU trust mark),用以表明自身以及自己所提供的信任服务是符合《eIDAS条例》要求的。合格信任服务提供者使用欧盟信誉标记是一种自愿行为,未被认定为"合格"的信任服务提供者只要遵守《eIDAS条例》的相关要求,仍可以提供信任服务,但无权使用欧盟信誉标记。欧盟信誉标记的制度架构如图3-1所示。

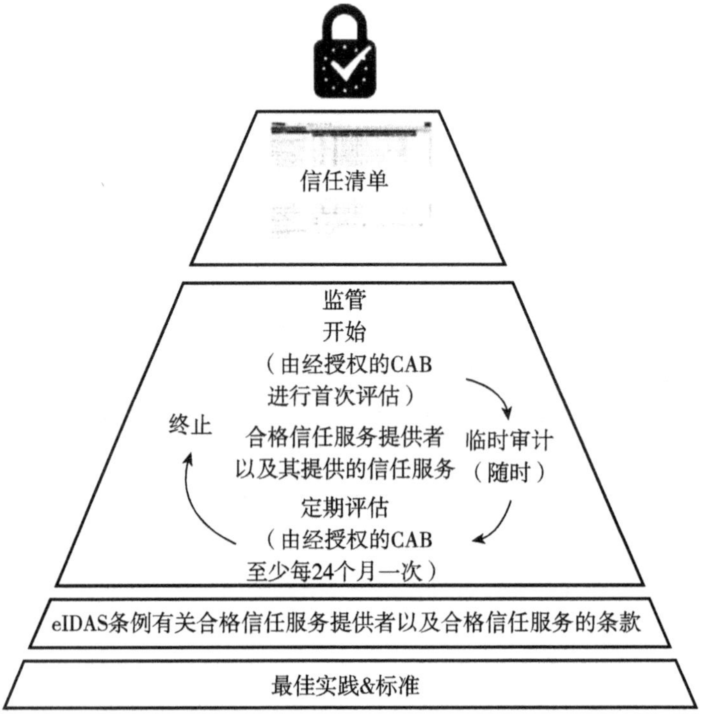

图 3-1　欧盟信誉标记的制度架构

《eIDAS 条例》的“信任服务”是指有偿提供包含了以下内容的电子服务：第一，电子签名、电子图章或电子时间戳的创建、验证和确认，电子注册交付服务以及与这些服务相关的证书；第二，创建、验证和确认用于网站认证的证书；第三，这些服务有关的电子签名、印章或证书的保管。《eIDAS 条例》“信任服务”概念的外延比较宽泛，涵盖但不局限于信誉标记服务。换言之，信誉标记服务属于条例意义上的信任服务的一种。《eIDAS 条例》对“合格信任服务提供者”的要求有两大方面：第一，遵守该条例第 19 条对所有信任服务提供者的安全性要求。例如，采取技术和组织措施对其提供信任服务过程中所面临的风险进行安全方面的应对；如果出现违反了安全性要求的事故，应在其知晓后 24 小时内通知监管机构。第二，遵守该条例第 24 条专门针对合格信任服务提供者的要求。例如，雇用具有必要的专业知识、可靠性、经验和资格并已接受有关安全和个人数据保护规则之适当培训的人员，并应采用符合欧洲或国际标准的行政和管理程序;为应对可能承担的损害赔偿责任,按照国内法保持足够的财政资源和/或获得适当的责任保险;采取适当措施防止数据被伪造和被盗;等等。

欧盟信誉标记的创新在于,通过欧盟立法为合格信任服务提供者创设了统一的最低质量标准和监督机制,促使合格信任服务提供者在相同的最低质量标准的基础上提供信任服务。这一模式值得借鉴,以便推动信誉标记在 ODR 结果执行方面进一步发挥作用。

(二)评分制度

评分制度指购买人对商品或服务进行打分、给出评语,打分和评价既可以针对商品或服务本身,也可以针对争议解决的结果及其执行。评分和评语是公开的,供后续购买者作参考。评分制度被广泛应用于国内外的购物网站,消费者购物前通常会关注评分和评语。调查显示,82% 的消费者在网购前会阅读以前用户的评分。① 买卖双方发生纠纷后,如果 ODR 程序作出了对商家不利的结果而商家拒不履行该结果,那么买家会给卖家一个很低的评分和很消极的评语。卖家迫于评分的公开性压力,会尽力履行 ODR 的结果。

目前,国内外大多数第三方销售平台都有客户评分制度。例如,亚马逊、天猫、京东等平台的评分体系通常包含用户对物流状况、商品描述、卖家服务的五星评分,以及买家评语等;雅虎等网站也使用了类似的评分和评语系统。② 由于 ODR 在国内的应用尚不普及,现有评分体系中暂无专门针对卖家履行 ODR 结果情况的单独指标。如果 ODR 未来能在我国得到了推广普及,那么这些平台将有两种选择:一是维持现有评价体系,允许用户在买家评语部分就商家履行 ODR 的情况作出文字描述;二是平台在现有评价指标的基础上专门增加一个买家对纠纷解决满意度的指标。评分制度不仅在第三方销售平台广泛存在,还出现在国外的一些 ODR 网站。ODR 网站的评分评语系统公布在本机构的网页上,评分的依据是商家对 ODR 结果的执行情况以及顾客的满意度。相较于第三方销售平台的评分制度,这类评分对商家履行 ODR 裁决的激励作用较为有限,因为消费者很少会在购物前专门登录相关的 ODR 网站,查看有关商家履行 ODR 结果的历史情况。

---

① See European Consumer Centre Sweden, *Trust Marks Report* 2013—"*Can I Trust the Trust Mark*?", p. 51, European Union (Oct., 2013), https://ec.europa.eu/info/sites/default/files/trust_mark_report_2013_en.pdf.

② 参见郑世保:《ODR 裁决书强制执行机制研究》,载《法学评论》2014 年第 3 期。

因此,将商家履行 ODR 结果的情况纳入第三方销售平台的客户评分制度,是较为有效的履行激励机制。

(三)第三方销售平台的鼓励和惩罚制度

“第三方销售平台”是通过网络服务平台,按照特定的交易与服务规范,为买卖双方达成交易提供服务的企业,其服务内容包括但不限于供求信息的发布与搜索,交易的确立、支付、物流,等等。全球知名的第三方销售平台有亚马逊、eBay、淘宝、京东等。我国《电子商务法》将这类平台归类为“电子商务平台经营者”。

从事商品销售或服务提供的商家如果想通过第三方销售平台销售商品或服务,通常需要接受第三方销售平台的商家入驻协议或入驻规则,如亚马逊的《亚马逊服务商业解决方案协议》、阿里巴巴的“淘宝规则”和“天猫规则”、京东的“京东入驻规则”等。以阿里巴巴旗下的天猫平台为例,商家入驻天猫需要签署一系列协议并提交各种证明材料,入驻成功后即可开店。天猫要求入驻店铺在店铺页面贴上一些服务标签,如“七天无理由退货”“消费者保障”“极速退款”等服务承诺,这些服务承诺均可通过与商家签署特定协议的方式予以兑现。入驻商家在自己的网页贴上此类服务标签后,如果商家不履行相应的服务承诺而遭到消费者投诉,平台即可依据相关协议采取相应的惩罚措施,最严厉的惩罚是退出平台。与此同时,如果商家积极履行相关承诺,平台也可以配备一些奖励制度,如累进积分制度、颁奖制度、商家进阶制度等,来鼓励入驻商家积极履行相关服务承诺。

借助第三方销售平台对入驻商家的奖惩机制,可以起到鼓励商家履行 ODR 结果的效果。例如,对商家主动履行 ODR 结果给予积分奖励,此类积分达到一定数量可获得一定的奖励或者进阶,从而给予商家履行 ODR 结果以正向的激励。或者对于不遵守 ODR 结果的商家进行积分,平台可对积分达到一定数量的商家给予公开警告、列入不诚信商家名单甚至责令退出平台等处罚,从而给予商家履行 ODR 结果反向的鞭策。

(四)其他有关履行激励机制的畅想

上述三项机制是具有一定可操作性的能够激励商家履行 ODR 结果的机制。除此之外,还有一些目前尚缺乏可操作性的大胆建议。

第一,暂停乃至终止使用不履行 ODR 结果的商家的域名。通过自建网站进行网络销售的商家,如小米商城、华为商城、联想商城等,不依赖第三方销售平台,因此无法利用第三方销售平台的奖惩措施督促其履行 ODR 的结果。域名的使用权对此类商家而言至关重要,如果 ODR 网站能够与域名管理机构(国际互联网域名管理机构为 ICCAN,“.cn”域名的管理机构为中国互联网络信息中心)合作,一旦商家不履行 ODR 结果的数量累积到一定程度,域名管理机构即对此类商家的域名使用权进行限制。例如,禁止该商家在一段时间内使用域名,如果该商家拒不改正,则终止其域名使用权。这种机制的奏效不仅需要域名管理机构的同意和配合,还需要修改域名管理机构与既有域名使用权人之间的协议,难度较大。

第二,由搜索引擎服务商对不履行的商家进行危险标记。搜索引擎是由搜索引擎服务商通过计算机程序的设定,根据用户输入的关键词,从互联网上搜集、处理信息,并向网络用户展示搜索出结果的网络系统。国内外有影响力的搜索引擎有百度、谷歌、雅虎、必应等,网络购物通常会使用到搜索引擎服务。为此,可以创设一套与信誉标记相反的标记制度,即由搜索引擎服务商在其搜索结果的显示项中,在有较多的不履行 ODR 结果记录的商家名称旁边显示危险标记,以提醒消费者被贴上此类标签的商家为不履行 ODR 结果的商家,以此促使商家自觉履行 ODR 的结果。如何获得搜索引擎服务商的同意和配合,是这一方案得以实现的关键点。

第三,由商会对其会员进行奖惩。商会是由商事主体依法自主设立的民间性、自治性、服务性和非营利性的社团法人组织,很多国家都有自己的商会组织体系。各商会一般都有自己的内部规则,以便对其会员进行管理、规范,并提供服务和保障。如果商会愿意推广普及 ODR 的运用,可以建立相应的奖励和惩罚制度,即对积极履行 ODR 结果的商家进行奖励,对抵制履行 ODR 结果的商家进行惩罚,以此督促商家自觉履行 ODR 的结果。

二、自动执行 ODR 结果的机制

《私人执行机制概览》一文提到的自动执行 ODR 结果的私人执行机制有退款和托管账户两种。除此之外,有学者提议借助比特币执行 ODR 的结果。

(一)退款

退款是使用信用卡消费的用户最有效的救济方式。退款的流程一般为:第一,消费者向其发卡行提出某一笔消费存在问题,请求退款。第二,消费者的发卡行审核相关情况,判断这是一项有效的退款请求还是无效的退款请求。第三,如果发卡行认定这是一项有效的退款请求,则立即向消费者恢复与该笔消费金额同等的信用额度,相应的资金再从商家的银行账户经银行间网络系统流向发卡行。第四,发卡行将退款请求的相关信息通过银行间的网络系统传递给收单行。第五,收单行将退款请求的相关信息转递给商家。第六,商家对退款请求决定不予回复,或者提供拒绝退款请求的证据。如果商家不予回复,则退款程序到此结束。第七,如果商家提供了拒绝退款请求的证据,收单行将商家拒绝退款请求的证据通过银行间网络系统传递给发卡行。第八,发卡行决定接受消费者的退款请求或者提供商家拒绝退款请求的证据。如果发卡行支持商家,则发卡行拒绝退款并将决定通知持卡人,退款金额从发卡行回流至收单行,最终返还至商家的账户;如果发卡行支持消费者,则消费者继续保留退款。①

《私人执行机制概览》虽提及退款机制,但指出该机制未必能服务于 ODR 结果的执行,因为它存在一些局限性:第一,退款的用途局限于信用卡支付,可作为信用卡购物的纠纷解决程序,而非另一个独立的纠纷解决程序的执行机制;第二,商家受此程序的约束,而购买人则不受其约束;第三,支付中介发挥了裁判职能,信用卡发卡机构或银行可能与交易的一方或多方当事人产生利益冲突。

2015 年 1 月,哥伦比亚联合美国向 UNCITRAL 第三工作组提交了一份提案,②该提案强调了三方面内容。第一,支付系统退款办法为解决跨境电子商务争议提供了一种强有力的工具。它的优点有:对卖方强制适用(而非在与特定网上解决机构私人协议的基础上自愿适用);买方可在争议发生后选择适用这一机制,而无须放弃法院救济,如果买方对退款程序的结果不满意,可以继续寻求司法救济;无须法院干预即可实现裁决的跨境执行。第二,支付系统退款的适用范围并不局限于信用卡(包括借记卡)。哥伦比亚的新消费者保护法律规定,所有类型的付款(包括信用卡、借记卡和其他电子付款方式)均可适用退款办法,退款办法广泛适用于涉及货物销售或提供服务的任何电子商务交易。美国法律通过支付卡退款办法为消费者网购提供保护:信用卡发卡商必须考虑消费者对擅自收费或欺诈性收费、不交货或货物不合规格提出的索赔请求;

---

① *All About Chargebacks*, Sift, https://sift.com/sift-edu/fraud-basics/all-about-chargebacks#Chargeback-Process-Step-4(Last visited on February 26, 2022).

② 《跨境电子商务交易网上争议解决:哥伦比亚和美利坚合众国政府的提案》, United Nations (Jan. 20, 2015), https://undocs.org/zh/A/CN.9/WG.Ⅲ/WP.134。

借记卡发卡商必须考虑的索赔请求的范围相对较窄，包括擅自收费或欺诈性收费，但实践中美国绝大多数支付卡网络在消费者争议上提供的退款权利与信用卡是一样的。第三，第七届美洲国际私法特别会议曾讨论付款系统退款办法的示范法，其拟定的适用范围包括未经授权、金额不符、消费者不接受或者未按约定交付，提案方认为该示范法与 UNCITRAL 拟制定的 ODR 规则在适用范围上基本一致，可以涵盖跨境电子商务消费者交易中常见的投诉，因此将 ODR 与支付系统退款机制结合起来即可轻松地执行涉及这些纠纷的 ODR 决定。

2015 年 2 月，第三工作组第三十一届会议听取了该提案的相关报告，以及美国联邦贸易委员会就美国实行退款机制的实践经验所作的专题介绍。美国指出：实行退款机制是美国网上交易量增加的重要原因；美国的机制涵盖信用卡付款和借记卡付款，并且可以扩大到任何虚拟付款方式，美国所有的付款服务机构均有义务提供退款机制，从而消除了理论界提出的退款机制不适用于新型支付方式的疑虑；[①]经合组织报告提及，退款机制对于便利解决当事人之间的国内或国际债务是很有效的，但每个法域需结合本地的具体情况调整适用这种机制；退款机制仅限于所涉货物的价值，而不涉及对其他损害（如产品赔偿责任）的赔偿。会上提到一个重要问题：退款机制的实施是否以相关法律的出台为前提？美国认为，法律的主要目的是为消费者提供最低限度的保障，如法律对付款服务机构规定了调查义务。对此，有意见认为，付款平台的调查功能可以在 UNCITRAL 正在拟定的 ODR 程序规则中加以规定，因为该规则涵盖了商家、买家和网上解决管理人。工作组同意在本届会议稍后阶段审议这一问题。[②]遗憾的是，工作组后续并无精力继续这一主题的讨论，UNCITRAL 有关 ODR 的最终成果《关于网上争议解决的技术指引》也未涉及这方面内容。

综上，若要将退款作为自动执行 ODR 结果的机制，需要满足两方面的条件：第一，支付中介（如 Visa、Mastercard、中国银联、PayPal、支付宝）愿意与 ODR 机构建立合作关系，承诺将根据 ODR 的结果实施退款。第二，各国有关于支付

---

① Vikki Rogers, *Knitting the Security Blanket for New Market Opportunities: Establishing a Global Online Dispute Resolution System for Cross-Border Transactions for the Sale of Goods*, in Mohamed S. Wahab, et al. eds., Online Dispute Resolution: Theory and Practices, Eleven International Publishing, 2012, p. 104.

② 《第三工作组（网上争议解决）第三十一届会议（2015 年 2 月 9 日至 13 日，纽约）工作报告》，第 70～71 段，载联合国网 2015 年 3 月 3 日，https://undocs.org/zh/A/CN.9/833。

中介承担退款义务的法律规定。目前,美国和哥伦比亚是具有此类国内立法的典型代表,这是它们敢于在 UNCITRAL 提议以退款作为 ODR 结果执行机制的制度优势。在跨境电子商务交易中,除了用信用卡、储蓄卡进行支付外,还有使用第三方支付等新兴支付手段的,只有各国法律对所有类型的支付中介都提出了退款的要求,才有可能将退款与 ODR 结果的执行相结合。

(二)托管账户

托管账户指由购买人向第三方账户付款,除非有任何投诉,否则在一段时间之后第三方账户便将钱款支付给商家。托管账户在某些法域的运用并不普及,[①]但中国消费者较早并且频繁地使用了托管账户。例如,消费者在淘宝购物并使用支付宝付款时,该款项并非直接付给商家,而是放在特定账户暂时保管,等买家确认收货或者确认收货期限届满买家未提出异议时,款项才付给商家。此类由第三方账户代管一段时间的资金在我国法律中被称为"客户备付金"。自 2017 年 4 月 17 日起,根据《中国人民银行办公厅关于实施支付机构客户备付金集中存管有关事项的通知》的要求,支付机构应将客户备付金按照一定比例交存至指定机构的专用存款账户。2020 年 4 月 3 日,中国人民银行发布的《非银行支付机构客户备付金存管办法(征求意见稿)》拟升级相关要求,除预付卡发行或充值业务产生的备付金外,支付机构接收的客户备付金应全额、直接交存至开立在中国人民银行的备付金集中存管账户。我国法律对客户备付金的集中存管要求有效保障了托管账户的资金安全。

托管账户如何与纠纷解决挂钩?一般来说,如果买方投诉卖方,代管人将扣留款项,直至纠纷通过在线纠纷解决程序得到解决为止。在线纠纷解决程序可以由代管人提供,也可以由代管人以外的 ODR 提供者提供。PayPal 是将托管账户与在线纠纷解决程序相结合的典型,它有自己的在线纠纷解决中心。PayPal 在线纠纷解决中心首先会引导买卖双方按步骤达成解决纠纷的协议;如该步骤失败,买方可以提起一个申诉,接着纠纷解决专家将介入纠纷的解决。[②] PayPal 最终根据纠纷解决的结果决定代管资金的流向。支付宝的运作模式与 PayPal 相似,只不过在买卖双方发生纠纷时,如协商不成,最后由淘宝或者天猫

---

① Pablo Cortés, *Online Dispute Resolution for Consumers in the European Union*, Routledge, 2011, p. 60.

② *Quick Query: PayPal Exec on Payment Disputes*, Practical Ecommerce(Apr. 7, 2008), https://www.practicalecommerce.com/Quick-Query-PayPal-Exec-On-Payment-Disputes.

客服作出处理意见，支付宝根据该处理意见决定代管资金的流向。

总体而言，托管账户制度能够与在线纠纷解决制度有效结合。如果第三方托管人与 ODR 提供者建立合作关系，或者第三方托管人本身就是某种 ODR 程序的提供者，则 ODR 程序的处理结果可以通过托管账户得以落实。

第四章　构建 ODR 平台的理论与实践

ODR 平台的构建应在一定理论的指导下系统地进行，因此本章第一节先从理论上探讨如何进行 ODR 平台的制度设计。从域外的实践经验来看，ODR 平台既有纯粹按市场机制运作的，也有在行业资金或者公共资金支持下运作的，本章第二节至第四节依次介绍这三种类型的域外 ODR 平台，其中部分平台在处理国内纠纷的同时也处理跨境纠纷。

第一节　ODR 平台的制度设计

ODR 提供者通过 ODR 平台向用户提供 ODR 服务。在构建 ODR 平台之前，应系统地进行 ODR 机制的设计。为此，应综合考虑以下问题：ODR 平台如何获得对特定纠纷的管辖权，ODR 平台如何获取资金，如何有效地规制 ODR 平台，纠纷解决应秉持何种理念，如何架构 ODR 平台的程序，如何确保 ODR 的可及性等。如果要构建处理跨境电子商务纠纷的 ODR 平台，还需在设计管辖权、规制模式以及程序的过程中考虑如何融入跨境因素。

一、ODR 平台如何获得对特定纠纷的管辖权

在 ODR 平台的管辖权方面，需考虑的问题包括：ODR 程序是基于自愿还是强制，ODR 程序受理何种类

型的纠纷(谁有权发起 ODR 程序,被诉的对象范围),是否对纠纷金额设限,是否有前置程序的要求,该机制是否与法院程序衔接。处理跨境电子商务纠纷的 ODR 平台在设计管辖权的过程中应特别注意,当事人选择管辖可能受到国内法的限制。

(一)管辖权的自愿性与强制性

作为在线模式的 ADR(或者说,ODR = 线上技术 + ADR),ODR 的管辖权原则上基于纠纷双方的自愿接受。绝大多数以市场化运营为基础的 ODR 机制都在纠纷双方自愿的基础上行使管辖权,如本章第二节着重介绍的纠纷解决国际中心(The International Centre for Dispute Resolution,ICDR)以及仲裁解决服务公司(Arbitration Resolution Services, Inc.,ARS)的 ODR 机制。需要注意的是,当事人选择 ODR 管辖的约定并非所有情况下都有效,①主要原因有两方面。

第一,一些国家的法院基于程序显失公平或者实质显失公平的理由而否认 ODR 管辖约定的效力。② 为此,一些 ODR 平台特意提醒当事人,如果合同载有仲裁条款,应突出该仲裁条款,并在合同订立之时给予对方当事人(特别是个人)拒绝选择仲裁程序的权利。例如,在订立合同之时提供复选框给消费者,令消费者在"已知晓并同意仲裁约定"和"放弃仲裁,选择诉讼"之间勾选。③ 这种做法有助于提高法院认可 ODR 管辖约定的概率。

第二,一些国家的立法明确否认消费者纠纷事前仲裁约定的效力。例如,英国《仲裁法》第 91.1 条规定,与消费者达成的仲裁协议如果涉及法定金额限制内的金钱赔偿请求,则被视为不公平,从而无法执行;相关二级立法将该金额限制设定为 5000 英镑。对于金钱赔偿请求超过 5000 英镑的案件所涉及的消费者仲裁协议,则应根据《消费者合同不公平条款条例》(Unfair Terms in Consumer Contracts Regulations)第 5.1 条的规定逐案判断其公平性。④ 该条例第 5.1 条规

---

① 参见高兰英:《ODR 的管辖权问题探析》,载《河北法学》2008 年第 10 期。

② See Lucille M. Ponte, *Getting a Bad Rap? Unconscionability in Clickwrap Dispute Resolution Clauses and a Proposal for Improving the Quality of These Online Consumer "Products"*, 26 Ohio State Journal on Dispute Resolution 119, 119 – 167(2011).

③ See *Rules & Regulations Businesses to Individuals Program*, Art 1.1, Arbitration Resolution Service, https://www.arbresolutions.com/rules-regulations-businesses-to-individuals-program/(Last visited on February 26, 2022).

④ See Pablo Cortés, *The Consumer Arbitration Conundrum—A Matter of Statutory Interpretation or Time for Reform?* in Pablo Cortés eds., The New Regulatory Framework for Consumer Dispute Resolution, Oxford University Press, 2016, p.68.

定:“未经单独协商的合同条款如果不符合善意的要求,导致当事人之间的合同权利义务显著失衡,并且损害了消费者,则应被视为不公平。”欧盟立法对消费者纠纷事前仲裁约定的效力也进行了限制。[①] 例如,《欧盟 ADR 指令》第 10.1 条要求,欧盟成员国应确保消费者与商家在纠纷前达成的提交 ADR 解决纠纷并且其结果剥夺了消费者将该纠纷诉诸法院之权利的协议不具有约束力。因此,处理跨境纠纷的 ODR 平台必须注意目标用户来源的法域是否对 ODR 管辖约定的效力有所限制。

部分行业协会发起或资助的 ODR 机制对于本行业协会的会员企业有强制的管辖权,而对非会员的另一方当事人不具有强制管辖权,如本章第二节介绍的法国“保险调解”以及荷兰“消费者投诉局基金”的纠纷解决机制。“保险调解”是法国保险联合会设立的行业 ADR/ODR 机构,作为该联合会成员的保险公司均有义务参与“保险调解”的程序,非成员的保险公司和保险消费者均基于自愿使用其程序。“消费者投诉局基金”下设的 75 个争议委员会均对应一个或多个行业协会,绝大多数争议委员会对与自身有关联的行业协会的会员企业具有强制管辖权,非会员企业以及对方当事人通常基于自愿加入争议委员会的纠纷解决程序。

一些国家的法律规定了诉前强制调解制度。例如,德国的《雇员发明法》《著作权法和发现法》等部门法规定了诉前强制调解,《民事诉讼法施行法》于 2000 年对《德国民事诉讼》进行修改时,首次就诉前强制调解的案件类型作出了规定。[②] 另一些国家的立法要求,特定主体必须加入某一种法院外纠纷解决机制,但并未具体要求加入何种类型的法院外纠纷解决机制。例如,荷兰的《质量、投诉和纠纷处理法》(Wet kwaliteit, klachten en geschillen zorg)规定,每个医疗保健提供者都必须加入外部独立的纠纷解决机构。一些原本未加入行业协会的医疗保健提供者(因此不受医疗争议委员会的强制管辖)应立法要求,加入了医疗争议委员会(degeschillencommissiezorg),后者是荷兰消费者投诉局基金下设的 75 个争议委员会之一。ODR 平台有可能基于此类立法获得强制性或准

---

① See Pablo Cortés, *Online Dispute Resolution for Consumers in the European Union*, Routledge, 2012, p. 107 – 109; Kristijan Poljanee, *Party Autonomy and the EU Online Consumer Dispute Resolution*, 3 InterEULawEast: Journal of International & European Law, Economics & Market Integrations 45, 50 – 52(2016).

② 参见齐树洁:《德国调解制度》,载《人民调解》2019 年第 1 期。

强制性的管辖权。

（二）受理的纠纷类型

绝大多数 ODR 机制都对自身所受理的纠纷类型进行了限定，以便其所提供的 ODR 程序能够与待解决纠纷的特点相匹配，进而提高纠纷解决的专业性和效率。例如，ICDR 的 ODR 机制针对的是制造商/提供商与其客户之间的纠纷，ARS 针对 B2B 和 B2C 纠纷提供不同的 ODR 程序，绝大多数行业 ODR 机制针对的是涉及本行业企业的纠纷。ODR 平台对纠纷类型进行限定的同时，也相应限定了 ODR 程序的发起人和被投诉的对象。例如，本章第二节介绍的德国的公共客运调解协会（Schlichtungsstelle für den öffentlichen Personen-verkehr e. V.，söp）专门处理运输公司与旅客之间的纠纷，只有旅客才能成为 ODR 程序的申诉方，运输公司只能成为程序中的被申诉方。söp 的调解员不仅具有法官的任职资格或为认证调解员，而且具有运输行业的实践经验，因此其工作效率非常高，每名调解员每月平均可以处理 90 多起案件。① 对纠纷类型的限定，有利于提高 ODR 机制的专业性，进而提高纠纷处理的效率。

（三）对纠纷的金额限制

多数 ODR 平台对拟解决纠纷的金额不设限制。然而，少数 ADR/ODR 机制因其运作模式特殊（特别在其决定有约束力的情况下），而选择对纠纷标的设上限。例如，英国家具监察员（The Furniture Ombudsman）对其受案范围的限制是：不受理超过 1 万英镑的赔偿请求，但可以受理超过 1 万英镑的退还货款请求。② 又如，荷兰消费者投诉局基金下设的能源争议委员会（De Commissie Energie Zakelijk）受理的纠纷金额不超过 5 万欧元。③

不过，纠纷标的之金额往往与收费相挂钩。例如，ARS 的 ODR 服务有 9 个收费档次，其区分的依据是纠纷金额的大小。荷兰消费者投诉局基金下设的 75 个争议委员会多数根据纠纷金额的大小收取不同档次的费用。此外，少数 ODR

---

① Söp_Jahresbericht 2019, p. 6, URL: https://soep-online.de/wp-content/uploads/2020/03/V_Jahresbericht-2019.pdf（abgerufen am 26. Februar 2022）.

② *Frequently Asked Questions*, Furniture & Home Improvement Ombudsman, https://www.thefurnitureombudsman.org/faq-resources/frequently-asked-questions/#faq_faq（Last visited on February 26, 2022）.

③ *De Geschillencommissie Jaarverslag* 2014 – *Beroep en Bedrijf*, p. 20, De Geschillencommissie, https://www.degeschillencommissie.nl/wp-content/uploads/jaarverslag-sgb-2014.pdf（Last visited on February 26, 2022）.

机制根据纠纷标的金额的大小做出不同性质的裁决或决定。例如,德国《保险监察员程序规则》(Verfahrensordnung des Versicherungsombudsmanns)第 10 条第 3 款和第 11 条第 1 款规定,监察员对 1 万欧元以下的纠纷所做出的决定对被申诉的商家具有单方面的约束力,商家不得将同一纠纷诉诸法院;对于 10,001 ~ 10 万欧元的纠纷,监察员只能做出无约束力的建议。

(四)前置程序的设置

以市场化运营为基础的 ODR 机制一般没有前置程序的要求,因为其 ODR 程序的管辖权一般源于当事人的自愿。例如,ICDR 的 ODR 机制、ARS 的 ODR 机制均无前置程序的要求。公共资金支持的 ODR 机制以及部分具有行业背景的 ODR 机制通常要求,当事人在将纠纷提交给本平台之前,应先进行协商。例如,法国国家能源调解员、英国地方政府与社会护理监察员、法国保险调解、德国 söp 的纠纷解决程序均以申请人/投诉人与被申请人/被投诉人的先行沟通为前提。此类前置程序要求既有助于当事人主动沟通,化解矛盾;也有助于当事人在将纠纷提交 ODR 平台之前梳理自己的诉求、做好证据的准备。

(五)与法院程序的衔接

ODR 机制与法院程序的衔接涉及三个问题:一是 ODR 程序进行期间,诉讼时效期间是否中止或者中断;二是 ODR 程序结束后,纠纷当事人是否可以继续将纠纷提交法院审理;三是对于特定类型的案件,ODR 平台是否应拒绝处理并建议当事人向法院起诉解决。前两个问题直接影响当事人将纠纷提交 ODR 解决的意愿,第三个问题涉及社会整体利益。

为鼓励当事人使用 ADR/ODR,各国立法应明确规定,ADR/ODR 程序进行期间诉讼时效相应地中止或中断。例如,《欧盟 ADR 指令》第 12.1 条规定:"如果当事人为解决纠纷求助于其结果不具有约束力的 ADR 程序,则成员国应确保该当事人不会因 ADR 程序的进行导致时限或时效期间届满,从而无法就该纠纷提起后续司法程序。"在立法有相应规定的情况下,ADR/ODR 机构宜在宣传过程中明确告知用户(特别是消费者)这一点,以消除他们的后顾之忧。例如,德国汽车仲裁委员会(Kfz-Schiedsstellen)在其网页介绍中明确告知用户,自用户向本机构提出申请起,诉讼时效期间中止。① ARS 在其仲裁程序规则中说

① Wie kommt das Verfahren ins Rollen?, URL: https://www.kfz-schiedsstellen.de/(abgerufen am 26. Februar 2022).

明,时效期间自当事人提交仲裁申请起中止。①

各ODR机制所包含的程序各不相同,一般都允许当事人使用在线谈判、在线调解、在线仲裁等程序中的一个或多个。一般来说,如果ODR程序的最终结果是仲裁裁决,则当事人不得继续将纠纷提交法院解决,此时ODR平台应在自己的程序规则中明确说明这一点。例如,如果当事人经ICDR的ODR机制获得了仲裁裁决,该裁决是终局的,对当事人有约束力,当事人可以直接持此裁决申请法院承认和执行,ICDR的ODR规则中对此有明确的说明。② 部分ODR机制的结果仅对作为一方当事人的商家具有约束力,这种情况在欧盟国家较为多见。例如,意大利转化实施《欧盟ADR指令》的《消费者法典》规定,经认证的ADR机构可以综合提供多种程序,如中立人程序,该程序的结果对消费者而言只是建议性质的,但对商家具有强制力。③ 德国汽车仲裁委员会是专门处理机动车交易纠纷的机构,机动车协会的所有成员都参与该机构的"仲裁"(Schiedsstelle)程序,"仲裁裁决"仅对作为一方当事人的汽车公司有约束力,消费者仍有权对纠纷提起诉讼。④ 英国的金融监察员服务机制(financial ombudsman service)作出的裁决仅对被投诉的金融公司有拘束力,消费者如果对裁决不满意,可以继续向法院提起诉讼。⑤ 无论ODR程序结果的效力如何,平台均应在其公开信息和程序规则中予以明示。

ODR平台应拒绝处理并建议当事人向法院起诉解决的案件被称为"测试案件"(test case)。有些ADR/ODR规定,如果程序的被申请人认为本案涉及比较新或者比较重要的法律问题并且会产生重要的法律后果,因此法院更适宜解

---

① *Rules & Regulations Businesses to Individuals Program*, Art 1.6, Arbitration Resolution Service, https://www.arbresolutions.com/rules-regulations-businesses-to-individuals-program/(Last visited on February 26, 2022).

② See *ICDR Protocol for Manufacturer/Supplier Disputes*, Art 10, ICDR, https://www.icdr.org/sites/default/files/document_repository/ICDR_Protocol_English.pdf(Last visited on February 26, 2022).

③ Carlo Pilia, Pablo Cortés & Paolo Vargiu, *The Implementation of the Consumer ADR Directive in Italy*, in Pablo Cortés eds., The New Regulatory Framework for Consumer Dispute Resolution, Oxford University Press, 2016, p. 222.

④ Was ist eine Kfz-Schiedsstelle?, URL: https://www.kfz-schiedsstellen.de/(abgerufen am 26. Februar 2022).

⑤ 参见吴弘:《金融纠纷非讼解决机制的借鉴与更新——金融消费者保护的视角》,载《东方法学》2015年第4期。

决该纠纷时,可以书面请求中立人将案件交由法院解决,被申请人须承诺补偿申请人因诉讼所产生的合理费用;如果中立人认为某一个申请涉及比较新或者比较重要的法律问题且会产生重要的法律后果,也可以主动驳回申请,建议申请人向法院起诉。此类规则有效避免了由 ADR/ODR 程序中的裁判人员创设法律规则,或者在法律规则不清晰时解释法律。① 例如,英国金融监察员服务的程序规则第 3.3 条、第 3.4 条对测试案件的处理作出了详细规定。② 出于公共利益的考虑,ODR 平台应该拒绝处理"测试案件",并建议当事人向法院起诉解决此类纠纷。

二、ODR 平台如何获取资金

ODR 平台的顺利运转离不开资金的保障,ODR 平台的资金来源问题包括:ODR 平台是否收取案件受理费,收费制度是否有利于促进纠纷的快速解决,是否需要行业资金或者公共资金的支持,在行业资金介入的情况下如何确保 ODR 平台的独立性。

(一)案件受理费的收取

以市场化运营为基础的 ODR 平台必须向当事人收取费用,这是他们唯一的资金来源。有的 ODR 平台每案收取相同数额的费用,有的则根据案件标的金额的大小收取不同档次的费用,前者的典型代表为 ICDR 的 ODR 机制,后者的典型代表为 ARS 的 ODR 机制。③ 对于这类平台来说,收费水平的确定既要确保为 ODR 平台产生足够的收入,又要确保不损害 ODR 相较于传统纠纷解决方式的价格优势。只有在 ODR 平台吸引到足够案源的情况下,平台才能实际兼顾这两方面的平衡。10 年前在北美地区较为活跃的一些市场化运营的 ODR 平台如今要么不复存在,要么转型从事其他业务。④ 例如,eBay 和 PayPal 的 ODR 机制的前董事科林·如乐(Colin Rule)是 ODR 的积极倡导者和践行者,

---

① Daleen Millard & Bespoke Justice, *On Financial Ombudsmen, Rules and Principles*, 44 De Jure 232, 254(2011).

② *Dispute Resolution: Complaints*, Financial Conduct Authority, https://www.handbook.fca.org.uk/handbook/DISP.pdf(Last visited on February 26, 2022).

③ 详见本章第二节的相关内容。

④ 北美地区的 ODR 平台列表参见 Arthur Pearlstein, Bryan Hanson & Noam Ebner, *ODR in North America*, in Mohamed S. Wahab, et al. eds., Online Dispute Resolution: Theory and Practices, Eleven International Publishing, 2012, p.463 -464。

他个人创办的 Modria. com, Inc. 曾被誉为全美最负盛名的 ODR 提供者,[①]该公司最终以被其他科技公司收购而惨淡收场。究其原因,主要是案源不足导致 ODR 业务未能为平台创造足够多的收入。ICDR 的 ODR 机制之所以成功,不仅归功于其合理的收费标准,还归功于其便捷的程序设计和美国仲裁协会的美誉,这些因素的共同作用方使其能吸引大量案件(仅第一阶段谈判后结案的案件就已达到 20 万起),[②]从而在资金上保障了该 ODR 机制的持续运转。因此,合理的收费标准是市场化的 ODR 平台顺利运转的必要条件,但不是充分条件。

部分行业资金支持的 ODR 平台也向当事人收取费用,由于案件收费只是此类平台资金来源的一部分,因此其收费标准明显低于市场化运营的 ODR 平台。例如,荷兰消费者投诉局基金下设的争议委员会处理消费者纠纷的收费通常为 25 ~ 152. 50 欧元,[③]而 ARS 处理 15, 000 美元以下(最低收费档次)的消费者纠纷需向双方各收取 275 美元的费用,以及可能产生的、按小时计费的仲裁口头审理费或调解会议费,[④]前者的收费水平明显低于后者。此类平台收费水平的确定,既要考虑纠纷当事人(特别是消费者)对案件收费的承受能力,又要考虑行业协会会员企业是否愿意负担因其会员资格而被摊派的费用。在这方面,本章第三节介绍的德国 söp 的收费机制颇具特色,也非常成功,具有参考价值。

(二)收费的制度设计

无论 ODR 平台是以收费作为全部的资金来源还是部分的资金来源,其收费制度都需要精心设计。是否收费、在哪个阶段收费、收费多少,将关系到平台能否有效避免当事人滥用其程序,能否有效促进纠纷的快速解决。

一些由公共资金或者行业资金资助的 ADR/ODR 平台选择对消费者免费,而绝对的免费容易助长消费者滥用程序。因此,在资金来源有保障的情况下,

---

① See Amy J. Schmitz, *Consumer Redress in the United States*, in Pablo Cortés eds. , The New Regulatory Framework for Consumer Dispute Resolution, Oxford University Press, 2016, p. 338.

② *ICDR Manufacturer/Supplier Online Dispute Resolution Program—Frequently Asked Questions*, ICDR, https://www. icdr. org/sites/default/files/document _ repository/ICDR _ FAQs _ OnlineDR _ Manufacturer_Supplier_English. pdf(Last visited on February 26, 2022).

③ *Wat kost het?*, De Geschillencommissie, https://www. degeschillencommissie. nl/komt-u-niet-tot-een-oplossing/(Last visited on February 26, 2022).

④ *Arbitration Fees*, Arbitration Resolution Service, https://www. arbresolutions. com/fees – 2/ (Last visited on February 26, 2022).

ADR/ODR 平台宜原则上对消费者免费,对滥用程序的申诉人则适当收费。例如,德国转化实施《欧盟 ADR 指令》的国内立法《消费者纠纷替代性纠纷解决法》第 31.3 条规定:“如果消费者参与了争议解决程序,当在考虑过所有情况后认为由消费者提出的索赔是一种滥用的情况下,可以向消费者收取一定的费用。在这种情况下,费用最多为 30 欧元。”这样的收费设计既不损害消费者使用纠纷解决程序的热情,也会避免对程序的滥用。

为促进当事人快速解决纠纷,在由多个具体程序组成的 ADR/ODR 程序中,收费的设计思路应当是当事人在越早的程序阶段结束纠纷,收费越少。ICDR 的 ODR 机制为一例:当事人在谈判阶段解决纠纷,仅需支付 500 美元;如进入第二阶段仲裁,需支付另外 1000 美元。这样的收费设计可能是大量纠纷在该程序的第一阶段得到解决的重要原因。新西兰的银行监察员服务机制(Banking Ombudsman Service)为又一例,该平台的收费分为两部分:25% 的费用根据金融服务提供商的市场份额按年度收取;75% 的费用根据金融服务提供商在上一年度纠纷解决程序中的表现收取,其中的 8% 与金融服务提供商所涉纠纷的数量挂钩,另 67% 与金融服务提供商在纠纷解决程序中的得分挂钩。具体而言,如果程序由于管辖权的原因直接结束,打 1 分;如果双方谈判达成解决方案,打 2 分;如果程序进行至首次书面评估阶段结束,打 5 分;如果程序进行到最终的决定和建议阶段,打 6 分。这种收费设计有效地促使金融机构尽早与客户解决纠纷。①

(三)行业资金或者公共资金的支持

为消费者纠纷提供 ADR/ODR 程序的机制如果以案件收费为唯一收入来源,将难以维持运营。消费者纠纷的金额普遍较低,案件受理费的标准不能设置太高,否则 ODR 程序将丧失对消费者的吸引力,但这容易导致 ODR 平台难以获得足够的收入。根据欧盟 2009 年的统计数据,EEA 国家上报给欧盟委员会的 ADR 机构(需符合欧盟有关 ADR 的两个建议,即 Recommendation 98/257/EC、Recommendation 2001/310/EC)共计 471 个。在提供了相关数据的 437 个 ADR 机构中,333 个为公立、71 个为私立、另 33 个为“其他”类型;1/5 的“其他”类 ADR 机构是由公共部门、特定行业共同设立的,或者是由消费者组织、特

---

① See Chris Gill, et al., *Models of Alternative Dispute Resolution: A Report for the Legal Ombudsman*, p. 37 – 38, Legal_Ombudsman(Oct. 31, 2014), https://www.legalombudsman.org.uk/media/he4bmjpx/models-alternative-dispute-resolution-report – 141031.pdf.

定行业共同设立的，还有一些“其他”类 ADR 机构最初由特定行业设立，但后续获得了监管部门的批准。[①] 这些 ADR 机构多数专门处理消费者纠纷，仅靠案件收费难以维持运营，因此需要公共资金或者行业资金的支持。

行业资金可以通过多种形式支持 ADR/ODR。第一，由行业协会全额负担 ODR 平台所需的资金，再由行业协会依据一定的标准在其会员之间分摊该笔费用。这种模式有利于 ODR 平台获得稳定、充分的资金保障，但不利于激励 ODR 平台提高效率、提升纠纷解决服务的质量。此外，产品和服务品质差、纠纷多的企业与产品和服务品质高、纠纷少的企业在 ODR 机制中所承担的费用与所获得的利益不成比例，有所不公。第二，由行业协会负担 ODR 平台所需的部分资金，行业协会的会员企业参与 ODR 程序另外逐案缴费。前文提及的新西兰银行监察员服务机制的资金来源制度接近于这一类型：该平台 25% 的资金是按年度、根据金融服务提供商的市场份额收取的；75% 的资金是根据金融服务提供商在上一年度纠纷解决程序中的表现收取的，该表现由上一年度金融服务提供商所涉纠纷的数量以及其得分这两项指标构成。这种资金模式既不至于大包大揽，助长 ODR 平台的惰性，在费用负担上对行业协会的会员企业也相对公平。第三，行业协会的会员每年向 ODR 平台缴纳一定的年费，且年费的多寡与其使用 ODR 程序的频率挂钩，此外，逐案缴纳一定费用。德国 söp 是采用这种资金模式的典型代表，它不仅实现了平台的稳定运行，还实现了每年受案量的持续增加以及案件平均处理成本的稳步下降，各项指标均呈现良好健康的状态，[②]凸显了这种资金模式的优点。

总体而言，在考虑行业资金以何种形式资助 ODR 平台时，必须同步考虑的因素有：第一，能确保 ODR 平台获得充足的资金，以维持其运转；第二，行业协会的会员企业所承担的费用应与其使用 ODR 程序的频率适当挂钩，以体现公平；第三，如果纠纷当事人需要缴纳费用，需考虑其付费能力，特别是消费者纠纷中的消费者一方。

公共资金一般倾向于支持两类 ADR/ODR：一是以解决消费者纠纷为主要业务的 ADR/ODR 机制，因为消费者的付费能力有限，此类机制单纯依靠案件

---

① *Cross-Border Alternative Dispute Resolution in the European Union*, p. 16 – 18, European Union (Jun., 2011), https://www.europarl.europa.eu/meetdocs/2009_2014/documents/imco/dv/adr_study_/adr_study_en.pdf.

② 详见本章第三节对德国公共客运调解协会的资金来源的介绍。

收费将难以为继,公共资金的支持有助于保障 ADR/ODR 的可及性;二是以解决公共服务或基础设施相关纠纷为主要业务的 ADR/ODR 机制,提供公共服务和基础设施本就是政府的职责,公共资金支持此类机制有助于提升公共服务和基础设施的质量。本章第二节介绍的法国能源调解旨在解决能源领域的消费者纠纷,属于公共资金支持的第一类机制;第三节介绍的英国地方政府与社会护理监察员属于公共资金支持的第二类机制。在英国的公立监察员机制中,比较有影响的还有议会和卫生服务监察员、苏格兰公共服务监察员、威尔士公共服务监察员以及北爱尔兰监察员,①他们都是解决公共服务相关纠纷的 ADR/ODR 机制。

(四)平台独立性的维持

在纠纷解决的制度设计中,纠纷解决机制的公正性和效率是应予确保的两项基本价值。② 公共资金的支持通常不会影响 ADR/ODR 平台的独立性,但行业资金的介入则容易让人对平台的独立性产生怀疑。如何确保在行业资金介入的情况下平台维持其独立性,这是具有行业背景的 ADR/ODR 平台必须正视的问题。

一方面,可以在内部组织管理机构的架构上增加对平台运营主管部门的制约因素。例如,德国 söp 的内部组织机构设董事会、会员大会和咨询委员会,咨询委员会对于确保协会所提供的调解程序的独立性具有重要作用,因为咨询委员会代表的组成体现了各方利益的平衡,并且咨询委员会对影响纠纷解决程序独立性的重要事项有话语权。③ 又如,英国家具监察员的董事会大多数成员为独立的非执行董事,他们的职责就是确保监察员的独立性,与此同时,监察员标准委员会(The Ombudsman Standards Board)负责监督监察员的运行。④

另一方面,可以针对裁判人员的组成和任职资格提出要求,以维持纠纷解

① See Richard Kirkham, *Regulating ADR-Lessons from the UK*, in Pablo Cortés eds., The New Regulatory Framework for Consumer Dispute Resolution, Oxford University Press, 2016, p. 303 - 304.

② See Orna Rabinovich-Einy & Ethan Katsh, *Lessons from Online Dispute Resolution for Dispute Systems Design*, in Mohamed S. Wahab, et al. eds., Online Dispute Resolution: Theory and Practices, Eleven International Publishing, 2012, p. 50.

③ 详见本章第三节对德国公共客运调解协会的内部组织机构的介绍。

④ *How do We Remain Independent*?, The Furniture & Home Improvement Ombudsman, https://www.thefurnitureombudsman.org/faq-resources/frequently-asked-questions/#faq_faq (Last visited on February 26, 2022).

决程序的独立性。例如,荷兰消费者投诉局基金下设 75 个争议委员会,每个委员会均由 3 人组成,其中 1 人由参加委员会的行业组织提名,1 人由消费者组织或患者组织提名,且每位委员均承诺将独立、公正地处理投诉纠纷,并不代表特定当事方的利益行事。德国 söp 的调解员不得在就职之前的 3 年内在运输公司、相关行业团体、运输中介或经纪人以及与客运有关的消费者兴趣协会中工作过,并且任期内不得开展任何此类活动,不得参加任何可能影响其公正性的其他活动。[①]

三、如何有效地规制 ODR 平台

ADR/ODR 为纠纷当事人提供了法院以外的更多选择,其生命力在于灵活性和多样性。在肯定其社会价值的同时,理论界也对其潜在的消极影响进行了探讨。有学者指出,ADR/ODR 看似给消费者提供了更廉价、更快速、更与用户相宜的选择,但反而有可能将消费者置于一个公正性更弱的体系中;如果通过法院判决的方式强制实施消费者法律的情形越来越罕见,那么商家将逐渐轻视消费者保护法。[②] 有学者认为,ADR/ODR 在某些行业或领域的普及将导致法院无法接触到这一领域的案件,从而侵蚀实体法的行为引导功能。[③] 有学者担心 ODR 平台的道德风险,如不当地利用用户的数据。[④] 实践中,ADR/ODR 机构行为不端的情况也偶有发生。例如,TRUSTe 曾是美国一家比较有影响力的 ODR 平台,因其虚假地将自己宣传为非营利机构而被 FTC 处罚。[⑤] 因此,在鼓励 ODR 发展的同时,同步探索有效的规制模式和规制措施尤为必要。

有效规制 ODR 平台涉及的问题有:该平台对谁负责、受谁监督;是否承担向公众报告的义务、如何报告;如何控制平台纠纷解决的质量;其裁决或决定是

---

① Söp_Satzung, §13, URL: https://soep-online.de/assets/files/5.2016_soep-Satzung_.pdf (abgerufen am 26. Februar 2022).

② See Horst Eidenmüller & Martin Engel, *Against False Settlement: Designing Efficient Consumer Rights Enforcement Systems in Europe*, 29 Ohio State Journal on Dispute Resolution 261, 278 – 280 (2014).

③ See Linda Mulcahy, *The Collective Interest in Private Dispute Resolution*, 33 Oxford Journal of Legal Studies 59, 78 – 80 (2013).

④ See Daniel Rainey, *Glimmers on the Horizon: Unique Ethical Issues Created by ODR*, 21 Dispute Resolution Magazine 20, 20 – 22 (2014 – 2015).

⑤ See Amy J. Schmitz, *Consumer Redress in the United States*, in Pablo Cortés eds., The New Regulatory Framework for Consumer Dispute Resolution, Oxford University Press, 2016, p.338.

否受法院监督,是否可以上诉到法院或者受其他外部机构的二次审查。解决跨境纠纷的 ODR 平台,需注意遵守目标用户来源的国家和地区对 ODR 平台的规制要求。

(一)ODR 平台的监督主体

这个问题与 ODR 平台的资金来源息息相关。一般而言,市场化运营的 ODR 平台没有特定的报告对象和监督主体,出于维护自身公众形象和营销的考虑,它们往往选择性地向公众公布一些信息。例如,受案量最多的 14 家 ODR 网站部分公布了受案量的准确数字,部分公布了比较模糊的数字,而公开渠道难以获取关于其裁决履行率的数字。① 行业资金支持的 ODR 平台往往需要向支持它的行业协会或会员企业报告平台运行的总体情况,以及纠纷解决的大致状况,但行业协会一般不对平台行使监督权,因为这种监督有可能影响平台的独立性。公共资金支持的 ODR 平台则通常需要向负责其资金审批的部门或机构报告工作,并接受它们的监督,此类平台通常更愿意向公众公布更多的信息,以体现其工作价值和存在的必要性。例如,法国国家能源调解员的年度报告不仅包含了其纠纷处理的各项数据,还有典型案例介绍,以及有关能源行业的最新动态信息。②

在对 ADR/ODR 机构进行系统的规制方面,欧盟走在了前列。《欧盟 ADR 指令》第 6 条要求负责纠纷解决程序的个人应具备专业性、独立性和公正性,第 6~9 条要求 ADR 机构对负责纠纷解决程序的个人进行管理、保持透明度、保障效率以及维护公平等,欧盟成员国应确保指令对这两类主体的要求均得到遵守。为此,成员国被赋予的主要规制手段是由本国的 ADR 主管当局对 ADR 机构进行认证。认证包括首次认证和持续跟踪:希望通过认证的 ADR 机构应向成员国主管当局提供指令第 19.1 条所要求的信息,以便主管当局进行首次认证;经认证的 ADR 机构应每两年向主管当局更新第 19.3 条所要求的信息,如果主管当局认为该 ADR 机构不再满足指令对 ADR 机构的质量要求,或者不再符合实施指令的本国国内法的要求,则应联系并告知该机构不符合法定要求的情形,责令其及时改正。对于未在 3 个月内改正的 ADR 机构,主管当局应将其从认证 ADR 机构的名单中除名。认证 ADR 机构的名单通过多种渠道公开,以

---

① 参见郑世保:《ODR 研究》,西南政法大学 2010 年博士学位论文,第 125~126 页。

② «Le médiateur national de l'énergie-Rapport D'Activité 2018», [En ligne: https://www.energie-mediateur.fr/wp-content/uploads/RA_MNE2018_UK.pdf]. Consulté le 26 février 2022.

便公众知晓。通过认证代表着该ADR机构符合《欧盟ADR指令》以及相应国内法的要求,质量有最低保障,当事人通常更愿意选择经过认证的ADR机构。

欧盟创设的规制模式效果如何,目前尚未可知。有学者从理论上对此提出了质疑,认为这种监管是过度的。① 此外,一些制度运用到实践中,可能产生与立法者本意不符的效果。例如,英国转化《欧盟ADR指令》的国内立法要求ADR机构公布对消费者有利的决定所占的比例,有学者认为这项要求可能导致商家选择消费者胜诉率低的ADR平台,②而此项规定的本意是增加ADR机构的透明度。因此,其他国家如果要借鉴欧盟的监管模式,必须结合本国ADR/ODR发展的实际状况等多种因素审慎考虑。

(二)ODR平台纠纷解决质量的把控

ODR程序的质量不仅关系当事人的个体利益,也涉及社会整体利益,尤其体现在ADR/ODR的普及导致法院无法接触特定行业或领域的案件,从而侵蚀实体法的行为引导功能这一方面。③ 为此,有效保障ODR程序的质量,使之能有效地、公正地解决纠纷对于维护ODR的正当性具有重要意义。解决这一问题有两种方法,一是依靠平台的内控机制,二是依靠外部监督机制。

美国是依靠ODR平台的内控机制来确保纠纷解决质量的典型代表。其原因主要在于,美国的ODR平台绝大多数采用市场化的运作方式,例如第三章第三节提及的BBB、本节第二部分提及的Modria以及本章第二节介绍的ICDR的ODR机制和ARS。获取更多的案源,从而获得更多的收入,这一动力足以促使市场化运营的ODR平台高度重视纠纷解决的质量,并建立相应的内控机制。在ODR服务市场充分竞争的情况下,优胜劣汰是必然的结果,只有高质量的纠纷解决服务、合理的收费,才能获得市场的认可。因此,美国将ODR程序质量的把控权完全留给ODR平台自身是有实践基础的。

---

① See Horst Eidenmüller & Martin Engel, *Against False Settlement: Designing Efficient Consumer Rights Enforcement Systems in Europe*, 29 Ohio State Journal on Dispute Resolution 261, 261(2014).

② See Pablo Cortés, *The Impact of EU Law in the ADR Landscape in Italy, Spain and the UK: Time for Change or Missed Opportunity?*, 16 ERA Forum 125, 129(2015). 另一位学者也指出,商家会挑选更容易做出对其有利的决定的ADR机构。See Pavel Loutocky, *Online Dispute Resolution to Resolve Consumer Disputes from the Perspective of European Union Law: Is the Potential of ODR Fully Used*, 10 Masaryk University Journal of Law and Technology 113, 114(2016).

③ See Linda Mulcahy, *The Collective Interest in Private Dispute Resolution*, 33 Oxford Journal of Legal Studies 59, 78-80(2013).

欧盟是倡导外部监督机制的典型代表。欧盟式外部监督机制源于《欧盟ADR指令》:首先,指令对于负责纠纷解决程序的个人和ADR机构分别提出了要求,以保证ADR机构的服务质量;其次,指令要求各成员国创设或指定ADR主管机关,由后者对符合指令质量要求的ADR机构进行认证。欧盟选择外部监督机制很大程度上是因为市场化运营的ADR/ODR机构在欧盟国家的比例较低。前文提及的欧盟2009年的统计数据表明,在被统计的437个ADR机构中,仅71个是纯私立性质的。[①] 行业资金或公共资金支持的ADR/ODR平台通常处理特定行业或领域的纠纷,纠纷当事人(特别是消费者)可以免费或者少量付费使用其程序,纠纷当事人事实上没有选择其他ADR/ODR平台的机会(其他行业平台不受理,其他市场化平台收费太高)。因此,在ADR/ODR服务市场缺乏有效竞争的情况下,将纠纷解决程序的质量寄托于优胜劣汰的市场机制去迫使ADR/ODR机构重视内控机制显然是不现实的。此时,外部监督就显得尤为必要。

平台的内控机制与外部监督机制本身并无优劣之分,但两者显然适合不同的ADR/ODR市场格局,前者适合竞争充分的ADR/ODR服务市场,后者适合竞争不充分的ADR/ODR服务市场。采用外部监督机制时,各个国家还需注意对跨境ODR平台规制的协调与合作。

(三)对ODR程序结果的监督或审查

当事人通过在线谈判所达成的和解协议,对当事人具有法律约束力,这种约束力属于合同性质的。因此,如果当事人主张谈判过程中存在欺诈等影响合同效力的因素,法院有权对和解协议的效力进行审查。通过在线调解所达成的国际和解协议,有可能依据《新加坡调解公约》得到跨境执行,公约成员可以依据公约第5条的规定拒绝准予救济(拒绝执行国际和解协议或者承认国际和解协议的既判力)。[②] 对于通过在线调解所达成的国内和解协议,各国法律也有相应的审查机制。

以在线仲裁收尾的ODR程序的结果具有终局性,当事人不得将纠纷再次提交法院审理。不过,法院可以运用仲裁裁决的司法审查机制对ODR的裁决

---

① *Cross-Border Alternative Dispute Resolution in the European Union*, p. 16,18, European Union (Jun., 2011), https://www.europarl.europa.eu/meetdocs/2009_2014/documents/imco/dv/adr_study_/adr_study_en.pdf.

② 详见第三章第二节的分析。

书行使撤销权，在跨境承认与执行ODR裁决书时被请求的法院也会进行司法审查。各国法院撤销仲裁裁决的理由通常是裁决违反公共政策或者存在程序性的瑕疵，例如，仲裁协议无效，仲裁员违反仲裁的程序规则，裁决的事项超出仲裁协议约定的范围或者不可仲裁。① 少数国家允许法院以违反公共政策或程序性瑕疵以外的理由撤销裁决。例如，我国《仲裁法》第58条第1款第4项和第5项规定，在裁决所根据的证据是伪造的或者当事人隐瞒了足以影响公正裁决的证据时法院可以撤销裁决。又如，英国《1996年仲裁法》第69条允许当事人就裁决中的法律问题向法院上诉。② 在裁决的跨境承认与执行方面，《纽约公约》的成员拒绝承认和执行外国的ODR裁决书应符合该公约第5条的规定。

法院在审查ODR程序的结果时，应充分考虑ODR程序的特点。首先，应考虑ODR程序的技术性特点。例如，通过类似于ICDR的ODR机制所使用的"双盲报价"电子化谈判系统所进行的谈判，双方几乎不存在欺诈的可能，因此法院应最大限度地尊重此类和解协议的效力。又如，鉴于ODR的技术性特点，调解员、仲裁员以电子手段与双方当事人交流和沟通应当被视为符合正当程序的要求。其次，应考虑ODR程序的快速和低成本的特点。为提高效率、降低成本，有些ODR平台的在线仲裁仅设书面调查和审理程序，不设口头审理程序，如ARS的在线仲裁规则允许仲裁员在双方当事人均未提出口头审理请求时仅进行书面审理。③ 对于这种情况，只要ODR程序给予双方当事人充分的以书面方式提交证据并提出主张的机会，法院不宜仅因缺乏口头程序而认定在线仲裁程序存在瑕疵。

四、纠纷解决应秉持何种理念

纠纷解决的理念涉及以下问题：ODR程序是问询式的还是对抗式的；纠纷解决的结果是以权利为基础还是以利益为基础；平台在何种程度上致力于促进

---

① 参见张圣翠：《论我国仲裁裁决撤销制度的完善》，载《上海财经大学学报》2012年第1期；于喜富：《论争议可仲裁性司法审查之启动程序》，载《法学评论》2016年第3期。

② 参见范铭超：《英国法院对商事仲裁裁决的司法审查权》，载《法治论丛》2006年第5期。

③ *Rules & Regulations Business to Business Program*, Art 5.1, Arbitration Resolution Service, https://www.arbresolutions.com/rules-regulations-business-to-business-program/ (Last visited on February 26, 2022).

商品质量或服务水平的提升;[①]ODR 程序是否需融入人性化的关怀;等等。

(一)问询式/对抗式

问询式 ADR/ODR 程序的典型代表是英国地方政府与社会护理监察员的程序。监察员决定受理投诉后,其调查团队将着手调查并可向双方当事人询问更多的信息;监察员的调查权限与高等法院相当,但其调查无须进行至法院判决所要求达到的程度。[②] 对抗式 ODR 程序的典型代表是 ARS 的在线仲裁程序。在该程序中,仲裁员除时效这样的基本法律问题外,不负责调查案件所涉及的法律原理与规则,由双方当事人对此进行举证;一方如果违反付诸善意的努力令己方证人参与质证的义务,对方当事人可申请阻止对该证人进行质证,被阻止提供证人的一方可以提供证据予以反驳。[③]

问询式和对抗式并无优劣之分,但不同法律文化下的当事人会有不同的偏好。因此,跨境 ODR 平台在两者之间进行选择时,应考虑目标客户所处法域的法律文化。

(二)以权利为基础/以利益为基础

这个问题与 ODR 平台所提供的程序选项(谈判、调解、仲裁或其他)有密切关系。一般而言,在 ODR 平台提供的在线仲裁中,无论仲裁员适用何种法律,都必须基于双方当事人的权利与义务作出裁决,这是典型的以权利为基础的纠纷处理方式。以权利为基础的纠纷处理方式对于促进法律的实施、纠正违法行为具有积极意义,但 ODR 平台须尽力缩减程序所耗费的时间、降低程序收费,才能使此类程序对当事人具有现实的吸引力。例如,ICDR 的整个 ODR 程序耗时不超过 66 天,仲裁阶段的收费为 1000 美元,对制造商或供应商纠纷的当事人具有较强的吸引力。

在 ODR 平台提供的在线谈判或者在线调解程序中,纠纷的处理结果更有可能以利益为基础。例如,ICDR 的 ODR 程序中的“双盲报价”是典型的以利益为基础的纠纷处理方式——只要双方当事人解决纠纷的要价和出价达到了和

---

① See Jane Williams & Chris Gill, *A Dispute System Design Perspective on the Future Development of Consumer Dispute Resolution*, in Pablo Cortés eds. , The New Regulatory Framework for Consumer Dispute Resolution, Oxford University Press, 2016, p. 379.

② *How we Investigate Your Complaint*, Local Government & Social Care Ombudsman, https://www. lgo. org. uk/make-a-complaint/how-we-deal-with-your-complaint (Last visited on February 26, 2022).

③ 详见本章第二节有关 ARS 在线仲裁程序的内容。

解的标准,如卖方提出的意向赔偿金额大于或等于买方索赔的金额,则系统自动宣布双方和解成功。① 在此过程中,孰是孰非无关紧要,重要的是双方能否对利益的再平衡达成一致。又如,德国 söp 在解决航空公司与乘客的纠纷时,会在收到乘客的调解申请以及航空公司的反馈意见后询问航空公司是否“立即承认”(Sofortigen Anerkenntnisse),如果航空公司给出肯定的回复,则双方根据乘客提出的请求达成协议并解决纠纷,该协议的内容无须基于任何法律规定。②

以利益为基础的纠纷处理方式更容易促使双方当事人从务实的角度快速解决纠纷,其本质是以一定的经济利益换取权利抗争所耗费的时间,当事人基于理性比较容易接受这种方式。例如,2018 年 44.8% 的航空公司选择了 söp 的“立即承认”方案,完全接受了旅客的诉求。③ 然而,这种无论对错,仅看重利益取舍的纠纷解决模式能否从整体上促进社会利益?正如有学者所担心,以 ADR 的方式实现消费者权利,其结果可能是损害消费者保护法。④ 如果 ODR 平台能在处理个案的同时,分析和梳理出被投诉企业存在的商品和服务提供过程中的共性问题并进行反馈,促使其纠正问题、提高商品和服务的质量,那么以利益为基础的纠纷处理方式就能最大限度地发挥其优势。不过,在外部监督机制未提出此类要求的情况下,ODR 平台一般缺乏这样做的内在动力。

(三)平台在何程度上致力于促进商品质量或服务水平的提升

为个案提供高质量的纠纷解决服务是各类 ODR 平台共同的目标,这一过程可能会变相地促使商家提高商品质量、提升服务水平。ODR 平台基于对已处理纠纷的大数据分析,能够比较容易地发现特定行业在商品或服务提供过程中的普遍性问题,如果 ODR 平台能够将此类普遍性问题反馈给相关行业或者予以公开,将有助于促进该行业主动改正错误或者引起立法机关的注意,这将更直接、更有效地促进有关商品质量或服务水平的提升。

然而,市场化运营的 ODR 平台看重的是个案解决的质量与用户评价,缺乏

---

① 详见本章第二节对 ICDR 的 ODR 机制程序的介绍。

② Söp_Jahresbericht 2018, p. 15, URL: https://soep-online.de/assets/files/14.03._soep_Jahresbericht%202018.pdf(abgerufen am 26. Februar 2022).

③ See Erik Bjorling, *In the Procedural Surroundings of Consumer Protection: Online Dispute Resolution, the Adversarial Principle, and Tendencies toward Settlement*, 13 Masaryk University Journal of Law and Technology 311, 320 – 323(2019).

④ See Loos Marco B. M, *Enforcing Consumer Rights through ADR at the Detriment of Consumer Law*, 24 European Review of Private Law 61, 61 – 80(2016).

发现并公布此类普遍性问题的内在动力。作为例外,个别 ADR/ODR 机构因其特殊的运作模式,愿意主动承担此项责任。例如,英国家具监察员是专门解决家具和地板行业企业与其客户之间纠纷的 ADR 机构,其资金完全来自会员企业(包括年费、认购费和逐案收取的费用),行业内的企业基于自愿加入监察员机制并成为其会员,消费者可免费使用家具监察员的程序解决自己与会员企业之间的纠纷。为了向会员企业提供纠纷解决以外的附加价值,以便增强自己的吸引力,家具监察员将促进家具和地板行业的产品质量和服务水平的提升作为自己的职能之一。实现此项职能的方式是向会员企业提供商业建议以及低收费的培训,而不是公布相关的纠纷处理数据,因为家具监察员的纠纷处理机制并未涵盖整个行业,公布相关数据反而具有误导公众和惩罚会员企业的效果(其数据未涵盖非会员企业,而非会员企业并非没有纠纷)。①

行业资金以及公共资金支持的 ADR/ODR 平台更愿意主动承担起促进商品质量或服务水平提升的职能,以便向行业和公众证明其工作的成效和价值。例如,法国保险调解在完成日常纠纷解决工作的同时,将纠纷解决过程中所发现的功能障碍告知市场,以避免其再次发生;与此同时,保险调解还向投保人、专业人员和立法者提供建议。② 英国地方政府与社会护理监察员的三大职责之一是提供有关良好管理实践的建议和指导,履行此项职责的形式是发布焦点报告。焦点报告是监察员通过对投诉案例的研究,发现在地方政府服务与社会护理服务中的常见和系统性问题,以报告的形式呈现,以帮助相关主体改进其服务并促进公共政策的辩论。③

《欧盟 ADR 指令》第 19.3 条要求已认证的 ADR 机构每两年向本国主管当局报告的信息中包括"频繁发生并且导致消费者与商家之间纠纷的系统性或重要问题",并且 ADR 机构"提供此类信息的同时可以就今后如何避免或者解决此类问题提出建议"。这项立法要求有助于提醒 ADR 机构重视自己在促进商

① See Chris Gill, et al., *Models of Alternative Dispute Resolution: A Report for the Legal Ombudsman*, *Legalombudsman*, p. 67 – 69, Legal_Ombudsman (Oct. 31, 2014), https://www.legalombudsman.org.uk/media/he4bmjpx/models-alternative-dispute-resolution-report – 141031.pdf.

② «La Médiation de l'Assurance Rapport D'Activité 2018», p. 8, [En ligne: https://www.mediation-assurance.org/medias/mediation-assurance/rapportsmediateur/Rapport_annuel_2018LMA.pdf]. Consulté le 26 Février 2022.

③ See *Focus Reports*, Local Government & Social Care Ombudsman, https://www.lgo.org.uk/information-centre/reports/focus-reports (Last visited on February 26, 2022).

品质量或服务水平提升方面的作用,但因其并非定量的要求,ADR 机构也有可能敷衍了事。这一问题的关键还在于平台的资金来源以及自我功能定位。

(四)ODR 程序是否需融入人性化的关怀

ODR 程序通常以书面程序为主,部分 ODR 程序提供电话或视频会议供双方当事人以及程序的主持人进行沟通。为了节约时间和成本,ODR 程序存在尽力缩减双方当事人以及程序主持人之间相互沟通的倾向,无暇顾及当事人被倾听的需求。然而,不少专业人士指出,人性化的关怀更有助于当事人接受 ODR 的结果。例如,德国 söp 的工作人员表示,尽管消费者可以在线提交申请书,工作人员可以用电子邮件与双方当事人进行沟通,但这样太缺乏人性化,因此他们通常会与纠纷双方至少进行一次电话沟通。在一起纠纷中,被申诉的铁路公司的空调在夏季坏了,因此遭受严重健康损伤的乘客可以获赔 500 欧元;与此同时,工作人员与乘客进行了电话沟通,倾听了他们的遭遇,为乘客接受程序的结果做好了心理铺垫。① 又如,法国国家能源调解员的所有程序都可以通过网络完成,但在案件调查的过程中,仍有 45% 的消费者通过电话与工作人员进行沟通。② 再如,英国地方政府与社会护理监察员的一份指南指出:“与申诉人的直接接触看似耗时且可有可无,但我们的经验显示此类接触事实上很有价值。它有助于我们明确相关问题是否构成申诉,申诉人所预期的结果是否可以实现……早期接触也能确定该事项是否可以通过调解或调停的方式解决,以及申诉人是否同意这种解决方式。”③因此,ODR 程序中应融入适当的人性化关怀。

五、如何架构 ODR 平台的程序

目前,可供 ODR 平台使用的程序选项主要有谈判、调停、调解、仲裁。ODR 平台所提供的谈判一般是在技术辅助下的谈判,如 ICDR 的“双盲报价”系统。

---

① *Cross-Border Alternative Dispute Resolution in the European Union*, p. 33, European Union (Jun., 2011), https://www.europarl.europa.eu/meetdocs/2009_2014/documents/imco/dv/adr_study_/adr_study_en.pdf.

② «Le médiateur national de l'énergie-Rapport D'Activité 2018», p. 66, [En ligne: https://www.energie-mediateur.fr/wp-content/uploads/RA_MNE2018_UK.pdf]. Consulté le 26 février 2022.

③ *Guidance on Running a Complaints System*, p. 8, Bath & North East Somerset Council, https://democracy.bathnes.gov.uk/documents/s26572/Complaints2App3.pdf (Last visited on February 26, 2022).

调停、调解、仲裁都是由第三方主持的程序，其区别在于调停人仅负责给双方创造沟通的机会，不提供解决纠纷的任何建议，调解人需要出具解决纠纷的建议或方案，仲裁人则负责作出具有约束力的裁决。ODR 平台的程序架构涉及的具体问题有：平台仅提供某一种单一程序，还是多种程序的组合；如果提供多种程序，由谁来决定使用哪一个程序；裁判人员需具备什么样的技能或专业资质；技术在 ODR 程序中发挥何种程度的作用；等等。

首先，平台提供的程序选项不是越多越好。程序选项是整个 ODR 机制中的有机环节，必须与机制中的其他制度相配套。例如，法国保险调解只提供调解这一个程序选项，其调解书无强制力，但得到了 99% 的当事人的自愿遵守。①这可能归功于调解员充分披露了可能影响其独立性、公正性或可能造成利益冲突的情况，并且当事人有权因此反对其任命；也有可能归功于调解员从当事人处收集了非常全面的信息，使当事人认为自己的观点和主张能够得到充分的考虑；更有可能因为这是一个对消费者免费的纠纷解决机制，消费者除此之外并无更优的选择。

其次，在 ODR 提供多个程序选项的情况下由谁来决定使用哪一个程序，这个问题的答案主要取决于纠纷解决的成本控制需求。如果将选择权交给当事人，那么一些客观上本应尽早结束的案件将进入后续处理程序，从而增加了平台的处理成本。② 因此，有些 ADR/ODR 机构将程序的选择权保留给机构本身。例如，英国家具监察员的纠纷解决程序分为两个环节：一是调停（conciliation），二是裁决（adjudication）。调停失败后，是否进入裁决程序不是由纠纷当事人选择，而是由处理案件的工作人员决定，并且主持调停的工作人员会继续主持裁决程序。③

再次，处理特定类型纠纷的裁判人员一般应具备相关领域的专业经验。例如，德国 söp 的调解员除了要符合法定要求，还要满足其章程规定的额外要求，

---

① «La Médiation de l'Assurance Rapport D'Activité 2016», p. 81 – 84, [En ligne: https://www.mediation-assurance.org/wp-content/uploads/2021/06/Rapport_annuel_2016_LMA.pdf]. Consulté le 26 février 2022.

② See Jane Williams & Chris Gill, *A Dispute System Design Perspective on the Future Development of Consumer Dispute Resolution*, in Pablo Cortés eds., The New Regulatory Framework for Consumer Dispute Resolution, Oxford University Press, 2016, p. 386.

③ Ibid., p. 384.

包括在运输方面的特殊经验。[①] 一些区域和国家的立法要求 ADR/ODR 的裁判人员具有法律专业知识。例如,《欧盟 ADR 指令》第 6.1 条要求,负责 ADR 程序的自然人具备必要的专长以及消费者纠纷替代性解决或者司法解决领域的必要知识和技能,并且对法律有一般性了解。

最后,根据技术与 ODR 程序结合的紧密程度,ODR 程序可以分为技术为基础(technology-based)以及技术为辅助(technology-assisted)两种类型。ICDR 的 ODR 程序第一阶段谈判是典型的以技术为基础的程序,主导该程序的是一个电子系统。ARS 的在线调解和在线仲裁是典型的以技术为辅助的程序,主导程序的是仲裁员和调解员,他们借助电子通信工具与当事人进行沟通,因此技术只是程序的辅助手段。我国部分仲裁机构目前所提供的在线仲裁也是技术辅助型的程序。正如学者所指出的,ODR 平台的设计者必须与技术专家合作,共同构建 ODR 平台,[②]因为 ODR 平台必然或多或少地融入技术因素。随着技术的发展,人工智能发挥裁判功能已成为现实,国内的相关学术讨论非常热烈。ODR 程序融入人工智能,用人工智能裁判案件在技术上并非不可能。国外学者提出,出于成本控制的考虑,ODR 平台只有使用人工智能才能存续。[③] 因此,在构建 ODR 平台的过程中必须考虑如何在现行法律框架下最大限度地发挥技术的作用。

六、如何确保 ODR 的可及性

ODR 的可及性(accessibility)指纠纷当事人知晓 ODR 平台,并能实际利用 ODR 平台解决纠纷。确保 ODR 的可及性是接近正义(access to justice)的必然要求,[④]因为大量的小额纠纷无法通过诉讼得以解决。虽然欧洲有小额诉讼制

---

① Söp_Satzung, §13, URL: https://soep-online.de/assets/files/5.2016_soep-Satzung_.pdf (abgerufen am 26. Februar 2022).

② See Orna Rabinovich-Einy & Ethan Katsh, *Lessons from Online Dispute Resolution for Dispute Systems Design*, in Mohamed S. Wahab, et al. eds., Online Dispute Resolution: Theory and Practices, Eleven International Publishing, 2012, p.48.

③ See Anjanette H. Raymond & Scott J. Shackelford, *Technology, Ethics, and Access to Justice: Should an Algorithm Be Deciding Your Case*, 35 Michigan Journal of International Law 485, 514-516 (2014).

④ See Nicolas Vermeys, *ODR as a Public Service: The Access to Justice—Driven Canadian Experience*, 6 International Journal of Online Dispute Resolution 227, 236(2019).

度,但未能如期发挥作用。[①] 在其他没有小额诉讼制度的国家和地区,小额纠纷更难通过诉讼方式得以解决。影响 ODR 可及性的具体因素有:平台是否进行广告,ODR 机制向消费者提供何种程度的支持、信息及建议(特别是向最弱势的消费者群体),当事人是否需要委托法律代表参与程序,ODR 程序是否以投诉人用尽商家的内部申诉程序为前提。

欧盟是通过立法推进 ODR 可及性的典型代表,《欧盟 ADR 指令》第 5 条对成员国如何确保 ADR 的可及性提出了具体要求。[②] 在没有相关立法保障的情况下,ODR 平台可以通过更多的自我宣传、更多的 ODR 知识普及扩大自身的影响力。相关行业也可以建立行业 ODR 平台,为本行业领域的纠纷提供 ODR 服务。

第二节　市场化运营的 ODR 平台

早期的 ODR 平台多诞生于美国,部分原因在于美国的互联网发展比较早,并且美国的 ADR 市场比较具有竞争性和创新性。[③] 美国的 ODR 平台多以市场化运营为基础,本节选取其中两个比较具有代表性的平台进行介绍。

一、ICDR 的 ODR 平台

纠纷解决国际中心(前文已将其简称为 ICDR)是美国仲裁协会的国际分部,是一个提供仲裁、调解及其他替代性纠纷解决程序的非营利性公共服务机构。ICDR 的制造商/提供商在线纠纷解决项目(Online Dispute Resolution Program for Manufacturer/Supplier Disputes)旨在帮助制造商和提供商快速、公正、低成本地解决他们与商业伙伴之间的小额纠纷。

(一)ODR 程序的构成

该项目的 ODR 程序分为两个阶段,第一阶段为谈判,第二阶段为仲裁,整个程序的完成不超过 66 天。在第一阶段,双方当事人在被称为"双盲报价"

---

① 参见程晓雪、齐树洁:《欧洲小额诉讼程序:规则与实践》,载《法治研究》2013 年第 10 期。

② 详见第一章第二节第二部分对《欧盟 ADR 指令》有关可及性的介绍。

③ See Arthur Pearlstein, Bryan Hanson & Noam Ebner, *ODR in North America*, in Mohamed S. Wahab, et al. eds., Online Dispute Resolution: Theory and Practices, Eleven International Publishing, 2012, p. 445.

(Double Blind Bidding)的自动在线谈判工具的辅助下进行谈判,以试图解决纠纷。① “双盲报价”是指双方当事人各自提出自己解决纠纷的要价和出价(如买方提出自己要求赔偿的金额,卖方提出自己愿意给予赔偿的金额),双方在要价和出价的时候并不知道对方的态度;由中立的第三方系统对双方的要价和出价进行比对,如果双方提出的数字达到了和解的标准,如卖方提出的意向金额大于或等于买方索赔的金额,则该第三方系统宣布双方和解成功,纠纷就此得到解决。双盲报价的优点在于消除了双方的对立情绪,并且双方的要价和出价均保密,即便未能达成和解,系统也不会把各自的要价和出价透露给对方。目前,已经有超过 20 万起案件成功地借助该在线谈判工具得以解决。②

如果纠纷在第一阶段未能得到解决,则案件自动进入第二阶段,由独任仲裁员进行仲裁。仲裁员由经过培训的专业人士担任,仲裁员需遵守美国仲裁协会和美国律师协会的联合委员会制定的《商事争议仲裁员道德守则》(Code of Ethics for Arbitrators in Commercial Disputes)以及应予适用的地方标准,ICDR 的所有仲裁员均需定期参加技能培训项目。该仲裁程序保留了仲裁所固有的中立、公正、终局和迅速的优点。为保障仲裁员的中立和公正,该仲裁程序与普通仲裁程序一样设置了利益冲突披露和仲裁员异议程序:仲裁员在接受任命前,应就自己与各方当事人、潜在证人以及当事人代表之间在专业、金融、社会关系方面存在的既往的或者当前的利益关系予以披露,并给予各方当事人拒绝任命仲裁员的机会。此外,仲裁员不直接与各方当事人通信,如有必要,仲裁员与当事人间的通信均以电子邮件的方式通过案件管理人转递。仲裁员仅根据当事人提交的书面材料做出决定,而不进行口头审理,仲裁员应自任命后 30 天内作出裁决。ICDR 的 ODR 仲裁规则特别说明,如仲裁员未能在 30 天的期限内作出裁决,这一事实不能成为当事人对裁决提出异议的理由。仲裁员作出裁决后,将裁决书提交至美国仲裁协会的网络文件系统。该裁决是终局的,并被

① “双盲报价”是由与美国仲裁协会有战略合作关系的 CyberSettle 公司开发的一个在线系统。参见陈健、郭东妹:《ODR 模式的最新发展探析》,载《北京仲裁》第 86 辑,第 60 页。

② *ICDR Manufacturer/Supplier Online Dispute Resolution Program-Frequently Asked Questions*, International Center for Dispute Resolution, https://www.icdr.org/sites/default/files/document_repository/ICDR_FAQs_OnlineDR_Manufacturer_Supplier_English.pdf (Last visited on February 26, 2022).

视为满足了裁决履行的相关要求;仲裁地为意大利佛罗伦萨。[①] 当事人有权委托律师参与仲裁,但并不强求。

在 ODR 程序的任一阶段,当事人都可以达成和解。只要当事人将达成和解的事实通知案件管理人,如已进入仲裁程序,还需一并撤回仲裁请求,则 ICDR 将结束这个案件。

(二)仲裁的法律适用

在仲裁适用的程序规则方面,ICDR 的 ODR 程序应适用该机制的专门规则——《制造商/供应商纠纷的 ICDR 协议》(ICDR Protocol for Manufacturer/Supplier Disputes,以下简称《ICDR 协议》)。对于该规则未规定的事项,国际案件适用 ICDR 的国际仲裁规则,国内案件适用美国仲裁协会的商事仲裁规则。[②]

《ICDR 协议》要求,裁决书应说明裁决的依据。在实体问题的法律适用方面,ODR 仲裁员应在考虑案件相关事实和情形的基础上根据合同条款作出决定,如果无法根据合同条款作出决定,则仲裁员应适用合同的管辖法律(governing law of the contract)。这与 ICDR 常规国际仲裁案件的法律适用规则有所不同。在 ICDR 的常规国际仲裁案件中,仲裁庭应适用当事人选择的准据法,如果当事人没有选择,则适用仲裁庭认为合适的法律,但不得进行友好仲裁或者公平善意仲裁(decide as amiable compositeur or ex aequo et bono),除非当事人就此明确同意。[③] 概括而言,ODR 仲裁更强调基于合同本身作出裁决,试图回避当事人选择准据法所面临的选择有效性等法律问题,从而适应 ODR 程序对时间和经济成本的要求。

(三)收费标准

ICDR 的 ODR 程序收费较低。案件申请人需以电汇方式预缴 500 美元,作为谈判阶段的收费,如果当事人达成和解,则双方分摊该笔费用,除非双方另有

---

① *ICDR Protocol for Manufacturer/Supplier Disputes*, International Center for Dispute Resolution (Jul. 1, 2011), https://www.icdr.org/sites/default/files/document_repository/ICDR_Protocol_English.pdf.

② See Markus Altenkirch, *A Fast Online Dispute Resolution Program to Resolve Small Manufacturer-Supplier Disputes: Using the ODR M-S Program*, 67 Dispute Resolution Journal 48, 50 (2012).

③ *International Dispute Resolution Procedures*, Art 31.1, Art 31.2, International Center for Dispute Resolution (Jun. 1, 2014), https://www.icdr.org/sites/default/files/document_repository/ICDR_Rules.pdf.

约定。如果案件进入仲裁阶段,则由申请人再预缴 1000 美元,仲裁员将在裁决中决定费用由哪一方当事人承担。上述费用涵盖了案件的管理费和所有其他费用(包括仲裁员的报酬)。如果相同当事方之间存在多个合同纠纷,则申请人可以将其与同一被申请人之间的最多三个合同纠纷合并提交 ICDR 的一个 ODR 程序予以解决,前提是合并解决的纠纷总金额不超过 1 万美元。这种情况下,每多一个合同,另外收取 300 美元的费用。

二、ARS 的 ODR 平台

仲裁解决服务公司(前文已将其简称为 ARS)是一家位于佛罗里达州的商事公司,自 2013 年起为 B2B 以及 B2C 纠纷提供有偿的在线调解及在线仲裁服务。

(一)处理的纠纷类型

ARS 既处理企业与企业之间的纠纷,也处理企业与消费者之间的纠纷,并且不限定于特定行业领域。不过,ARS 强调:其纠纷解决程序特别适合于 B2B 的电子商务、银行与金融、制造商/批发商与零售商、过失、人身伤害、财产损害、买卖、公用事业公司、设备租赁公司、商业地产租赁相关的纠纷,以及 B2C 的电子商务、银行/信用卡公司与消费者、租赁公司与承租人、保险公司与保单持有人、零售商与顾客、过失、人身伤害、财产损害、市政当局与市民、遗嘱及信托相关的纠纷。

(二)在线调解

ARS 的在线调解程序由一名调解员主持,调解员由 ARS 指定的、具有法律和行业经验的、无利害关系的人士担任。调解员的职责是以电话或视频会议的方式与纠纷双方沟通,以促使双方达成解决纠纷的协议。调解员可以与纠纷各方单独交流,为当事人分析其在纠纷中的有利及不利之处,以便当事人权衡利弊。调解员应遵守美国仲裁协会制定的《调解员行为标准范本》(Model Standards of Conduct for Mediators)。

ARS 的在线调解程序具有自愿性和保密性。自愿性体现在两方面:除双方当事人已经达成了提交 ARS 调解的协议外,一方当事人向 ARS 提交调解请求后,ARS 会通知对方当事人,只有获得对方当事人的同意,才会开始在线调解程序;如任何一方当事人宣告调解失败,调解程序即终止。在线调解的保密性有多重保障:第一,除法律规定外,调解过程中的所有通信、提交的证据等信息均应保密；第二，调解员、双方当事人均不得泄露相关信息，也不得将相关信息用于后续的诉讼或仲裁程序；第三，ARS 不会记录或保留调解会议中的所作所为。

ARS 在线调解程序的特别之处在于，如果当事人达成了调解协议，ARS 将应请求提供一份调解协议模板。该模板规定，如一方当事人未在协议规定的时间内履行，则 ARS 可以根据调解协议的内容作出仲裁裁决书。如果调解协议没有规定履行的时限，则当事人被默认在调解协议签字后的合理时间内履行。①

（三）在线仲裁

ARS 对自己所提供的在线仲裁服务的地域范围进行了限制，即只为在美国境内订立和签署的合同提供在线仲裁服务。ARS 的在线仲裁与常规仲裁在程序上大致相同，但有一些特殊之处：第一，案件由 ARS 指定的独任仲裁员审理，除一些基本法律问题（如时效）外，仲裁员无须进行独立的法律研究，由双方当事人提交与其主张有关的法律原则、规则等，供仲裁员裁判使用。第二，如果当事人提出请求，仲裁员将以电话或者视频会议的方式进行口头审理；如果当事人没有提出此项请求，仲裁员将依据书面材料作出裁决。第三，在 B2B 仲裁中，双方都有义务付诸善意的努力，令己方的证人参与质证，如果一方未能或者拒绝按照质证通知的要求令证人参与质证，则对方当事人有权申请阻止该方当事人再次要求对该证人进行质证。如果此项申请获准，则该证人或其出具的任何报告都不得用于口头审理程序，如果没有口头审理程序，则仲裁员在作出裁决时不得考虑该证人的证词或者其出具的报告。对于此类申请，对方当事人可以反驳，如果对方未反驳，则仲裁员将按照请求行事。② 第四，裁决是终局的、有约束力的；提交仲裁意味着所有当事人均同意受 ARS 裁决的约束。不过，如果裁决出现文字错误等明显与裁决原意不符之处，当事人可以请求修正裁决。更为特殊的是，ARS 规定其裁决可以被上诉。上诉的原因有两种：一是仲裁员适用了错误的法律或法律标准；二是虽然仲裁员适用了正确的法律，但该法律适用于案件事实的过程出现了错误。上诉由原仲裁员以外的 3 名仲裁员审理，申请上诉的一方当事人须为上诉另行付费。如果当事人未在规定的期限内付费，则

---

① *Mediation Rules & Regulations*, Arbitration Resolution Service, https://www.arbresolutions.com/mediationrules/(Last visited on February 26, 2022).

② *Rules & Regulations Business to Business Program*, Art 3.13, Arbitration Resolution Service, https://www.arbresolutions.com/rules-regulations-business-to-business-program/(Last visited on February 26, 2022).

视为当事人撤回上诉,原裁决产生终局的效力。①

如果任何一方当事人提出调解请求,ARS将在征得对方同意后安排在线调解。调解一般通过电话进行,当事人可以请求通过视频会议进行调解,但视频会议是额外收费项目。调解遵循保密的原则。如果双方当事人经调解达成了解决纠纷的协议,ARS将应申请人的请求制作裁决书,裁决书将准确体现双方协议的内容,以便申请法院承认和执行。调解费用由双方平摊,除非当事人对此另有约定。

(四)收费标准

根据纠纷所涉金额,ARS为仲裁服务设置了9个收费档次:15,000美元以下、15,001～50,000美元、50,001～100,000美元、100,001～250,000美元、250,001～500,000美元、500,001　～750,000美元、750,001～1,000,000美元、1,000,001～2,000,000美元、200万美元以上。B2B案件各档次的收费项目略有不同。申请费和答辩费是每个案件的基本费用,申请费由仲裁申请人支付,答辩费由被申请人支付。口头审理不是在线仲裁的必经程序,如果一方当事人在仲裁中申请了口头审理,则由申请方支付仲裁口头审理费。前文提及,如果ARS的B2B仲裁的一方当事人未能善意地令其证人参与质证程序,则对方当事人可以申请阻止该证人参与质证,因此会产生"申请阻止证人费"。如果被申请阻止的一方当事人对该申请提出反驳,则应缴纳"反对申请阻止证人费"。如果当事人对仲裁裁决提起上诉,则会产生上诉费、上诉答辩费,分别由申请上诉人和对上诉申请做出回应的对方当事人支付。B2C案件的收费项目与B2B案件基本相同,总体而言,同一收费档次的B2C案件与B2B案件的费用水平相当或者略低。以250,001～500,000美元这一档的收费标准为例,见表4－1。

表4－1　ARS涉案金额为250,001～500,000美元的两类案件收费标准

费用名称	B2B案件	B2C案件
申请费	2250美元	2250美元
答辩费	2250美元	2250美元
仲裁口头审理费	375美元/时	375美元/时

---

① *Rules & Regulations Business to Business Program*, Art 7.1－7.3, Arbitration Resolution Service, https://www.arbresolutions.com/rules-regulations-business-to-business-program/(Last visited on February 26, 2022).

续表

费用名称	B2B 案件	B2C 案件
申请阻止证人费	250 美元	250 美元
反对申请阻止证人费	100 美元	100 美元
上诉费	4550 美元	4550 美元
上诉答辩费	1550 美元	1550 美元
裁决修正费	125 美元	100 美元

数据来源：*Arbitration Fees*, Arbitration Resolution Service, https://www.arbresolutions.com/fees-2/ (Last visited on February 26, 2022)。

ARS 的调解服务仅收取申请费、答辩费、仲裁口头审理费，简单的案件收费可以不超过千元。总体上，ARS 的收费相较于线下仲裁和线下调解有一定的价格优势。

第三节 行业协会支持的 ODR 平台

由于消费者纠纷 ADR/ODR 的收费普遍较低，以案件收费作为唯一资金来源的话难以维持平台的运转，因此以消费者纠纷为处理对象的 ADR/ODR 机制往往需要行业资金的支持。本节选取法国、德国以及荷兰最具代表性的行业 ADR/ODR 平台各一例进行介绍。其中，法国保险调解与荷兰消费者投诉局基金可以受理跨境纠纷。

一、法国保险调解

调解在法国保险行业的发展源于《保险法》第 L112-2 条的规定。在 2015 年年底前，法国有若干个保险调解机制，其典型代表是法国保险业联合会调解员（Médiateur de la Fédération Française des sociétés d'Assurances）机制。该调解机制非常成功，它在 2000 年仅收到 500 份调解申请，2014 年则增至 12,000 份调解申请。[①] 法国实施《欧盟 ADR 指令》的 2015-1033 号法令发布后，法国保

① See Emmanuel Guinchard, *The Implementation of the Consumer ADR Directive in France*, in Pablo Cortés eds., The New Regulatory Framework for Consumer Dispute Resolution, Oxford University Press, 2016, p. 149-150.

险业联合会与互助保险公司集团(Groupement des entreprises mutuelles d'assurance)[①]签订协议,将两者的调解机制合并,成立了保险调解(La Médiation de l'Assurance)。保险调解的宗旨是为消费者与保险公司之间的纠纷提供免费的友好解决机制。2015 年 11 月,法国消费者协会、法国金融咨询委员会和法国保险业联合会的主席共同任命了法国保险调解的首位调解员。2016 年 7 月,法国保险业联合会与互助保险公司集团合并为法国保险联合会(la Fédération Française de l'Assurance),法国保险联合会汇集了在法国运营的 247 家保险和再保险公司,其成员的市场占有率达到行业的 99%。[②] 此后,保险调解成为法国保险联合会专属的调解机制。保险调解是经法国消费者调解评估和控制委员会认证的首批行业调解之一。

(一)调解程序

在提出调解请求之前,消费者必须先按照合同中规定的条款向有关保险公司提出书面投诉。如果消费者不满意保险公司的答复,或者消费者在 2 个月内未收到答复,方可进入保险调解的程序。消费者可以在保险调解的网站在线填写调解申请,或者通过邮寄的方式提出调解申请。申请人需提供的信息包括:申请人的联系方式及地址、保险公司的名称、纠纷概要、与保险公司之间关于纠纷的信函(包括消费者向保险公司投诉的信件)、纠纷涉及的合同副本(特别是一般和特殊条件),以及消费者自认为对解决纠纷有用的文件。

收到完整的调解申请后,保险调解人告知被申请的保险公司或保险中介,后者最多有 5 周的时间回应保险调解人的信息或文件要求。保险调解人根据双方提交的书面材料,自收到完整申请材料后的 90 天内给出合理意见;在特殊情况下,保险调解人可延长该期限并通知双方。调解员的调解书可以考虑法律或公平的要素作出,其结论可能与法院适用法律规定作出的判决有所不同,调解书需对此作出明确的说明。调解书对双方均不具有约束力。保险调解进行期间,暂停计算法定时效期间。[③]

---

① 互助保险公司集团成立于 1964 年,是法国相互保险公司的专业联盟,其目的是向公众提出关于保险和赔偿问题的共同方法,以研究并维护共同保险的整体利益。

② «Notre raison d'être et nos missions», [En ligne: https://www. franceassureurs. fr/qui-sommes-nous/notre-raison-detre-et-nos-missions/]. Consulté le 26 Février 2022. 法国保险联合会已于 2022 年初更名为法国保险公司(France Assureurs)。

③ «Charte du Médiateur de l'Assurance», [En ligne: https://www. mediation-assurance. org/la-charte-du-mediateur/]. Consulté le 26 Février 2022.

根据《保险调解章程》,作为法国保险联合会成员的保险公司都有义务参与保险调解的程序,非成员保险公司可以选择接受《保险调解章程》而参与保险调解的程序。保险调解员完全独立地执行其任务,并有执行任务所必需的协助、手段和权力。保险调解对消费者是免费的,并且程序保密。

(二)纠纷解决的成效

2016 年,保险调解收到了 14,803 份调解申请,比 2015 年增长了 53% 以上。此项增长部分归功于保险公司根据法律要求增加了对于保险调解机制的介绍(根据实施《欧盟 ADR 指令》的 2015 - 1033 号法令,保险人有义务通过保险合同等文件向保单持有人告知相关信息,以便他们了解如何提起调解请求、调解程序的相关内容),部分归功于媒体和网站对保险调解更多的宣传。在 2016 年收到的调解申请中,56% 的申请人接受了调解服务,28% 的申请因事前未与保险公司磋商解决纠纷而不符合受理条件,16% 的申请因超过该机构的管辖范围而被拒绝。① 从纠纷处理的速度来看,虽然《保险调解章程》要求调解员应自收到完整申请材料后的 90 天给出意见,然而由于 2016 年案件数量的激增,当年纠纷处理的平均用时为 3 个半月。从纠纷处理的结果来看,在 2016 年保险调解处理的案件中,对消费者有利的调解书仅占总量的 28% 。

虽然《保险调解章程》规定保险调解的调解书对双方不具有约束力,但 99% 的双方当事人均接受了调解书的意见,仅 2 起案件的当事人明确表示将继续向法院起诉。② 双方对调解的结果接受度比较高,尤其是保险公司的接受度较高,说明调解的质量非常高,而这归功于调解书对其结论进行了充分的说理。

(三)跨境纠纷的受理

保险调解于 2001 年加入了欧盟跨境金融消费纠纷处理平台(FIN-NET),可以根据该平台的机制安排处理跨境金融纠纷。③ 与此同时,保险调解与欧洲消费者中心保持着密切的关系。法国与德国在凯尔建立了法国欧洲消费者中心(Centre européen des consommateurs français),保险调解是该中心的成员。该

---

① «La Médiation de l'Assurance Rapport D'Activité 2016», p. 74 - 75, [En ligne: https://www. mediation-assurance. org/wp-content/uploads/2021/06/Rapport _ annuel _ 2016 _ LMA. pdf]. Consulté le 26 Février 2022.

② Ibid. , p. 81 - 84.

③ FIN-NET 是处理欧盟跨境金融纠纷的机制。参见杨夕斌:《欧盟跨境金融消费纠纷处理平台对我国的启示》,载《国际金融》2016 年第 11 期。

中心在解决跨境纠纷方面具有丰富的经验,2018 年,在一个由 45 名工作人员(其中 27 名为三种语言的律师)组成的法国—德国小组的帮助下,该中心处理了 15,000 多项跨境投诉,并答复了 100,000 多项投诉。①

二、德国公共客运调解协会

德国的公共客运调解协会是专为运输公司与其客户(旅客)提供庭外纠纷解决的非营利性调解机构,通常简称为"söp"。根据德国转化实施《欧盟 ADR 指令》的国内立法《消费者事务替代性纠纷解决法》(VSBG)的规定,söp 被认证为 CADR(符合《欧盟 ADR 指令》对 ADR 机构的相关要求并经德国主管机关认证的 ADR 机构),并已根据《欧盟 ADR 指令》的要求通知欧盟委员会。②

(一)内部组织机构

协会的内部组织机构有董事会、会员大会和咨询委员会。董事会领导协会的日常管理事务,有 3 ~ 7 名董事。会员大会由全体会员参加,每年召开一次,是协会的权力机关。会员大会的权限主要包括:选举董事会成员和咨询委员会的会员公司/协会的代表,以决议方式任命调解委员会负责人及调解员,批准董事会的年度财务报告,修改协会的章程和调解程序规则,决定终止会员公司资格,等等。

咨询委员会对于确保协会所提供的调解程序的独立性具有重要作用。首先,咨询委员会的组成体现了各方利益的平衡。咨询委员会的成员最多为 24 人,其中:会员公司/协会的代表最多 8 人,由会员大会选举产生;从事超区域和非商业活动的消费者权益协会或基金会的代表最多 8 人,由相应的协会或基金会提议,并由董事会选出;其他代表最多 8 人。其他代表包括:科学代表 1 人,由咨询委员会成员的 2/3 多数选举产生;联邦政府代表最多 3 人,联邦议院代表最多 3 人,联邦州代表 1 人,由各自机构派遣。根据航空立法的要求,咨询委员会应始终至少有航空会员公司/协会的代表 4 人,以及消费者权益协会或基金会的代表 4 人,并且两者人数始终相同。③ 按照以上安排,咨询委员会中始终

---

① «La Médiation de l'Assurance Rapport D'Activité 2018», p. 90, [En ligne: https://www.mediation-assurance.org/wp-content/uploads/2021/06/Rapport_annuel_2018_LMA.pdf]. Consulté le 26 Février 2022.

② Die Aufgaben der söp, URL: https://soep-online.de/die-aufgaben-der-soep/(abgerufen am 26. Februar 2022).

③ Söp_Satzung, §11, URL: https://soep-online.de/assets/files/5.2016_soep-Satzung_.pdf (abgerufen am 26. Februar 2022).

有消费者权益协会或基金会代表至少 4 人、科学代表 1 人,联邦政府代表、联邦议院代表以及联邦州代表,他们在人数上不少于会员公司/协会的代表,而咨询委员会的决定只要求出席会议的成员的简单多数通过(除非协会章程另有规定),因此咨询委员会的决定能够照顾到各方特别是消费者的利益。其次,咨询委员会参与决定调解委员会的负责人和调解员的任命,还参与调解程序规则的修改、在公共关系方面为协会提供建议和支持,等等。

(二)会员的资格与义务

协会的会员包括公共交通公司(火车、公共汽车、飞机、轮船)及其协会、运输公司及其协会。要成为协会的会员,需提出书面申请,并经协会董事会的批准。如果要退出协会,会员需向董事会提交退出协会的书面声明,该书面声明在年底生效且需提前 6 个月通知。如会员大会认定,某会员屡次或严重违反协会的章程或宗旨,或者虽经通知仍不履行其对协会的经济义务,则会员大会可以决定终止其会员资格。在会员大会作出此类决定之前,董事会可在事先警告将终止其会员资格的情况下暂停该会员的资格。

会员应承认会员大会通过的议事规则对调解委员会有约束力,应遵守调解程序中所规定的时限。会员承诺以适当的方式(如通知、出版物、网站)告知其客户本公司在协会中的会员资格,以及通过公共客运调解协会解决纠纷的可能性。因为协会提供调解服务以消费者与运输公司先行直接沟通为前提,会员应尽可能地在其对投诉办公室的回信中向协会的调解委员会提供相关说明。

(三)资金来源

消费者可免费使用协会所提供的调解服务,协会提供调解服务以及日常管理的所有费用均来自其会员。① 会员需支付两种类型的费用:一是在每年年初支付年度会费;二是根据会员大会制订的关于解决案件的费用规则,会员每月对于已解决的案件按照“个案统一费率 × 案件数量”计算出来的数额,支付相应的费用。

从图 4 - 1 和图 4 - 2 中可以看出:söp 每年收取的会费总收入持续增长,根据结案数量以统一费率向会员企业收取的费用总额也逐年稳步增长。前者源于会员数量的持续增长;后者是因为每年处理的案件数量大幅增长,尽管每起

---

① Söp_Satzung, § 16, URL: https://soep-online.de/assets/files/5.2016_soep-Satzung_.pdf (abgerufen am 26. Februar 2022).

案件的平均处理成本在持续下降，但由于每年处理调解申请数的增幅大大超过了案件平均处理成本的降幅（见以下第五点“纠纷解决的成效”的相关数据），所以这部分收入仍呈上涨态势。两部分收入的稳定增长，在资金上有效保障了 söp 的正常运转。

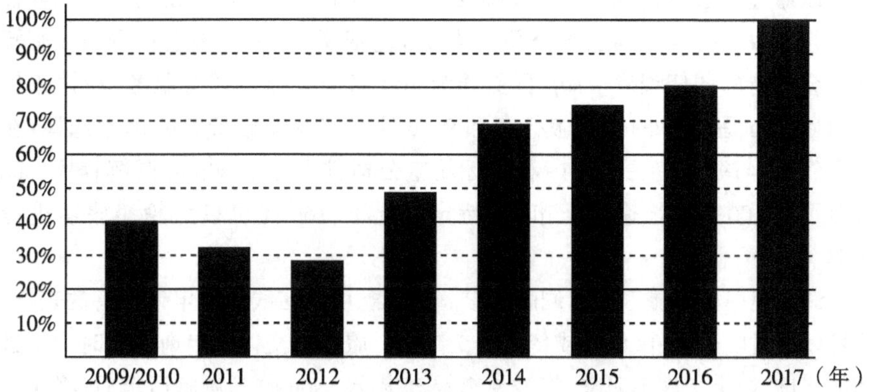

图 4－1　söp 2009～2017 年会员会费总收入的变化（2017 年为 100％）

数据来源：Söp _ Jahresbericht 2017，p. 7，URL：https://soep-online. de/assets/files/soep _ Jahresbericht%202017_V. pdf（abgerufen am 26. Februar 2022）。

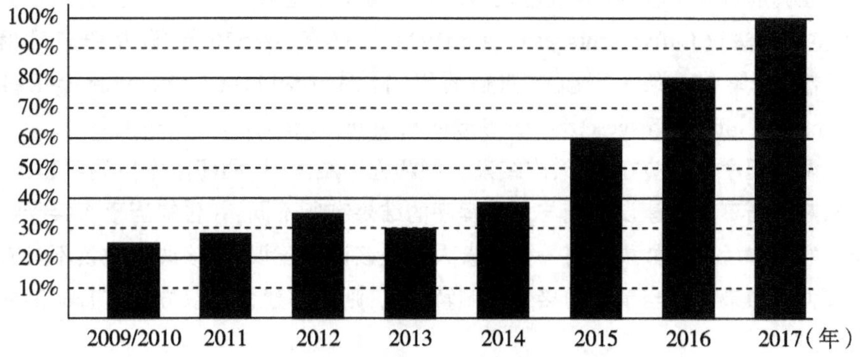

图 4－2　söp 2009～2017 年根据个案统一费率获得的总收入变化（2017 年为 100％）

数据来源：Söp _ Jahresbericht 2017，p. 8，URL：https://soep-online. de/assets/files/soep _ Jahresbericht%202017_V. pdf（abgerufen am 26. Februar 2022）。

（四）调解程序

协会的宗旨是为运输公司与其客户（旅客）提供庭外纠纷解决，以此促进公共交通的发展，因此为旅客与运输公司提供调解服务是协会的主要工作。

协会调解服务的前提是纠纷双方接受协会调解委员会的管辖权。消费者可以通过登录 söp 网站并在线提交调解申请的方式，表示接受 söp 调解程序的管辖权。被申诉的运输公司需为 söp 的成员，他们一般会接受 söp 调解委员会主持的调解程序。söp 目前约为 400 家公司提供调解服务：在铁路运输领域，söp 是 99% 的长途旅行者和 95% 的区域运输旅行者的理想选择；在航空领域，与德国有关的国内和国际航空公司都参与了 söp 的调解程序；söp 覆盖了近 100% 的长途巴士市场；特定情况下，söp 还可以为轮船旅客进行调解。①

调解程序始于旅客提出调解请求。旅客既可以在线填写申请调解的表格，也可以通过电子邮件、信件或传真提交申请。旅客提交调解申请的同时应附必要的文件，如果文件不完整，将被要求补充提交。söp 收到调解请求后，将通知被申请的运输公司，被申请人应在规定的期限内就调解申请发表意见。除非调解委员会与双方当事人一致同意使用另一种语言，否则调解程序将以德语进行。

在调解过程中，调解员应适用 VSBG。对于航空客运纠纷，还应适用德国《航空运输法》（Luftverkehrsgesetz，LuftVG）第 57 条、第 57b 条，以及德国《〈航空运输法〉第 57c 条关于航空调解的规则》（LuftSchlichtV，Verordnung nach § 57c des Luftverkehrsgesetzes zur Schlichtung im Luftverkehr）的相关条文。

调解程序一般应在 90 天内结束。调解程序结束时，调解员作出调解建议，告知双方当事人该建议可能与司法程序的结果有所不同，并告知当事人接受该建议的法律后果。如果任何一方当事人拒绝该调解建议，则该调解建议不具有约束力。如果双方当事人均接受该调解建议，则调解建议对双方具有合同的约束力。②

根据 VSBG 第 6.2 条的规定，调解员必须具备法律知识，特别是消费者法

---

① Das Schlichtungsverfahren，URL：https://soep-online.de/das-schlichtungsverfahren/（abgerufen am 26. Februar 2022）.

② Söp_Verfahrensordnung，URL：https://soep-online.de/assets/files/A1.2018_soep-Verfahrensordnung.pdf（abgerufen am 26. Februar 2022）.

律方面的知识，以及在消费者调解机构权限范围内解决纠纷所需的专门知识和技能；调解员必须具备法官或认证调解员的资格。söp 的调解员除了应满足该项法定要求外，还要满足其章程第 13 条所规定的额外要求：在运输方面有特殊经验；就职之前的 3 年内未曾在运输公司、相关行业团体、运输中介或经纪人以及与客运有关的消费者兴趣协会中工作过，且任期内不得开展任何此类活动；不得参加任何可能影响其公正性的其他活动。对调解员素质的高要求是 söp 调解程序高效率的制度保障。

（五）纠纷解决的成效

söp 调解程序的利用率比较高，反映在 söp 每年收到的调解申请数以及每年处理的调解申请数这两组数据上。除 2018 年外，两组数据均逐年稳步上升。2018 年欧洲航空秩序混乱，引发了大量纠纷，导致当年的调解申请量激增，大量申请被积压到了次年处理，因此 2018 年收到的调解申请数创历史新高并且远远超过当年处理的调解申请数。由于新冠疫情的暴发，2020 年的调解申请数量再次大幅攀升。（见表 4－2）

表 4－2　söp 调解程序利用率及效率相关数据统计

单位：起

年份	收到的调解申请数	处理的调解申请数	每名调解员每月处理的案件平均数
2015	11,644	10,446	
2016	13,626	11,973	75
2017	15,601	15,918	86
2018	32,238	20,285	96
2019	26,029	31,781	93
2020	41,211	36,636	106

数据来源：Söp_Jahresbericht 2020, p. 6, 8, 14, URL: https://soep-online.de/wp-content/uploads/2021/03/soep_Jahresbericht-2020-kEf-1.pdf(abgerufen am 26. Februar 2022)。

söp 调解程序的效率也比较高。目前，每名调解员每月平均可以处理 106 起案件。每起案件的平均处理成本呈逐年下降的趋势：以 2010 年每起案件的平均处理成本为基数,2019 年的同一数据已下降至 2010 年的 1/4 左右。① 此外,根据 2019 年报,söp 在约 90% 的案件中实现了旅客与运输公司之间的司法外纠纷解决(双方均接受了调解建议),详细数据见表 4 – 3。

表 4 – 3　纠纷双方拒绝 söp 调解建议的统计

类型	飞机		火车		长途汽车		公共交通	
	2018 年	2019 年	2018 年	2019 年	2018 年	2019 年	2018 年	2019 年
旅客拒绝调解建议	3%	2%	5%	4%	3%	2%	2%	2%
运输公司拒绝调解建议	11%	10%	16%	16%	2%	2%	38%	27%

数据来源:Söp_Jahresbericht 2019, p. 16, URL: https://soep-online. de/wp-content/uploads/2020/03/V_Jahresbericht – 2019. pdf(abgerufen am 26. Februar 2022)。

总体而言,söp 调解程序的利用率和效率均比较令人满意,纠纷解决的成效显著。

三、荷兰消费者投诉局基金

根据荷兰转化实施《欧盟 ADR 指令》的国内立法,②荷兰的 ADR 主管机构安全和司法部已经认证了 4 个 ADR 机构并将名单通知欧盟委员会,其中之一是消费者投诉局基金(Foundation for Consumer Complaints Boards,FCCB)。③

(一)内部组织机构

FCCB 由"消费者争议委员会基金"(de Stichting Geschillencommissies voor Consumentenzaken,SGC)和"上诉与企业争议委员会基金"(de Stichting Geschillencommissies voor Beroep en Bedrijf,SGB)两个基金组成,下设 75 个不同的争议委员会。SGC 管理的争议委员会负责处理产品及服务提供商与消费者之间的投诉;SGB 管理的争议委员会负责处理企业间的投诉,它还负责评估与协会条例和纪律执行有关的投诉和争议。SGC 的董事会由 9 名成员组成:

① Söp_Jahresbericht 2019, p. 5, URL: https://soep-online. de/wp-content/uploads/2020/03/V_Jahresbericht – 2019. pdf(abgerufen am 26. Februar 2022).

② 即 2015 年《消费者法院外争议解决实施法》(Implementatiewet Buitengerechtelijke Geschillenbeslechting Consumenten)。

③ *ADR-organisatie*, De Geschillencommissie, https://www. degeschillencommissie. nl/over-ons/adr-organisatie/(Last visited on February 26, 2022).

3 名独立董事,由荷兰的安全和司法部部长根据董事会的建议任命;3 名董事由消费者组织推荐;3 名董事由商业组织推荐。SGB 的董事会由 3 名独立成员组成,其人员与 SGC 的独立董事重合。

每个争议委员会都有自己的活动领域,负责处理某一特定行业内的纠纷。只要满足以下条件,某个行业协会就可以发起设立一个新的争议委员会:第一,行业协会必须支付争议委员会的费用;第二,该行业协会的成员必须具有良好的交货条件;第三,行业协会应确保其成员始终遵守争议委员会的有约束力的建议;第四,新的争议委员会必须符合 1996 年 12 月 19 日的《消费者投诉争端解决计划》中规定的要求;第五,新的争议委员会必须经安全和司法部批准。① 除行业协会的会员企业可以利用争议委员会的纠纷解决程序外,一些争议委员会也受理以非会员企业为投诉对象的纠纷。例如,法律专业争议委员会负责处理客户与律师之间的投诉(有关律师服务质量的赔偿请求不超过 10,000 欧元的纠纷),律师可以自愿加入法律专业争议委员会,荷兰律师协会鼓励律师通过该委员会解决纠纷。②

每个争议委员会由 3 人组成,1 人由参加委员会的行业组织提名,1 人由消费者或患者组织提名,1 人由荷兰最大的企业家组织 MKB Nederland 皇家协会提名。尽管委员会成员由不同的组织提名,但这并不意味着他们代表特定当事方的利益,相反,他们承诺将独立、公正地处理投诉纠纷。争议委员会的所有成员均由 FCCB 的董事会任命。③

(二)资金来源

每个争议委员会都是由一个或若干个行业协会发起设立的,行业协会发起设立争议委员会的条件之一是承诺支付争议委员会的费用,因此,行业协会是每个争议委员会的重要资金来源。争议委员会提供纠纷解决服务是有偿的,案件收费也是 FCCB 的资金来源之一。SGC 下辖的争议委员会每年处理数千件消费者纠纷,SGB 下辖的争议委员会每年处理数百件企业间纠纷,所收取的投

---

① *Brancheorganisaties*, De Geschillencommissie, https://www.degeschillencommissie.nl/over-ons/branches/(Last visited on February 26, 2022).

② *De Geschillencommissie Jaarverslag* 2014—*Consumentenzaken*, p.21, De Geschillencommissie, https://www.degeschillencommissie.nl/wp-content/uploads/jaarverslag-sgc-2014.pdf(Last visited on February 26, 2022).

③ *Over De Geschillencommissie*, De Geschillencommissie, https://www.degeschillencommissie.nl/over-ons/over-de-organisatie/(Last visited on February 26, 2022).

诉费仅足以维持各争议委员会的开支。因此,FCCB 的管理费用需要安全和司法部的财政拨款支持,获得此项财政拨款的前提条件是,所有的争议委员会均须满足安全和司法部的法规要求。①

(三) ODR 程序

发起设立争议委员会的行业协会的会员企业通常有义务(取决于各争议委员会的规则)参与 FCCB 的纠纷解决程序,非会员企业则基于自愿参与其程序。消费者基于自愿使用 FCCB 的纠纷解决程序,在线提交投诉即表示接受其管辖。

FCCB 的纠纷解决程序分为 4 个步骤。第一,投诉人登录网站,在线填写投诉表格。第二,系统为投诉人创建一个数字账户,要求投诉人为案件添加其他信息、支付投诉费,继而确定哪个争议委员会适合处理该投诉。第三,通知被投诉的商家,如收到商家答复,则该答复被添加到投诉人的数字账户中。如果商家不回复,不影响争议委员会继续处理纠纷。第四,争议委员会做出决定。在争议委员会做出决定之前,双方可以自行经谈判达成和解,并通知争议委员会,以便后者及时终止处理纠纷。在负责医疗纠纷的争议委员会,纠纷双方在程序进行期间自行达成和解的比例超过了 40% 。②

理论上,完成上述程序的最长期限为 28 周。实践中,纠纷解决的速度大大超过规定的期限。2014 年,处理消费者纠纷的平均耗时为 2.9 个月;如果争议委员会最终做出了决定,从开庭到决定的传达平均用时为 0.8 个月。③ 此外,在某些情况下,水、能源和儿童保育争议委员会可以使用简化程序,此时争议委员会将在投诉提交后约 3 周内做出决定。

(四) 决定的效力及其履行

争议委员会做出的决定对双方当事人具有约束力。除担保房屋争议委员

---

① Eline Verhage, *The Implementataion of the Consumer ADR Directive in the Netherlands*, in Pablo Cortés eds., The New Regulatory Framework for Consumer Dispute Resolution, Oxford University Press, 2016, p.232 - 233.

② *De andere partij wil de zaak alsnog samen oplossen. Wat nu?*, De Geschillencommissie, https://www.degeschillencommissiezorg.nl/wat-kunt-u-dan-doen/ (Last visited on February 26, 2022).

③ *De Geschillencommissie Jaarverslag* 2014—*Consumentenzaken*, p.8, De Geschillencommissie, https://www.degeschillencommissie.nl/wp-content/uploads/jaarverslag-sgc - 2014.pdf (Last visited on February 26, 2022).

会作出的决定以及版权合同纠纷的决定外，当事人不得对该决定提出上诉。①此类决定具有约束力的理论依据在于：双方当事人事前约定将纠纷提交第三方作出决定，并承认该第三方的决定具有约束力，该决定因此在双方当事人间具有了和解协议的效力；如果一方不履行该决定，将被视为违约，另一方可以请求法院令其履行。②

事实上，争议委员会决定的效力远远高于双方当事人的和解协议的效力。如果一方当事人认为争议委员会的决定在程序上有错误，可以申请法院撤销该决定，此类诉讼被称为"边际审查"（marginale toetsing）。如果法院认定，争议委员会的决定未能充分解释做出决定的理由，或者争议委员会未遵守适当的程序要求，如不听取各方意见，则法院将推翻该决定。决定被法院推翻后，对当事人不再具有约束力。③

实践中，FCCB通过两种机制确保争议委员会作出的决定得到履行。第一，如果被投诉的企业隶属于与该争议委员会有关联的行业协会，则在会员企业不履行决定时，该行业协会将提供令其履行的方案。前文提及，行业协会发起设立一个新争议委员会的条件之一是确保其成员始终遵守争议委员会有约束力的建议。第二，对于不是行业协会会员的企业，如果该企业已在特定争议委员会注册以处理投诉，则意味着其同意遵守委员会的规定，并且在注册时提供了履行保证，从而确保决定的执行。④

（五）收费标准

投诉人在线提交投诉后，应在规定的期限内预缴投诉费。如果争议委员会全部或部分认可了投诉人的请求，则争议委员会将在决定中写明，由被投诉企业全部或部分补偿投诉人已支付的投诉费。如果双方当事人在程序处理过程中自行达成了和解，投诉费不予退还。如果争议委员会认为投诉不可受理或者

---

① *Kan ik in beroep gaan tegen de uitspraak?*, De Geschillencommissie, https://www.degeschillencommissie.nl/vragen/in-beroep-tegen-uitspraak/（Last visited on February 26, 2022）.

② Eline Verhage, *The Implementataion of the Consumer ADR Directive in the Netherlands*, in Pablo Cortés eds., The New Regulatory Framework for Consumer Dispute Resolution, Oxford University Press, 2016, p. 234.

③ *Wat is marginale toetsing?*, De Geschillencommissie, https://www.degeschillencommissie.nl/vragen/wat-is-marginale-toetsing/（Last visited on February 26, 2022）.

④ *Wat is nakomingsgarantie?*, De Geschillencommissie, https://www.degeschillencommissie.nl/vragen/nakomingsgarantie/（Last visited on February 26, 2022）.

委员会不适合处理此纠纷，则在扣除27.50欧元的行政费用后向投诉人退还剩余部分的投诉费。① 争议委员会处理消费者纠纷的收费通常为25～152.50欧元，各争议委员会的收费标准略有不同（见表4－4）。争议委员会处理企业间纠纷的收费标准高于消费者纠纷的收费标准，以150～325欧元之间居多。②

表4－4　FCCB消费者纠纷的收费标准

单位：欧元

类别	商品或服务金额			争议委员会名称
	投诉费金额			
第1类a	<100	≥100		
	27.5	52.5		新娘时尚与婚纱
第1类b	<3000	≥3000		
	125.5	250		个性定制
第2类	<500	500～1500	≥1500	
	52.5	77.5	102.5	玻璃、陶瓷和陶器，光学等
	62.5	87.5	112.5	电
第3类	<500	500～1500	≥1500	
	77.5	102.5	127.5	装修，空调，旅行，车辆等
第4类	不区分金额			
	27.50～340			租车，直销，电子，经纪业务等

数据来源：*De Geschillencommissie Jaarverslag* 2014—*Consumentenzaken*, p. 18－19, De Geschillencommissie, https://www.degeschillencommissie.nl/wp-content/uploads/jaarverslag-sgc－2014.pdf（Last visited on February 26, 2022）。

（六）跨境纠纷的受理

其他欧盟国家、挪威或冰岛的公民并且不居住在荷兰，如果想通过FCCB的争议委员会解决纠纷，可以联系本国的欧洲消费者中心网络（European

---

① *Wat is klachtengeld?*, De Geschillencommissie, https://www.degeschillencommissie.nl/vragen/klachtengeld/（Last visited on February 26, 2022）.

② *De Geschillencommissie Jaarverslag* 2014—*Beroep en Bedrijf*, p. 11, De Geschillencommissie, https://www.degeschillencommissie.nl/wp-content/uploads/jaarverslag-sgb－2014.pdf（Last visited on February 26, 2022）.

Consumer Centres Network, ECC Net),获取消费者信息方面的帮助,再通过 FCCB 的网站在线提交申请。①

荷兰以外的商家,如果基于自愿加入了 FCCB 的争议委员会,则 FCCB 也可以受理针对这些商家的投诉。例如,一家比利时的大型家具商店有很多荷兰顾客,于是加入了 FCCB 的争议委员会。② 在这种情况下,FCCB 就可以受理针对该商家的投诉。

第四节 公共资金支持的 ODR 平台

公共资金支持的 ADR/ODR 机制一般从事特定行业或特定领域的纠纷解决,特别是具有公共基础设施或者公共服务性质的行业或领域。法国的法院外纠纷解决机制以调解为主,包括公司内部调解、行业协会调解以及行业立法所规定的公共调解这几种类型。③ 本章第三节介绍的"保险调解"是法国行业协会调解机制的典型代表,本节选取行业立法所规定的公共调解的代表——法国国家能源调解员机制进行介绍。英国的监察员制度比较发达,既有私立的,也有公立的,在公立监察员机制中,比较有影响力的有议会和卫生服务监察员、地方政府与社会护理监察员、苏格兰公共服务监察员、威尔士公共服务监察员、北爱尔兰监察员等。④ 因地方政府与社会护理监察员每年收到的投诉数量最多,所以本节选择该机制进行介绍。

一、法国国家能源调解员

国家能源调解员(Le médiateur national de l'énergie)是根据2006 年《关于能源部门的第 2006 - 1537 号法律》(Loi n°2006 - 1537 du 7 décembre 2006 relative

---

① *Information in English*, De Geschillencommissie, https://www.degeschillencommissie.nl/english/(Last visited on February 26, 2022).

② *Cross-Border Alternative Dispute Resolution in the European Union*, p. 33, European Union (Jun., 2011), https://www.europarl.europa.eu/meetdocs/2009_2014/documents/imco/dv/adr_study_/adr_study_en.pdf.

③ See Emmanuel Guinchard, *The Implementation of the Consumer ADR Directive in France*, in Pablo Cortés eds., The New Regulatory Framework for Consumer Dispute Resolution, Oxford University Press, 2016, p. 150.

④ See Richard Kirkham, *Regulating ADR-Lessons from the UK*, in Pablo Cortés eds., The New Regulatory Framework for Consumer Dispute Resolution, Oxford University Press, 2016, p. 303 - 304.

au secteur de l'énergie)所设立的独立公共机构,属于法国消费者法所规定的公共调解员。国家能源调解员由负责能源和消费者的部长任命,为保持其独立性,其任期为 6 年且该任命不可中止或撤销。国家能源调解员是"消费调解评估与控制委员会"认证的第一个 ADR 机制。①

(一)资金来源

作为公共调解员,国家能源调解员为消费者提供免费的调解服务,其所需资金由财政全额拨款。2006 年的能源法律规定,国家能源调解员的年度预算需由经济、能源和消费者相关部门批准。2018 年,国家能源调解员的预算为 5, 546, 000 欧元,实际支出为 5, 084, 090 欧元,其支出主要用于三方面:一是纠纷解决,当年支出 1, 837, 210 欧元;二是向消费者提供信息,当年支出 1, 154, 130 欧元;三是管理费用,当年支出 2, 092, 750 欧元。② 2020 年,国家能源调解员的预算为 5, 334, 085 欧元,实际支出为 4, 974, 045 欧元,实际用于纠纷解决、向消费者提供信息以及管理的费用分别为 1, 880, 799 欧元、1, 004, 976 欧元以及 2, 088, 270 欧元。③

(二)调解程序

首先,消费者需要向商家进行书面申诉。如果消费者在 2 个月内未收到令其满意的回复,或者商家未回复,则消费者可以通过电子邮件、在线填写表格以及邮寄申诉书的方式提出申诉,申诉书应使用法语。调解员收到申诉书后,会给消费者出具收据,并将申诉书副本转送商家。如果该纠纷不在调解员的权限范围内,调解员应在收到申诉书后的 3 周内告知消费者原因,并向消费者提供信息,以帮助其通过其他途径解决纠纷。如果该纠纷可受理,则调解员先询问商家如何解决,并在审查其建议的合理性后向消费者转达该方案;如果商家未提供解决的建议,则调解员根据自己对案件的调查情况出具调解建议。在案件调查过程中,调解员可以要求商家通过电子邮件的方式提供与被投诉的纠纷相

---

① 消费调解评估与控制委员会(commission d'évaluation et de contrôle de la médiation de la consummation),是法国根据《欧盟 ADR 指令》的要求负责行使 ADR 主管当局职能的机构。

② «Le médiateur national de l'énergie-Rapport D'Activité 2018», p. 94, [En ligne: https://www. energie-mediateur. fr/wp-content/uploads/2019/05/RA-MNE – 2018 – interactif. pdf]. Consulté le 28 février 2022.

③ «Le médiateur national de l'énergie-Rapport D'Activité 2020», p. 105, [En ligne: https://www. energie-mediateur. fr/wp-content/uploads/2021/05/MNE-RA2020 – INTERACTIF. pdf]. Consulté le 28 février 2022.

关的信息;如果有必要,调解员会进一步通过电子邮件、书信或电话的形式要求双方提供补充信息。在考虑调解建议时,调解员会咨询双方的建议。调解员需在收到完整申诉书后的 3 个月内作出调解建议。

调解建议的起草应遵循 4 个基本原则:简洁,是指调解建议应为任何无法律或技术背景知识的人所理解;公平,是指调解建议应考虑到所有相关情况以及双方的利益平衡;具有示范效果,是指调解建议应有利于引导供应商、运营商改善服务质量,以便避免类似纠纷的再次发生;积极主动,是指在必要的情况下,应在审查案件文档的基础上深入调查现行规则、程序以及供应商的操作是否存在问题。①

能源调解员以书面的方式向双方送达调解书,双方当事人可以选择遵守或拒绝调解书。但是,商家有义务在两个月内告知调解员是否接受调解书。调解具有中止诉讼时效的效果,从消费者向能源调解员提交申诉书到调解员作出调解书的这一期间不计入时效期间。

(三)纠纷解决的成效

2013 年年底,国家能源调解员的在线纠纷解决平台(SOLLEN, https://www.sollen.fr/)上线了。消费者与能源调解员、能源服务公司的沟通都可以在这个平台上完成。2018 年,62% 的消费者选择在该平台提交调解申请,较 2017 年 52% 的比例有较大增长。该平台的使用使得能源调解员与能源运营商的交流更为流畅。与此同时,消费者仍可以通过电话、邮件的传统方式与能源调解员进行联络。在案件调查的过程中,有 45% 的消费者通过电话与工作人员进行沟通。②

近年来,国家能源调解员收到的投诉数量稳步增长,投诉渠道有电话、SOLLEN 平台、信件和电子邮件。大多数投诉由于各种原因不属于国家能源调解员的受案范围,但对于受案范围内的投诉,能源调解员的案件处理效果尚可。例如 2018 年,在能源调解员受理范围内的调解申请共计 5530 份,③能源调解员做出调解建议以及达成和解的案件为 5086 件,其中 61% 为双方和解,81% 的案

---

① See Emmanuel Guinchard, *The Implementation of the Consumer ADR Directive in France*, in Pablo Cortés eds., The New Regulatory Framework for Consumer Dispute Resolution, Oxford University Press, 2016, p. 157.

② «Le médiateur national de l'énergie-Rapport D'Activité 2018», p. 66, [En ligne: https://www.energie-mediateur.fr/wp-content/uploads/2019/05/RA-MNE - 2018 - interactif.pdf]. Consulté le 28 février 2022.

③ Ibid., p. 86.

件在不到 90 天内得到解决,处理可受理案件的平均用时为 63 天,调解建议被接受的比例为 92% 。具体情况见表 4 - 5。

表 4 - 5　2018 ~ 2020 年国家能源调解员纠纷解决情况

年份	投诉总量(个)	电话(个)	SOLLEN(个)	信件(个)	电子邮件(个)	和解率(%)	消费者获赔平均额(欧元)	90 天内结案率(%)
2018[1]	16, 934	6616	5344	3371	1603	61	611	81
2019[2]	22, 807	8689	7522	4010	2522	59	570	76
2020[3]	27, 203	10, 666	9039	4044	3454	64	697	49

〔1〕«Le médiateur national de l'énergie-Rapport D'Activité 2018», p. 90, [En ligne: https://www. energie-mediateur. fr/wp-content/uploads/2019/05/RA-MNE - 2018 - interactif. pdf]. Consulté le 28 février 2022.

〔2〕«Le médiateur national de l'énergie-Rapport D'Activité 2019», p. 51,56, [En ligne: https://www. energie-mediateur. fr/wp-content/uploads/2020/RA-MNE - 2019. pdf]. Consulté le 28 février 2022.

〔3〕«Le médiateur national de l'énergie-Rapport D'Activité 2020», p. 101, [En ligne: https://www. energie-mediateur. fr/wp-content/uploads/2021/05/MNE-RA2020 - INTERACTIF. pdf]. Consulté le 28 février 2022.

二、英国地方政府与社会护理监察员

地方政府与社会护理监察员(local government and social care ombudsman,以下简称监察员)机制起源于《1974 年地方政府法》(Local Government Act 1974)所设立的"英格兰与威尔士地方政府监察员"(Local Government Ombudsman for England and for Wales)机制。该法将监察员的职责界定为:第一,调查针对理事会和其他一些机构的投诉,包括针对所有地方机构(镇和教区理事会除外)、警察和监狱机构、学校入学上诉小组以及提供地方服务的其他机构的投诉;第二,调查针对成人社会护理提供者的投诉;第三,提供有关良好管理实践(good administrative practice)的建议和指导。因为威尔士地区现已被"威尔士公共服务监察员"机制纳入工作范围,故 2017 年该监察员机制更名为现用名称,以便更准确地反映其职责范围。①

① *Our legal framework*, Local Government & Social Care Ombudsman, https://www. lgo. org. uk/information-centre/about-us/our-legal-framework(Last visited on February 28, 2022).

(一)资金来源

根据《1974 年地方政府法》以及修改该法的《1989 年地方政府与住房法》(Local Government & Housing Act 1989)的相关规定,社区与地方政府部(Department for Communities and Local Government)负担监察员所需的资金。①

(二)组织机构

地方管理委员会(Commission for Local Administration)是监察员的运营主管机构,它是由政府拨款资助的独立机构,职责最初由《1974 年地方政府法》规定,后由社区与地方政府部认可的《英格兰地方行政地方政府监察员委员会框架文件》(Local Government Ombudsman Commission for Local Administration in England-Framework Document)予以细化。其职责包括:为监察员提供开展调查所需的人员、住宿、信息技术和其他支持;批准年度财务预算、年度账目、4 年战略计划、年度业务计划以及监察员服务的财务和资产管理;对《1974 年地方政府法》第三部分进行 3 年一次的审查;对监察员的运营表现以及委员会委托给执行团队的职能和决策进行战略审查;根据审计和风险保证委员会以及执行团队的建议,对战略风险和内控机制进行监控;按照薪酬和任命委员会的建议,同意监察员服务所依据的薪酬和福利框架。委员会每季度开会一次,委员会及其成员均不参与具体投诉的处理过程。委员会有两大助手:审计和风险保证委员会、薪酬和任命委员会。前者就廉洁、有规律、审慎及经济的管理,以及内部、外部审计所指出的或者通过委员会的内控系统所发现的效率以及有效性问题向委员会及相关人员提供建议,并负责监督以及向委员会报告风险管理战略的实施情况。后者负责就高级职员的任命、绩效管理、薪酬和继任计划以及其他职员的奖励计划向委员会及相关人员提供建议。

首席执行官领导的执行团队(executive team)负责组织和实施监察员的日常工作。首席执行官直接领导调查董事、录取与评估董事、政策与沟通董事、人力资源主管、运营支持主管、财务主管、信息技术主管,每位董事或主管领导一个具体的职能部门。②

---

① *Commission for Local Administration in England-Financial Regulations*, Section 1, Local Government & Social Care Ombudsman, https://www.lgo.org.uk/information-centre/about-us/our-performance/spending(Last visited on February 28, 2022).

② *Organization chart*, Local Government & Social Care Ombudsman, https://www.lgo.org.uk/information-centre/about-us/who-we-are/our-structure(Last visited on February 28, 2022).

（三）纠纷解决程序

首先，投诉人必须与被投诉的对象联系，完成对方提供的所有投诉处理程序，这是向监察员投诉的前置程序要求。

其次，如果投诉的问题没有得到解决，或者对方未在合理时间内回复，则投诉人可以向监察员投诉。合理时间一般指 12 周，但社会护理有相应的法定时限。如果投诉人未在得知投诉事由后的一两个月内向监察员提出投诉，或者未受投诉事由的直接影响，则不具有投诉资格。具有投诉资格的人既可以自行投诉，也可以委托他人投诉。投诉人既可以通过在监察员网站提交投诉表格的方式进行，也可以拨打投诉电话。

再次，监察员对投诉进行初步审查，以判断投诉人的投诉资格以及投诉事项是否在监察员的权限范围内，并告知投诉人是否受理投诉。属于监察员权限范围的被调查事项包括：规划、部分住房问题、社会护理、部分教育与学校问题、儿童服务、住房福利、理事会税、运输与公路、环境与垃圾、邻居妨害与反社会行为。① 对于可受理的投诉，监察员的调查团队将着手调查，可能为此向投诉人和被投诉人询问更多的信息。监察员的调查权限与高等法院相当，但其调查无须进行至法院调查所达到的程度。② 在获取足够的信息后，监察员会草拟一份决定，与被投诉人提交的信息副本（敏感信息除外）一并发给投诉人。此时投诉人可以对该决定草案进行评论，并向监察员补充提交其认为对最终决定有用的信息。

最后，监察员作出最终决定，并书面告知投诉人决定的理由。与此同时，被投诉人也会收到决定的副本。监察员的决定分为以下几种情形：支持投诉，并建议被投诉人如何正确处理；仅支持部分投诉；支持投诉，但不提出任何建议，因为监察员做出决定时被投诉人已纠正其错误；支持投诉，但不提出任何建议，因为被投诉事项对投诉人没有重大影响；不支持投诉。如果监察员支持投诉，则投诉人可能获得的救济形式包括：被投诉人道歉；被投诉人向投诉人提供后者应享有的服务；被投诉人作出本应作的决定；重新考虑最初未能正确作出的

---

① *What We Can and Cannot Look at*, Local Government & Social Care Ombudsman, https://www.lgo.org.uk/make-a-complaint/what-we-can-and-cannot-look-at (Last visited on February 28, 2022).

② *How We Investigate Your Complaint*, Local Government & Social Care Ombudsman, https://www.lgo.org.uk/make-a-complaint/how-we-deal-with-your-complaint (Last visited on February 28, 2022).

决定；被投诉人改进其程序，避免类似问题再次发生；被投诉人向投诉人付款。①该决定被匿名处理后，将公布在监察员网站。

监察员的决定是终局的，不得上诉。如果投诉人认为监察员的决定存在法律上的瑕疵，可以向高等法院提起诉讼，此类诉讼被称为司法审查（judicial review）。如果当事人认为该决定所依据的证据中的事实不准确并且自己有证据加以证明，或者当事人有以前无法获得的新的相关信息并且这些信息会影响监察员的决定，则可以申请监察员自行复核其决定。②

如果监察员认为某些案件反映了其他委员会和护理提供者应予重视的共性问题，会就案件制作并发布一份详细的调查报告，并可能以新闻稿的方式将该报告发送给媒体。此类报告或新闻稿会隐去投诉人的个人信息，但将实名公开被投诉人。

（四）纠纷解决的成效

2018 年 4 月至 2019 年 3 月，监察员共计收到针对地方政府的 16,899 份投诉和咨询。监察员对其中的 7136 份投诉进行了初步检查（initial check），以确定这些投诉是否属于其职责范围；对 5150 份投诉进行了初步调查（initial investigation），以确定监察员是否应正式开展调查；对 4232 份投诉开展了详细调查（detailed investigation），并作出了最终决定。③ 在最终决定中，监察员支持了 58% 的投诉，在 1929 起案件中建议被投诉人对投诉人提供某种形式的救济，99.4% 的建议得到被投诉人的采纳。④

同年，监察员共计收到了 3070 份针对成人社会护理的投诉和咨询，当年完成 1220 份投诉的调查。在当年做出决定的案件中，监察员支持了 66% 的投诉，1279 起案件的决定建议被投诉人给予投诉人某种形式的救济，559 起案件的决定建议被投诉人提高服务水平（监察员可以在一个决定中建议被投诉人提供多

---

① *Possible Outcomes*, Local Government & Social Care Ombudsman, https://www.lgo.org.uk/make-a-complaint/possible-outcomes (Last visited on February 28, 2022).

② Challenging Our Decisions, Local Government & Social Care Ombudsman, https://www.lgo.org.uk/information-centre/about-us/our-performance/challenging-our-decisions (Last visited on February 28, 2022).

③ *Report-Review of Local Government Complaints* 2018 – 19, p. 12, Local Government & Social Care Ombudsman, https://www.lgo.org.uk/information-centre/reports/annual-review-reports/local-government-complaint-reviews#gdpr (Last visited on February 28, 2022).

④ Ibid., p. 1 – 2.

种形式的救济),99%的建议得到了令人满意的执行。①

除了对两类投诉进行调查外,监察员的第三大职责是提供有关良好管理实践的建议和指导,监察员主要以发布焦点报告(focus report)的形式履行此项职能。焦点报告是监察员通过对投诉案例的研究,发现在地方政府服务与社会护理服务中的常见和系统性问题,以报告的形式呈现,以帮助理事会和护理提供者改进其服务,并促进公共政策的辩论。焦点报告涵盖儿童服务与教育、成人社会护理、住房、规划、环境服务、公路与运输、福利与税收等主题,监察员围绕这些主题不定期发布焦点报告。② 焦点报告对于促进公共服务水平的提高,发挥了重要作用。

综上所述,监察员不仅有效处理了投诉,还通过对个案的系统性梳理和总结就共性问题的解决和预防提出了有益的建议。

---

① *Review of Adult Social Care Complaints* 2018 – 2019, p. 3, 14 – 15, Local Government & Social Care Ombudsman, https://www.lgo.org.uk/information-centre/reports/annual-review-reports/adult-social-care-reviews(Last visited on February 28, 2022).

② *Focus Reports*, Local Government & Social Care Ombudsman, https://www.lgo.org.uk/information-centre/reports/focus-reports(Last visited on February 28, 2022).

第五章　我国发展跨境电子商务 ODR 的策略选择

近年来,我国各级法院对在线诉讼表现出了极大的热情,杭州、北京、广州均设立了互联网法院,浙江省高级人民法院还建立了在线矛盾纠纷多元化解平台。类似机制可以被归入广义 ODR 的范畴。① 然而,UNCITRAL、美洲国家组织、欧盟、亚太经合组织等国际性、区域性国际组织所讨论的跨境电子商务 ODR 是指以互联网和信息技术为媒介,以谈判、调解、仲裁等诉讼外纠纷解决手段为工具解决电子商务纠纷的机制,因此本章对我国跨境电子商务 ODR 的分析不包括在线法院。

第一节　跨境电子商务 B2B 纠纷 ODR 的发展路径

虽然 UNCITRAL《关于网上争议解决的技术指引》是以 ODR 为主题的第一个全球性规则,但它是无约束力的描述性文件,只能发挥类似于国际标准的作用。② 真正可能推动跨境电子商务 B2B 纠纷 ODR 发展的是

---

① See FANG Xuhui, *Recent ODR Developments in China*, 4 International Journal of Online Dispute Resolution 32, 32-37(2017).

② 详见第一章第四节有关“立法成果的成就与不足”的分析。

亚太经合组织的《ODR 协作框架》。该协作框架是在中国香港特别行政区等地区和国家的助力下达成的，体现了这些国家和地区通过 ODR 促进区域内跨境电商的发展以及争夺相关法律服务市场的意图。例如，中国香港特别行政区政府为了应对新冠疫情，发起了 COVID-19 ODR 计划，该计划委托香港特别行政区的 ODR 提供者 eBRAM 为中小企业的小额纠纷（不超过 50 万美元）提供 ODR 服务，每起案件仅收取 200 美元的费用。[①] 该计划既是香港特别行政区的疫情应对措施，也是香港特别行政区迎接《ODR 协作框架》官方姿态的展示。为此，我国的法律服务行业应当高度重视 ODR 在跨境电商 B2B 纠纷解决方面的运用。

一、我国在线仲裁的现状及问题

仲裁是 ODR 的重要手段，既有 ODR 提供者将在线仲裁作为其 ODR 程序的一部分，也有 ODR 提供者提供单独的在线仲裁服务。根据我国《仲裁法》的规定，只有仲裁机构才能提供仲裁服务，因此，我国仲裁机构在线仲裁的提供水平反映了我国在线仲裁的发展状况。

（一）仲裁机构提供在线仲裁的现状

根据相关统计，2018 年全国 255 家仲裁委员会中有 22 家运用在线仲裁（或称"网络仲裁"）处理仲裁案件，共计处理案件 357,008 件，占全国案件总数的 66%。其中，广州仲裁委、衢州仲裁委员、北海仲裁委、武汉仲裁委、保定仲裁委、珠海仲裁委以及景德镇仲裁委 2018 年度在线仲裁的案件数达到案件总数的 80% 以上。[②] 2020 年，全国 259 家仲裁委员会中有 47 家运用网上仲裁方式处理案件 139,664 件。[③] 虽然不同统计口径的数据有一定差异，但我国在线仲裁案件的数量相当可观，这一点是毋庸置疑的。这能否表明我国在线仲裁已经达到较高的水平，并能适应跨境电商 B2B 纠纷解决的需求？表 5 – 1 选取了部分受理涉外纠纷的仲裁机构，统计了相关信息。

---

① *Online Dispute Resolution Effective*, news. gov. hk（Apr. 13, 2020）, https://www. news. gov. hk/eng/2020/04/20200413/20200413_110404_476. html.

② 参见司法部公共法律服务管理局：《2018 年全国仲裁处理案件情况（根据各仲裁机构报告数字统计）》，第 51 页。

③ 参见中国国际经济贸易仲裁委员会主编：《中国国际商事仲裁年度报告 2020 ~ 2021》，法律出版社 2021 年版，第 1 页。

表 5－1　部分受理涉外纠纷仲裁机构情况

机构	有无英文网页	是否公布外文仲裁规则	是否提供在线仲裁	仲裁员名单的内容和形式	是否公布隐私政策
中国国际经济贸易仲裁委员会	有	英、法、西班牙、俄、日、韩、荷兰语多种版本	有中文网上仲裁系统	中英文名单；含姓名、专长、国籍信息	否
北京仲裁委员会	有	否	否（可以网上预约立案）	中英文名单；含姓名、职称、专业、职业分类、国籍、居住地、外语共 7 项信息	否
上海国际仲裁中心	有	英文版	否	中英文名单；含姓名、专长、居住地（区分中国内地、香港特别行政区、澳门特别行政区、台湾地区以及外籍仲裁员）3 项信息	否
上海仲裁委员会	无	否	有微信云办案平台	中英文名单；含姓名、专业领域、居住地（区分中国内地、香港特别行政区、澳门特别行政区、台湾地区以及外籍仲裁员）3 项信息	是
上海国际航运仲裁院	无	英文版	否[1]	中文名单；有少量外籍仲裁员；含姓名、性别、国籍、仲裁专业共 4 项信息	否

续表

机构	有无英文网页	是否公布外文仲裁规则	是否提供在线仲裁	仲裁员名单的内容和形式	是否公布隐私政策
广州仲裁委员会	无	英、法、俄、西班牙、阿拉伯语版（网络仲裁规则仅有中文版）	有中英文跨境商事纠纷在线争议解决平台	中文名单；未区分中国籍、外籍仲裁员（有极少量外籍仲裁员）；含姓名、职称、学历、专长、城市共5项信息	否
武汉仲裁委员会	有	英文版（在线仲裁规则仅有中文版）	有中文网上仲裁系统	中英文名单；含姓名、性别、专业、居住地共4项信息	否〔2〕

〔1〕网站有“网上受理立案”选项，但点击显示无效链接。

〔2〕其英文版网页有“Privacy Statement”字样，但无隐私声明的具体内容。

（二）在线仲裁存在的主要问题

通过表5-1选取的提供涉外仲裁业务的部分仲裁机构的信息可以看出，我国在线仲裁存在3个方面问题：第一，未能有效满足跨境电商纠纷当事人对信息便捷性的要求。跨境电商纠纷至少有一方当事人是外国的企业或个人，我国仲裁机构要想吸引此类当事人将纠纷提交给自己解决，第一步是为他们提供充分的、便捷的外文信息。外文网页、外文仲裁规则、外文仲裁员名单都是外方当事人想要了解的基本内容，而我国部分仲裁机构尚未提供。一些仲裁机构虽然提供了英文版仲裁员名单，但仅提供姓名、专长、居住地这些简单信息，外方当事人想要了解相关仲裁员的资格和能力，还需另行搜索相关信息。此外，虽然一些仲裁机构已经建立了比较完善的网上仲裁系统，但绝大多数机构尚无英文版的网上仲裁系统。

第二，普遍忽略了信息安全问题。安全性被学者列为ODR的核心要素之一。亚太经合组织《ODR协作框架》第5.1条要求，参与协作框架的ODR提供者必须保障企业为纠纷解决所提交信息的保密性，并保障其网站及纠纷处理数据库的安全性。数据保护是近年来我国立法讨论的重要内容，在立法保护的基础上，信息处理者的自我承诺和约束仍然相当重要。无论是在数据保护方面依赖行业自律的美国，还是在有严格立法的欧盟，ADR/ODR网站无一例外都有隐私声明,以免纠纷当事人担心信息安全问题。

第三,程序设计和收费未能充分顾及跨境电商中小额纠纷解决的实际需求。目前,部分仲裁机构的在线仲裁程序只是把线下仲裁的流程和规则照搬到线上,略做修改,而没有充分考虑在线仲裁程序的特殊性。可喜的是,有些仲裁机构已经制定了较为科学合理的网上仲裁规则,如中国国际经济贸易仲裁委员会、广州仲裁委员会、武汉仲裁委员会的网上仲裁规则在仲裁员的选任、裁决期限的设置上均已考虑了网上仲裁快捷性的特点,允许独任仲裁,并且裁决作出的期限较线下大幅缩短。此外,广州仲裁委员会建立了我国首个跨境电商争议解决平台。

二、我国在线调解的现状及问题

我国现行民商事调解立法集中于三大领域,相应地形成了人民调解、专业调解(劳动纠纷调解、农村土地承包经营纠纷调解等)和司法调解三足鼎立的局面。① 此外,仲裁机构在解决民商事纠纷时也会将调解融入仲裁程序。传统上,纯粹的商事调解程序在我国并不多见。最近几年,随着《新加坡调解公约》的谈判和通过,我国各界对商事调解的重视程度越来越高。

(一)商事调解机构提供在线调解的现状及问题

目前,我国的商事调解机构有一部分是仲裁机构或者行业协会所建立的调解中心,有一部分是专业从事调解的民办非企业单位,前者的典型代表是北京仲裁委员会调解中心,后者的典型代表是上海经贸商事调解中心。多个机构联合发起设立一个调解机制的做法正悄然兴起,例如,中国国际贸易促进委员会与中国香港和解中心联合设立了内地—香港联合调解中心。表 5－2 选取了几种不同类型的调解中心进行统计。

① 参见唐琼琼:《〈新加坡调解公约〉背景下我国商事调解制度的完善》,载《上海大学学报(社会科学版)》2019 年第 4 期。

表 5－2　部分调解中心情况

调解中心	有无英文网页	有无外文调解规则	是否提供在线调解	仲裁员名单的内容和形式	是否公布隐私政策
中国国际贸易促进委员会调解中心	无[1]	无	是(中文)	中文名单;含姓名、地址、职业、工作语言、业务专长信息	否
内地—香港联合调解中心	有	英文版	否	可按调解员类型、服务地区、语言进行检索	否
北京仲裁委员会调解中心	有	英、法、日、韩多语言文本	否	多种语言名单;含姓名、职称、专业、国籍、居住地、外语信息	否
上海经贸商事调解中心	有	英文版	否	中文名单;含姓名、照片、职业、专长领域信息	否
上海金融商事调解中心	无	无	否	网站未公布	否
中国互联网协会调解中心	无	无	否	中文名单;未区分国籍;含姓名、文化程度、工作经历等信息	否
一带一路国际商事调解中心	有	英文版	可中英文在线提交调解申请	中英文名单;含照片、擅长领域、国籍、最高学历等信息	否

〔1〕网站有英文选项,但点击无法打开。

通过表 5－2 可以看出,我国商事调解机构与仲裁机构的在线服务存在一些共性的不足:在线化程度不够高,未能有效满足跨境电子商务纠纷当事人对信息便捷性的要求,忽略了信息安全问题。这些不足在前一部分已经讨论,此处不再赘述。这些不足同样会对我国商事调解机构解决跨境电商 B2B 纠纷造成障碍。

(二)我国现行立法与《新加坡调解公约》衔接上的障碍

自 2019 年 8 月 7 日开放签字以来,已经有 50 多个国家成为《新加坡调解公约》的签字国,9 个国家完成国内批准程序,公约已正式生效。① 我国已在该公约上签字,但尚未完成批准程序。《新加坡调解公约》旨在促进调解在国际商事纠纷解决中的运用,这与我国当下推动多元纠纷解决机制的目标不谋而合。然而,我国现行法律制度与该公约仍存在衔接上的障碍。

首先,我国尚无针对商事调解的一般性立法,某些具体的调解法律制度缺失或存在不足。例如,本国法认为争议事项不可调解是《新加坡调解公约》第 5 条第 2 款赋权缔约国主管机关依职权主动拒绝准予救济的理由,而我国立法并无针对不可调解事项的专门性规定。虽然《民事诉讼法司法解释》第 357 条规定,法院应裁定不予受理的司法确认申请包括婚姻关系、亲子关系、收养关系等身份关系无效、有效或者解除以及涉及物权、知识产权的确权这两类,但该项规定并不完全等同于公约意义上的争议事项不可调解。又如,我国立法未就调解的保密性作出充分规定,而保密性是调解相较于诉讼的先天优势之一。不少国家的调解立法明确禁止调解程序中的信息在后续仲裁或诉讼中作为证据使用,并明确规定了例外情形。② 例如,德国《调解法》第 4 条规定:"除非法律另有规定,否则调解员和参与调解过程的人员应承担保密义务。该义务应与他们在执行活动过程中了解到的所有信息有关。尽管有其他有关保密义务的法律规定,该义务不适用于以下情况:1. 为了实施或执行该协议,有必要披露在调解过程中所达成的协议的内容;2. 出于公共政策的重要考量,尤其为了避免对儿童的健康构成风险或者防止对人的身心健康造成严重伤害,披露是必要的;3. 有关事实是常识,或者不足以获得保密待遇。调解员应告知当事人其保密义务的程度。"相较而言,我国立法的相关规定严重不足。

其次,我国《民事诉讼法》第 205 条规定了非诉调解协议的司法确认制度,司法确认审查的是调解协议的自愿性和合法性,法院对调解协议的审查既包括

---

① *Status: United Nations Convention on International Settlement Agreements Resulting from Mediation*, UNCITRAL, https://uncitral.un.org/en/texts/mediation/conventions/international_settlement_agreements/status(Last visited on February 28, 2022).

② 参见唐琼琼:《〈新加坡调解公约〉背景下我国商事调解制度的完善》,载《上海大学学报(社会科学版)》2019 年第 4 期。

形式上的,也包括实质上的。① 非诉调解协议须经司法确认,方具有强制执行力。《民事诉讼法司法解释》第358条规定了法院应当裁定驳回调解协议司法确认申请的6种情形,与《新加坡调解公约》第5条允许缔约国法院拒绝准予救济的理由不完全对应。例如,公约为了确保其解释和适用的稳定性,第5条采用的是穷尽式的列举方式,而我国《民事诉讼法司法解释》第358条出于保持法律灵活性的考虑规定了"其他不能进行司法确认的情形"这样的兜底性条款。

(三)我国调解配套制度存在的不足

首先,我国没有对调解员资质的统一要求。法官任职需具备法律职业资格,仲裁员任职需满足我国《仲裁法》第13条的要求,而我国对调解员却没有统一的任职资格要求。我国《人民调解法》第14条对人民调解员的要求是"公道正派、热心人民调解工作,并具有一定文化水平、政策水平和法律知识的成年公民",2018年六部委《关于加强人民调解员队伍建设的意见》在此基础上增加了"乡镇(街道)人民调解委员会的调解员一般应具有高中以上学历,行业性、专业性人民调解委员会的调解员一般应具有大专以上学历,并具有相关行业、专业知识或工作经验"的要求。由于我国商事调解基本法的缺位,我国对商事调解的调解员资质尚无立法要求。调解员统一任职资格的缺位使调解的质量缺乏制度保障,然而,根据《新加坡调解公约》的要求,国际和解协议(经调解达成的具有国际性的协议)将具备与法院判决、仲裁裁决相当的效力。调解质量保障的制度性缺失,不利于我国的商事调解组织吸引外国当事人,也不利于多元纠纷解决格局的发展和推进。

其次,我国对调解员职业准则的重视程度不够高。《新加坡调解公约》第5.1条(e)项规定,如果调解员严重违反适用于调解员或者调解的准则,如若不然当事人本不会订立和解协议,则该当事人可以申请主管机关拒绝准予救济。由此可见,调解员职业准则在公约下极为重要。我国《人民调解法》第15条禁止调解员偏袒或侮辱当事人,索取财物、收受财物或者牟取不正当利益,泄露当事人的个人隐私或者商业秘密。此项规定不适用于商事调解员且内容不完整,如没有规定调解员的利益冲突和披露问题。目前,我国的商事调解机构仅依据各自的调解员守则约束调解员的行为,但各调解机构的调解员守则内容繁简不一,违反守则的最严重后果仅为解聘。

---

① 参见马骁:《优化司法确认程序的制度定位、推进原则和工作机制》,载《人民法院报》2020年3月26日,第8版。

三、推动 ODR 解决跨境电商 B2B 纠纷的制度和措施

为推动我国跨境电商 B2B 纠纷的 ODR 发展，我国应从宏观的制度层面以及微观的具体措施层面分别推进。

（一）完善我国调解的相关法律

理论界对于我国《仲裁法》的修改和完善有诸多建议，①此处不予赘述。总体而言，现行《仲裁法》、《民法典》（尤其是第 469 条承认数据电文为书面形式）、《电子签名法》、《民事诉讼法》等法律所构建的框架能够为在线仲裁提供基本的法律保护。相较而言，在线调解的配套法律制度存在明显不足，前一部分有关"我国现行立法与《新加坡调解公约》衔接上的障碍"的分析已指出相关不足，此处着重讨论如何衔接。在立法上，与该公约的衔接需要从两方面入手。

第一，制定一部商事调解基本法。我国应利用签署和批准《新加坡调解公约》的历史契机，推动出台"商事调解法"，②从而为我国商事调解的发展提供系统稳定的法律保障。商事调解基本法应当将当事人意思自治与保密确立为基本原则，就其适用范围、不可调解事项、调解信息作为证据的不可接纳性及其例外、经调解所达成的和解协议的执行及其既判力、调解员的任职资格等问题作出具体规定。③

第二，为《新加坡调解公约》项下的国际和解协议的执行和承认作出妥善安排。对此，一种思路是维持既有的司法确认制度，将之解释为《新加坡调解公

---

① 参见胡荻：《论我国仲裁裁决不予执行与撤销制度重叠的困境及其重构》，载《法治研究》2013 年第 10 期；李晶：《国际商事仲裁中临时措施在中国的新发展——以民诉法修改和仲裁规则修订为视角》，载《西北大学学报（哲学社会科学版）》2014 年第 6 期；刘晓红、王徽：《论中国引入国际商事仲裁机构的法律障碍与突破进路——基于中国自贸区多元化争议解决机制构建的几点思考》，载《苏州大学学报（法学版）》2016 年第 3 期；张圣翠：《仲裁程序争议司法审查制度比较与借鉴》，载《上海财经大学学报》2017 年第 2 期；刘瑛、林舒婷：《借鉴〈联合国国际贸易法委员会国际商事仲裁示范法〉完善中国〈仲裁法〉》，载《太原师范学院学报（社会科学版）》2018 年第 3 期；韦伟强：《〈仲裁法〉的修改与完善——从一起仲裁执行异议之诉案件所进行的实证分析》，载《社会科学家》2018 年第 5 期。

② 参见杨秉勋：《〈新加坡调解公约〉与我国调解制度的新发展》，载《人民调解》2020 年第 1 期。

③ 参见唐琼琼：《〈新加坡调解公约〉背景下我国商事调解制度的完善》，载《上海大学学报（社会科学版）》2019 年第 4 期。

约》第3条意义上的"本国程序规则"。[①] 如果采用这种思路,则需要对我国《民事诉讼法司法解释》第358条关于法院裁定驳回调解协议司法确认申请的规定进行修改,使之与《新加坡调解公约》第5条拒绝准予救济的规定相一致;或者维持该条内容不变,但根据《新加坡调解公约》第5条的规定增加一条解释,专门适用于国际调解所达成的协议。另一种思路是采用《新加坡调解公约》规定的直接执行机制,并辅之以第5条规定的法院审查程序。之所以说公约规定的执行机制是"直接"的,是因为公约项下的"国际和解协议"无须被转化为判决、公证书或者仲裁裁决,[②]只要其满足《新加坡调解公约》第4条的形式要求,被请求的缔约国主管机关就应该执行该协议,或者允许当事人援用该协议证明争议事项已得到解决。后一种思路更符合商事调解发展的世界潮流,更节约司法资源,并且与我国落实《纽约公约》下裁决的跨国承认和执行义务的模式相仿。该项安排可以体现在已进入立法规划的"民事强制执行法"中,更宜在"商事调解法"中予以规定。

(二)实行调解员认证制度,制定调解员示范守则

我国《仲裁法》对仲裁员的资质作出了规定,且仲裁员裁判案件需在查明事实和适用法律的基础上进行,所以我国仲裁程序的质量在总体上是有制度保障的。与仲裁不同的是,商事调解不以事清责明为前提,[③]达成调解协议的唯一前提是当事各方的同意,调解员在调解过程中的引导和暗示对当事人达成调解协议有很大的影响,因此对调解员的职业素养和道德水平要求应当比仲裁员有过之而无不及。因此,不少国家和地区在制定调解法的基础上,还配套了调解员认证制度,并高度重视调解员职业守则的重要性。

在商事调解比较发达的国家和地区,调解员认证是调解最重要的配套制度之一。例如,《奥地利调解法》规定了调解员注册制度,由奥地利联邦司法部维

---

① 《新加坡调解公约》第3.1条规定:"本公约每一当事方应按照本国程序规则并根据本公约规定的条件执行和解协议。"第3.2条也有"按照本国程序规则"的内容。

② See Jean-Christophe Boulet, *The Singapore Convention and the Metamorphosis of Contractual Litigation*, 20 Cardozo Journal of Conflict Resolution 1209, 1226(2019).

③ 然而,我国的司法调解被称为"裁判式调解",以事清责明为调解标准。参见陆晓燕:《"裁判式调解"现象透视——兼议"事清责明"在诉讼调解中的多元化定位》,载《法学家》2019年第1期。

护注册调解员的名单。注册调解员除了要满足该法第 9 条所规定的条件外,[①]还需完成指定培训机构的培训课程。[②] 又如,2012 年中国香港大律师公会、香港律师会、香港调解中心、香港国际仲裁中心联合发起设立了香港特别行政区的调解员认证机构——香港调解资历评审协会有限公司。该认证机构将调解员分为一般调解员和家事调解员,为两类调解员设置了各自的认证程序。[③] 再如,新加坡法律部根据《调解法 2017》的授权,指定新加坡国际调解协会的调解员认证机制为该法所界定的"经批准的认证机制"(approved certification scheme),从而有权在新加坡开展调解员认证。[④] 新加坡国际调解协会的认证调解员必须完成协会要求的培训项目,具有一定的调解经验,并通过知识和技能评估。

奥地利的调解员认证制度基于立法的明确规定,由行政机构负责实施;中国香港特别行政区的调解员认证制度采用的是行业主导模式,调解员认证机构是由香港特别行政区律师界、调解机构和仲裁机构共同设立的民间机构;新加坡的调解员认证制度是立法进行原则性规定,再由行政机构指定认证机构。相比之下,中国香港特别行政区模式更能突出和发扬调解的民间性特征。中国香港特别行政区采用的行业主导的调解员认证制度对于调解的去行政化大有裨益,因此,我国内地的律师界、调解机构和仲裁机构可以联合发起一个统一的调解员认证机制,对国内商事调解员和国际商事调解员进行分类认证,以满足国内商事调解和国际商事调解的不同需求。

我国多数调解机构有自己的调解员守则,但其统一化、国际化程度有待提高。此外,调解员违反守则最严重的后果是予以解聘,被解聘的调解员仍可能被其他调解机构聘用,调解员守则对调解员实际上仅具有道德的约束力,不具有实质的强制力。一些重视商事调解的国家和地区已经率先在这方面进行了

---

① 即年满 28 岁,具有专业资格,值得信赖,以及根据《奥地利调解法》第 19 条的规定有职业责任保险。

② See Marianne Roth & Marianne Stegner, *Mediation in Austria*, 3 Yearbook on International Arbitration 367, 372 – 375(2013).

③ See *How to become a Mediator*, Hong Kong Mediation Accreditation Association Ltd., http://www.hkmaal.org.hk/en/HowToBecomeAMediator.php(Last visited on February 28, 2022).

④ *Mediation Act to Commence from* 1 *November* 2017, Singapore Ministry of Law, https://www.mlaw.gov.sg/news/press-releases/mediation-act-to-commence-from – 1 – november – 2017(Last visited on February 28, 2022).

积极的探索。例如,中国香港特别行政区调解专责小组于2010年制定了《香港调解守则》,该守则所规定的调解员义务涵盖5个方面:公正对待各方当事人,与调解事项没有利益冲突,不得对任何一方有偏见,保障双方当事人有合理的机会与调解员进行沟通,确保当事人获取与调解程序相关的信息。该守则被香港特别行政区多家调解服务机构采用;作为香港特别行政区唯一的调解员认证机构的香港调解资历评审协会有限公司要求其认证调解员遵守该守则,并建立了针对调解员不当行为的投诉机制,违反该守则的行为或不作为将通过该投诉机制得到审查,如果调解员最终被认定存在不当行为,则会从认证调解员名录中除名。① 作为新加坡唯一的调解员认证机构的新加坡国际调解协会也制定了《SIMI调解员职业守则》,该守则规定:该协会的调解员必须承诺遵守某一个调解行为守则,并在被当事人任命之前告知当事人该信息;如调解员未选择其他调解行为守则,则该调解程序将自动适用《SIMI调解员职业守则》。为增强该守则对调解员的约束力,新加坡国际调解协会还制定了《SIMI调解员职业行为评估》,调解案件的当事人可以据此对调解员进行投诉,被认定存在违反职业守则行为的调解员将面临书面警告、暂停该协会调解员资质一年、永久取消该协会调解员资质等不同程度的处罚。②

我国可以由调解员认证机构制订调解员职业守则范本,供各商事调解机构、律师协会、行业协会选用。守则范本应涉及以下基本内容:(1)调解员的信息披露义务的内容,以及其真实性保证。例如,调解员应披露自己的调解资质和相关经历、与案件是否存在利益冲突以及冲突的具体情形。(2)有关调解员独立性和公正性的制度保障。例如,调解员的行事方式应独立、中立和公正,调解员应确保当事人有提出问题和被聆听的机会。(3)确保当事人充分、准确地认识调解程序的制度保障。例如,调解员应就调解程序的特点、调解员的职责、当事人随时撤出调解程序的权利、对调解员的投诉渠道等事项对当事人进行说明。(4)调解员的保密义务。根据违反守则的严重程度,调解员将被给予书面

---

① *Rules for the Handling of Complaints Against an Accredited Mediator*, Hong Kong Mediation Accreditation Association Ltd. (Jan. 24, 2013), http://www.hkmaal.org.hk/en/MediationRules_RulesForTheHandling.php.

② *Singapore Internaitonal Mediation Institute (SIMI) Assessment of Professtional Conduct for SIMI Mediators*, Singapore Internaitonal Mediation Institute (Jan. 20, 2017), https://www.simi.org.sg/Portals/0/Code%20of%20Conduct/SIMI%20Assessment%20Of%20Professional%20Conduct%20%5BJAN%202017%5D.pdf.

警告、阶段性冻结调解员认证资质和永久取消调解员认证资质等处罚。为此，调解员的聘用机构应与调解员认证机构进行合作，及时将调解员违反守则的情况通报给后者，以便后者实施取消调解员认证资质的处罚。

（三）仲裁和调解机构有选择性地争夺跨境电商 ODR 服务市场，建设和完善 ODR 平台

ODR 提供者既可以只提供在线仲裁或者在线调解，也可以综合提供多种在线程序。鉴于我国部分仲裁机构和调解机构已经开始或者正在筹划提供在线仲裁或者在线调解服务，它们有望成为我国争夺跨境电商 B2B 的 ODR 法律服务市场的主力军。为此，仲裁机构和调解机构首先应该明确自身的市场定位：一是以解决线下纠纷为主；二是以解决国内在线纠纷为主；三是以解决跨境在线纠纷为主；四是同时兼顾任何前两项或者前 3 项。如果自身定位是以跨境在线纠纷解决为主或者兼顾之，则此类仲裁机构和调解机构应该从以下几个方面齐头并进地采取措施。

首先，对标 UNCITRAL《技术指引》搭建在线平台。UNCITRAL《技术指引》事实上是有关 ODR 的国际标准。[①] 它不仅界定了 ODR 的定义、特征和适用范围，确立了公平、透明、正当程序和问责的基本原则，还提供了 ODR 的程序模型，明确了 ODR 平台的参与方特别是中立人在程序中的功能和定位。以提供跨境电商 B2B 的 ODR 服务为目标的仲裁机构和调解机构，应该在搭建在线平台的过程中对标《技术指引》的相关要求。我国已有调解机构将《技术指引》的基本原则融入了自己的程序规则，[②]这对其自身在境外的推广是非常有利的。

其次，积极加入亚太经合组织的《ODR 协作框架》。该框架专门针对跨境 B2B 纠纷的解决，[③]其启动和运行将对亚太经合组织的经济体产生较大的影响。除了欧盟，亚太经合组织基本囊括了我国主要的贸易伙伴，因此《ODR 协作框架》将覆盖我国一大半的跨境电商 B2B 纠纷。我国的 ODR 提供者一定要抓住《ODR 协作框架》启动的历史契机，积极加入该框架。ODR 提供者加入《ODR 协作框架》的前提是承诺遵守亚太经合组织的 ODR《示范程序规则》。

---

① 详见第一章第四节第二部分的分析。

② 《联合国贸法会有关文件所推行的网上争议解决原则是什么？与〈调解规则〉有没有一致性？》，载一带一路国际商事调解中心网，http://www. bnrmediation. com/CN/CommonProblem/df5166a6 - 7630 - 417c - b314 - 68ff8f39cba1？&Page = 2，2022 年 2 月 28 日访问。

③ 详见第一章第三节第二部分的介绍。

值得注意的是,该规则第 8 条第 12 款明确禁止中立人未经当事人的一致同意进行友好或者公平善意仲裁,而我国部分仲裁机构的现行仲裁规则与该规则不一致。①

再次,提高程序的在线化、用户便利化的水平。针对前文指出的我国在线仲裁和在线调解在线化水平不高的问题,各机构应根据自己的市场定位(是否以解决在线纠纷为主),有选择性地提高自己的仲裁或调解程序的在线化水平,不要一拥而上。解决跨境电商 B2B 纠纷,除了要实现纠纷解决程序的全部流程在线,还要注意用户(特别是境外用户)是否能够便利地获取 ODR 信息,是否能够便利地使用网上仲裁或网上调解系统。为此,应向境外当事人提供外文的机构介绍、ODR 程序规则、仲裁员及调解员守则及名单等,还要建立外文的网上仲裁或网上调解系统。

最后,多个机构联合共建跨境电商 B2B 的 ODR 平台。目前,中国国际贸易促进委员会与中国香港和解中心共建了内地—香港联合调解中心,进行了机构共建的有益探索。跨境电商 B2B 的 ODR 平台不仅要能提供外文服务,最好还要嵌入类似于 ICDR 的 ODR"双盲报价"自动谈判系统,以便为用户提供在线谈判、在线调解、在线仲裁多种程序选项。② 此类平台的建设和维护成本不菲,但初期却不一定能产生足够的业务收入,因此多个机构联合共建、共同推广此类 ODR 平台更为切实可行。

第二节 跨境电子商务 B2C 纠纷 ODR 的发展路径

跨境电商 B2C 纠纷与 B2B 纠纷有着显著的区别:一方面,B2C 纠纷数量更多、金额更小;另一方面,B2C 纠纷中的消费者处于劣势地位,不仅缔结合同的谈判能力处于弱势,纠纷发生后寻求纠纷解决的能力也处于劣势。大量的小额

---

① 例如,《上海仲裁委员会仲裁规则》第 73 条规定:"双方当事人在仲裁协议中约定,或在仲裁程序中经协商一致书面提出请求的,仲裁庭可以进行友好仲裁。仲裁庭可仅依据公允善良的原则作出裁决,但不得违反法律的强制性规定,不得侵犯社会公共利益和第三人的合法权益。"《上海仲裁委员会仲裁规则》,载上海仲裁委员会网,http://www.accsh.org/index.php? m = content&c = index&a = lists&catid = 73&pdfurl = http://www.accsh.org/uploadfile/2018/0930/20180930105602470.pdf, 2022 年 2 月 28 日访问。

② 前文提及的中国香港特别行政区 COVID – 19 ODR 计划所委托的 ODR 提供者 eBRAM 就是一个融合在线谈判、在线调解、在线仲裁于一体的 ODR 平台。

跨境电商B2C纠纷无法得到解决，将最终损害消费者跨境购买的信心，对跨境B2C电商的发展不利。正因为如此，欧盟制定了《欧盟ADR指令》和《欧盟ODR条例》，试图扫清跨境电商发展的法律障碍。欧盟的这两项立法及其实施措施对于我国推动用ODR解决跨境电商B2C纠纷有一定的借鉴意义。

一、我国跨境电商B2C纠纷解决的现状

近年来，B2C跨境电商在我国发展迅猛，出口和进口均有较大幅度的增长。实践中，B2C跨境电商发展出了不同的运营模式，各自的纠纷解决方式也有所不同。

（一）我国B2C跨境电商的运营模式

我国B2C跨境出口电商有两种运营模式：一是B2C平台电商模式，二是B2C自营电商模式。前者的典型代表是阿里巴巴速卖通：速卖通作为平台，为国内企业提供在线展示商品和服务的机会，协助双方达成交易并完成支付等环节，并从中收取交易佣金、保证金和流量费等；国内企业借助速卖通平台直接向境外的消费者销售商品或者提供服务。后者的典型代表是环球易购，环球易购在国内完成品类选择和商品采购，通过自己的网站展示产品信息，以网络零售的方式将商品销售给境外消费者，环球易购从中赚取商品差价。

我国B2C跨境进口电商有4种运营模式：B2C平台电商模式、B2C自营电商模式、平台和自营相结合的模式，以及海外代购。典型代表分别为天猫国际、考拉海购、京东全球购、洋码头。① B2C跨境进口的平台电商模式、自营电商模式与B2C跨境出口的对应模式相似，区别在于B2C跨境进口中的C端是境内消费者，而B2C跨境出口中的C端是境外消费者。以洋码头为代表的海外代购的经营模式与B2C平台电商模式有相似之处，但略有区别：海外买手（商家或者个人）入驻平台开店，根据用户需求在境外完成采购，再邮寄给境内消费者，跨境电商从中收取佣金或服务费。

（二）B2C跨境电商纠纷解决的典型模式

阿里巴巴速卖通是B2C出口平台电商的典型。与针对国内市场的淘宝网相仿，速卖通有自己的纠纷解决体系。消费者如果对某个订单的履行不满意，可以先联系卖家，由双方协商解决。如果双方无法友好协商解决，则消费者可

---

① 参见李芬娟、易海峰：《我国跨境电商发展现状、问题及其出口贸易效应研究——以我国对欧盟的出口贸易为例》，载《商业经济研究》2019年第17期。

以向速卖通投诉,速卖通为消费者提供退款或免费退货保障。通常,在卖方发出货物后的第 11 天,直至交货期结束或者消费者确认收到货物后的第 15 天,消费者可以在线填写“发起纠纷”(Open Dispute)表格并提交相关信息,以便向速卖通发起投诉。在收到完整的投诉后,速卖通即通知卖家,后者将有 5 天的时间主动联系买家以便解决该投诉。如果消费者的诉求是退款并且卖家同意该诉求,或者卖家未在 5 日内予以回复,则该投诉程序自动终止,速卖通将在 3~20 个工作日内将款项退至消费者。如果消费者的诉求是退货,则消费者需在 10 日内退还货物并提交物流信息。如果卖方不同意消费者的诉求,消费者可以更新诉求,或者等待速卖通在 5 天后自动升级该投诉。此后,速卖通将介入并调查,以便找到合适的解决方案。如果消费者对速卖通介入后所提供的解决方案仍不满意,或者被要求提交新证据,则消费者可以更新自己的诉求并提供相应的支撑证据。① 速卖通的决定是终局且有效的,如果消费者对速卖通的处理结果不满意,除非有关准据法另有要求,消费者应向中国香港国际仲裁中心申请仲裁,仲裁适用中国香港特别行政区法律。②

环球易购是 B2C 出口自营电商的典型,“gearbest. com”是它的出口自营网站。境外消费者在该网站购物,需要点击同意该网站的“条款与条件”,该格式条款规定:顾客可以在发货前随时取消订单;货物发运后,顾客不得取消、更改订单或要求退款;收到货物后,顾客须按照网站的“保证与退还”条款处理纠纷。③ “保证与退还”规定:顾客可在收到货物后 7 天内要求换货,在收到货物 30 天内要求退货、退款(货物未开封),在收到货物 45 天内退还瑕疵货物并要求退款,网站提供一年的修理保障(商品页面另有规定的除外),等等。④ 如果境外消费者不满意网站对自己诉求的处理,则只能选择到法院起诉,因为网站“条款与条件”并未就纠纷解决作出说明,仅规定该格式条款及其解释的准据法

---

① *What's the Dispute Process after I have Opened a Dispute*?, Aliexpress, https://customerservice. aliexpress. com/knowledgeDetail? spm = service_hall. 24300481. 0. 0. a8ee4300VgG3QZ&hcAppId = 1248&hcFromCode = Xn2Tk1tb7&knowledgeId = 7300eacc0edc4279b12bbddcad2ac951 (Last visited on February 28, 2022).

② *Terms and Conditions*, Aliexpress, https://sale. aliexpress. com/__pc/ym1QYdCzjk. htm? spm = a2g0o. ams_81407. j9a11ab. 1. 6c02hNT7hNT7fr (Last visited on February 28, 2022).

③ *Terms and Conditions*, Gearbest, https://www. gearbest. com/about/terms-and-conditions. html(Last visited on February 28, 2022).

④ *Warranty and Return*, Gearbest, https://www. gearbest. com/about/warranty-and-return. html (Last visited on February 28, 2022).

为西班牙的实体法。

同为阿里巴巴集团成员的天猫国际是 B2C 进口平台电商的典型,其纠纷处理方式与速卖通相仿。以洋码头为代表的海外代购是 B2C 进口的一种特殊模式,与进口平台电商的经营模式相似而又有所区别。用户在洋码头平台交易中产生的任何争议,可以选择与交易对方协商解决,也可以选择提交洋码头客服解决。如果选择后者,则表示认可洋码头作为中立第三方依据洋码头纠纷处理规则作出的决定。如果用户不满意洋码头作出的决定,可以选择其他争议处理途径解决争议。① 由于洋码头并未在其平台服务协议中指定其他争议处理途径,如果纠纷双方无法事后达成仲裁协议,则只能进行跨国诉讼。

考拉海购是 B2C 进口自营电商的典型,它的服务协议规定:“您因订购、使用自营商品所产生的及与自营商品有关的争议,由争议所涉自营商品对应的自营商家与您协商解决,协商不成时,任何一方均可将争议提交中国国际经济贸易仲裁委员会由三名仲裁员根据其仲裁规则进行仲裁。”②B2C 进口的单笔交易金额一般不超过 100 万元,按照中国国际经济贸易仲裁委员会对涉港、澳、台地区的争议案件的收费标准,③此类案件的收费为争议金额的 4%,且最低不少于 1 万元。如此高的收费,足以使绝大多数消费者望而却步。

总体而言,B2C 跨境电商的纠纷解决并非易事。B2C 跨境电商平台都有自己的一套纠纷解决体系,如果纠纷未能通过该体系得到解决,则当事人只能通过平台指定的仲裁机构(如速卖通指定中国香港国际仲裁中心)或者以诉讼的方式解决纠纷;B2C 跨境自营电商一般都提供退货、退款等售后服务,如果消费

① 《洋码头平台服务协议》,载洋码头网,https://seller. ymatou. com/sellerbook/platform-rules/service-standards/service-rules. html,2022 年 2 月 28 日访问。

② 《考拉海购服务协议》,载阿里旺旺网,https://terms. alicdn. com/legal-agreement/terms/suit_bu1_other/suit_bu1_other202003231515_29928. html? spm = a2v0d. b64726952. 0. 0. 25e14f51FSsLRO,2022 年 2 月 28 日访问。

③ 在考拉海购的商品详情页面同时标注“自营”和“跨境”标签的商品由天猫进出口环球购有限公司(HQG, Limited.)经营,该公司是在中国香港特别行政区注册的公司,所以境内消费者因购买该网站的自营跨境商品而与考拉海购产生的纠纷将被视为“涉港、澳、台地区的争议案件”,进而适用相应的收费标准。参见《自营经营者信息》,载考拉海购网,https://pages. kaola. com/pages/activity/Businessentity. shtml? _h5da = true&kpm = MjAxOA%3D%3D. aHR0cHM6Ly9tLW1hbGwua2FvbGEuY29tL21lcm NoYW50cw%3D%3D. Xw%3D%3D. Xw%3D%3D%40%40Xw%3D%3D&spm = 0.0.0.0,2022 年 2 月 28 日访问。

者不满意电商的解决方案,也只能通过自营电商指定的仲裁机构(如考拉海购指定了中国国际经济贸易仲裁委员会)或者以诉讼的方式解决纠纷。根据杭州互联网法院发布的“2018 年度电子商务案件审判白皮书”,消费者在天猫国际、全球购、考拉海购、小红书等进口平台上的购买所引发的案件增长较快,使跨境电商纠纷成为电商领域案件的新增长点。① 鉴于诉讼所耗费的时间和金钱,更多的跨境电商 B2C 纠纷并未实际到达法院。

二、推动 ODR 解决跨境电商 B2C 纠纷的思路和措施

ODR 可以成为解决跨境电商 B2C 纠纷的有效手段,为何在我国未能得到推广运用呢?原因主要有两方面:第一,跨境电商 B2C 纠纷的 ODR 有效供给不足。虽然我国已经有机构提供在线仲裁和在线调解,但此类程序并非专为跨境电商纠纷而设,不能完全适应跨境电商纠纷的特点。例如,跨境电商纠纷涉及的海关手续、跨国物流是国内纠纷没有的,跨境电商纠纷的一方当事人可能需要 ODR 平台提供外文服务。如果专门为跨境电商 B2C 纠纷建立 ODR 平台并进行市场化运营,或者跨境电商 B2B 纠纷的 ODR 平台对消费者开放,其收费水平必然普遍超过消费者的承受能力。第二,我国跨境电商以及消费者对 ODR 的了解不足,导致使用意愿不高。因此,要充分发挥 ODR 在跨境电商 B2C 纠纷解决方面的作用,就要从这两方面入手。

(一)跨境电商行业协会为跨境电商 B2C 纠纷 ODR 平台提供资金支持和结果执行保障

目前,我国可以被归入 ODR 范畴的除了第一节介绍的部分仲裁机构提供的在线仲裁程序以及个别调解机构提供的在线调解程序之外,还有零星的具有一定政府背景的电商综合服务平台提供的 ODR 服务。例如,众信在线纠纷解决服务平台是为 C2C、B2C、B2B 纠纷提供在线解决的平台,该平台提供的 ODR 服务包括在线和解、调解及仲裁,调解机构和仲裁机构可以入驻该平台,供纠纷当事人选择使用,被选择的调解机构和仲裁机构按其收费标准向纠纷当事人收

① 参见《进口商品纠纷案增多,多家跨境电商遭杭州互联网法院“点名”》,载澎湃网 2019 年 3 月 19 日,https://www.thepaper.cn/newsDetail_forward_3158627。

取费用，该平台本身不向纠纷当事人收取平台使用费。[①] 该平台是深圳市众信电子商务交易保障促进中心设立的，后者是"经政府依法授权和委托，承担电子商务可信交易环境建设的第三方公共服务机构"。

由于跨境电商 B2C 纠纷的金额普遍较小，当事人的付费能力和付费意愿有限，以跨境电商 B2C 纠纷为处理对象的 ODR 平台几乎不可能完全依赖市场维持运行。因此，国家介入 ODR 平台建设不失为一种有效的思路。[②] 然而，从本书第四章第三、四节介绍的域外 ADR/ODR 实践经验来看，公共资金更宜为处理基础设施以及公共服务相关纠纷的 ADR/ODR 机构提供资金支持，处理跨境电商交易纠纷的 ODR 平台更宜从行业协会或行业企业得到资金支持，原因在于：第一，电子商务较传统线下交易有诸多优越性（在线、远程等），也因此更容易产生纠纷，解决此类纠纷的成本由电子商务行业承担而非由社会整体承担更具有正当性，否则线下商业将处于更不利的竞争地位；第二，行业 ODR 平台在承担个案处理功能的基础上，还可以对行业有进一步的贡献，即分析和梳理已处理的大量个案，发现被投诉企业的商品和服务存在的共性问题并进行反馈，促进本行业商品质量和服务水平的提升。[③] 因此，我国的跨境电子商务行业协会或行业组织应该从资金上支持跨境电商 B2C 纠纷的 ODR 平台。[④]

ODR 结果的执行难题是困扰 ODR 发展的重要因素。第三章的分析显示：跨境电商 B2C 纠纷的在线裁决书虽然在理论上可以依据《纽约公约》得到跨国承认和执行，但实践中因其成本过高而无法得到运用；跨境电商 B2C 纠纷通过在线调解所达成的协议无法通过《新加坡调解公约》得到跨国承认和执行。因此，跨境电商 B2C 纠纷 ODR 的结果只能依赖私人执行机制，具有行业背景的 ODR 平台可以依赖行业协会采取信誉标记等制度保障其结果的执行。例如，跨境电商行业协会可以公布本行业的诚信企业名单，并将企业是否执行跨境电

---

① 进驻该 ODR 平台的人民调解委员会依法不向纠纷当事人收取任何费用；人民调解组织之外的第三方组织/机构的值班律师、调解员所提供的法律帮助、咨询、指引及调解服务等，可能会产生相应的费用，收费标准由第三方组织/机构制定；仲裁机构按其收费标准收费；相关费用均与该 ODR 平台无关。参见《在线纠纷解决（ODR）服务平台注册服务协议》，第 7 条、第 12 条，载众信在线纠纷解决服务平台网，https://www.globalodr.com/Account/Register，2022 年 2 月 28 日访问。

② 参见刘哲伟：《国家介入：我国 ODR 建设的新思路》，载《网络法律评论》2009 年。

③ 详见第四章第一节第四部分关于"平台在何程度上致力于促进商品质量或服务水平的提升"的相关分析。

④ 行业协会对 ODR 平台的资金支持有多种模式，详见第四章第一节第二部分关于"行业资金或者公共资金的支持"的相关分析。

商 ODR 平台的纠纷处理结果作为判断企业是否诚信的重要指标。

（二）邀请境内外的消费者保护组织对 ODR 平台的运营进行监督

行业资金支持的 ODR 平台的独立性容易受到质疑。对此，可以从两方面入手，以维持此类 ODR 平台的独立性和纠纷解决程序的公正性：一是在内部组织管理机构的架构上增加对平台运营主管部门的制约因素，二是对裁判人员的组成和任职资格提出要求。①

在内部组织机构的设置上，ODR 平台可以设置专业咨询委员会，负责参与 ODR 程序规则的起草和修改、调解员或仲裁员的资格确定、平台年度报告的讨论和通过、平台公示信息的监督等，以确保 ODR 程序的公正性。专业咨询委员会的成员应包括行业企业的代表、行业协会的代表、消费者组织的代表等，并且消费者组织代表的人数应不少于电商行业企业与行业协会代表的总数。以解决跨境电商进口的 B2C 纠纷为主要任务的 ODR 平台，应邀请境内的消费者保护组织加入平台的运营和监督。以解决跨境电商出口的 B2C 纠纷为主要任务的 ODR 平台，应邀请境外的消费者保护组织（特别是主要目标市场所在的国家和地区的消费者保护组织）加入平台的运营和监督。

境外消费者保护组织参与对 B2C 跨境电商 ODR 平台运营的监督，不仅有利于平台保持独立性，帮助平台在境外消费者心目中树立良好的印象，还有利于加强境外消费者保护组织与我国跨境出口电商的沟通，帮助后者免于触犯消费者所在地的法律。

（三）加强 ODR 平台的宣传，鼓励 B2C 跨境电商积极加入行业协会发起的 ODR 机制

欧盟 ODR 平台的功能设定和程序架构均比较合理，但前两年的运行数据却不尽如人意，其原因很大程度上在于纠纷当事人对 ADR 与欧盟 ODR 平台的认知不足，以及商家的配合度不够高。② 目前，尽管我国已经有仲裁机构提供在线仲裁和在线调解服务，如中国国际经济贸易仲裁委员会、广州仲裁委员会、武汉仲裁委员会都提供在线仲裁服务并配有在线仲裁规则，其裁决作出的期限普遍较线下裁决短、收费较线下仲裁低，却都没有成为主流的 B2C 跨境电商平台或自营电商的选择。其原因可能在于此类在线仲裁平台的宣传不足，也可能是

---

① 详见第四章第一节第二部分关于“平台独立性的维持”的相关分析。

② 详见第一章第二节第四部分关于“《欧盟 ADR 指令》和《欧盟 ODR 条例》合并实施的效果”的分析。

我国的跨境电商现阶段更加关注交易数量的增加以及内部纠纷解决机制的作用,而忽视了外部纠纷解决机制的重要性。因此,加强 ODR 平台的宣传必不可少。

目前,我国的 B2C 跨境电商对于选择合适的外部纠纷解决机制似乎不甚在意。例如,如果不满意平台纠纷解决机制的处理结果,天猫国际的消费者只得去中国香港国际仲裁中心仲裁,①考拉海购的消费者只得提交中国国际经济贸易仲裁委员会进行常规仲裁而非后者提供的网络仲裁,环球易购的 gearbest 则没有给境外消费者提供非诉纠纷解决的选项。这种现状与我国 B2C 跨境电商 ODR 供给的不足不无关系,也与跨境电商对该问题的重视程度有关。从跨境电商行业的长远发展考虑,跨境电商企业应当重视消费者纠纷的外部解决。此类外部解决机制的构建,需要跨境电商行业协会的支持。行业协会不仅可以在资金上支持 ODR 平台的建设,还可以采取各种措施鼓励跨境电商选择此类 ODR 平台解决纠纷。

---

① 参见《天猫国际争议处理规范》第 48 条,载天猫国际网 2019 年 10 月 19 日,https://rule.tmall.hk/rule/rule_detail.htm? id = 1519&tag = self。

附　录

电子解决跨境电子商务消费者纠纷的［示范法/合作框架］草案

1. 目的

该示范［法律/合作框架］（以下简称《［示范法/合作框架］草案》）是由国家发起的，旨在帮助跨境电子商务纠纷以在线纠纷解决的方式加以处理的倡议（以下简称 ODR 倡议）。ODR 倡议旨在为跨边境、跨语言以及跨不同法域的小额消费者纠纷提供快速的电子解决和执行，以增强消费者的信心。

ODR 倡议拟创建一个多国电子系统，以便为小额消费者索赔提供谈判、调解和仲裁。根据 ODR 倡议，消费者（“买方”）可以针对在另一参加国注册的卖方在线提出跨境投诉。在程序的第一阶段，买方和卖方可以通过电子手段互相交换信息和建议，并协商具有约束力的解决方案。如果双方无法达成协议，则由卖方所在地的政府机构或者政府授权实体指定适格的在线纠纷解决（ODR）提供商对案件进行仲裁并作出有约束力的裁决。

ODR 倡议的设想是对购买者免费，对卖方不贵。其制度设计还包括监督卖方和 ODR 提供者遵守《［示范法/合作框架］草案》的内容。

2. 示范规则

参与本ODR倡议的美洲国家组织成员国同意使用本《[示范法/合作框架]草案》附录Ⅰ所附的《电子解决跨境电子商务消费者纠纷的示范规则》(以下简称示范规则),以解决根据本ODR倡议提出的申诉。

3. 网络和中央网站

3.1　通过或加入本《[示范法/合作框架]草案》的美洲国家组织成员国,(将/有意)加入跨境电商纠纷解决网络,为此,该国需实施共同商定的在线纠纷解决互惠程序,并向消费者提供有关跨境电子商务纠纷解决的信息。

3.2　该网络的中央数据交换中心和管理者(以下简称中央数据交换中心)应努力提供一个安全的网站和数据库,用于存储与本ODR倡议所涵盖的申诉有关的信息。

3.3　中央数据交换中心将尽最大努力在其网页上维护来自参加国的卖方列表,这些卖方已同意将其列在该网页,并同意针对他们进行纠纷处理或仲裁。中央数据交换中心应根据参加国的国家管理员所提供的信息维护此列表。

3.4　消费者通过中央数据交换中心的网站提出申诉后,启动或谈判阶段应由软件自动管理,而无须人工介入。如果该申诉进入仲裁阶段,则中央数据交换中心应确保相关文件被发送给指定的ODR提供者。

4. 中央数据交换中心的运行

4.1　中央数据交换中心应由美洲消费者纠纷解决委员会(以下简称ODR委员会)组成,该委员会应对本倡议提供总体指导和监督,[美洲国家组织国际法部/其他指定机构]的[办公室名称]应在ODR委员会的指导下努力提供网站、数据库以及行政支持和协调。

4.2　ODR委员会应由每个参加国的代表组成。

4.3　ODR委员会的成员将在每个自然年度的年初选举一位主席。ODR委员会应尝试每月至少召开一次现场或电话会议。

4.4　在本ODR倡议启动后的两年内,ODR委员会应尽力起草一份报告,详细说明ODR倡议的相关活动以及本文件所构建的跨境消费者纠纷解决机制的重要进展。ODR委员会应将委员会报告的副本发送给参加国的消费者主管机构。

5. 消费者主管机构和国家管理员

5.1　参加国应指定一个本国消费者保护机构(简称消费者主管机构)来监督ODR倡议在本国的实施情况。消费者主管机构[应当/可以]是主要承担反欺诈、反误导消费者或者反不公平商业行为的法律实施任务的本国公共机构，并有权(a)进行调查或(b)进行执法程序，或(c)两者兼而有之。

5.2 每个消费者主管机构应建立或指定国家管理员，以监督本 ODR 倡议涵盖的跨境电子商务消费者纠纷的进展、解决和执行。国家管理员可以是消费者主管机构的一部分，也可以是另一个实体，但无须为政府机构。

6. ODR 提供者

6.1 每个国家管理员[应/应尽最大努力]维护一份愿意根据本 ODR 倡议的条款解决纠纷的独立 ODR 提供者的列表。在将 ODR 提供者纳入该列表之前，国家管理员应要求 ODR 提供者提交书面证明(以下简称 ODR 提供者证明)，以证明其(1)符合“电子商务与国际消费者全球商业对话”的《替代性纠纷解决指南》(以下简称《ADR 指南》)对 ADR 服务提供者的建议；(2)承诺遵守《示范规则》。国家管理员[应/应尽其最大努力]至少每月向中央数据交换中心更新一次选择将其名字公布在中央数据交换中心网站的卖方列表信息。

6.2 在根据《示范规则》第 5.1 条转介给 ODR 提供者的个案结束时，ODR 提供者应向中央数据交换中心报告，该争端是否已通过谈判解决、放弃或产生了仲裁裁决。

6.3 在单个纠纷解决程序结束时，中央数据交换中心应要求买方完成针对处理该纠纷的 ODR 提供者的简短且自愿的在线反馈表(见附录Ⅳ)。国家管理员[应/应尽其所能]定期审查对在线反馈表的答复，以监督根据 6.1 条列出的 ODR 提供者是否遵守了《ADR 指南》和《示范规则》。

6.4 如果 ODR 提供者有违反《ADR 指南》或《示范规则》之嫌，则国家管理员应给予 ODR 提供者解释的机会，并在 30 天内补救，或者在有正当理由时尽快补救。如果 ODR 提供者未这样做，则国家管理员应将其从官方列表中删除，并在 15 天内通知中央数据交换中心。

7. 保密和报告要求

7.1 除第 7.3 条规定或参加国法律另有规定外，买方或卖方根据本 ODR 倡议向任何 ODR 提供者所提交的所有信息或文件均应保密。

7.2 中央数据交换中心以及每位国家管理员，(应/应尽最大努力)设计和实施一个系统，以便有关他们、买方、卖方和 ODR 提供者的通信和信息交换得以安全的电子方式进行，以防止保密信息的泄露。

7.3 消费者主管机构可以在他们被授权进行的任何调查过程中，请求国家管理员和 ODR 提供者提供参与卖方的信息，ODR 提供者可以向买方和卖方所在地的国家管理员或消费者主管机构提示可能存在的欺诈。此外,ODR 提供者必须应收集以下汇总信息,并在每年的 6 月和 12 月底之前将该信息提交给各自的本国管理员:

a. 分配给他们的纠纷数量;

b. 被放弃的纠纷数量;

c. 通过和解解决的纠纷数量;

d. 通过仲裁解决的纠纷数量;

e. 通过货币补偿买方的纠纷数量;

f. 买方索求与和解协议金额的平均比率;

j. 买方索求与仲裁裁决金额的平均比率;

h. 有利于买方的金钱裁决的范围和平均值;

i. 要求卖方采取某些纠正措施(不包括金钱赔偿)的纠纷数量以及此类纠纷中涉及的纠正措施的类型;

j. ODR 提供者从收到申诉到出具裁决书为止的时间范围和平均耗时;对于被放弃的案件,计时至申诉被放弃为止。

7.4 中央数据交换中心[应/应尽最大的努力]汇编从列出的 ODR 提供者收到的数据,并在每年 3 月底之前提交涵盖上一个自然年度的报告。该报告应包括国家管理员反馈的信息,包括买方对 ODR 提供者的反馈概况(见第 6.3 条)。

8. 参与的卖方

8.1 国家管理员应鼓励本国的卖方签订协议,以便被列示在中央数据交换中心的网站,并按其程序处理或仲裁针对自己的申诉。卖方应仅向其主要营业地所在国的国家管理员进行注册。

8.2 在参加国的卖方加入 ODR 倡议之前,必须向国家管理员提供书面证明,证明其将:

a. 参加本《示范法》/《合作框架》和《示范规则》所规定的纠纷解决程序,并通过清单中的 ODR 提供者处理申诉;

b. 在自己的网站以及中央数据交换中心的网站上被列为参与 ODR 倡议的卖方;

c. 向国家管理员提供更新的联系信息,以便后者向其通知申诉或其他情况;

d. 及时满足正式达成和解协议和作出裁决的要求;

e. 赔偿买方[追偿成本/违约金],以补偿其因仲裁裁决未获履行而采取的任何额外行动的费用;

f. 仅在向中央数据交换中心及其国家管理员提供电子邮件通知后的 30 个自然日,才退出纠纷解决程序,并将自己的网站上的参与信息予以删除;

g. 退出后,对于因在卖方参与本倡议期间内的消费者交易所引起的纠纷,仍继续参与纠纷解决程序。

8.3 每个国家管理员[将/应尽最大努力]维护并在其网站上发布一份最新的参与卖方清单。每个国家管理员应监督卖方认证的遵守情况。如果卖方未遵守卖方认证,则国家管理员应通知卖方并允许其在合理的时间内恢复到遵守状态。如果卖方未能在合理的时间内改正,则国家管理员应将该卖方从其参与名单中除名,并且[将/应尽最大的努力]立即通知相关的消费者主管机构和中央数据交换中心。

8.4 卖方[将/可能]因参与本程序以及为本程序下的每个案件而被收取适度的合理费用。请参阅《示范规则》第 9 条。卖方应直接将这些费用支付给[国家管理员/中央数据交换中心]。

9. 仲裁裁决和协议的执行

9.1 仲裁裁决为终局,对纠纷的所有当事人均具有约束力,仅对当事人具有最高[10,000 美元]的排他性效力,但应根据适用于该裁决的国内法进行审查。

9.2 卖方母国的国家管理员或消费者主管机构可以采取其认为适当的措施,包括采取直接的执法行动,非政府或私人的标准监督/实施机构请求支付网络提供协助,或者将案件转给收款机构,以促使卖方遵守根据《示范法》作出的仲裁裁决。

9.3 除法律要求或适用本《[示范法/合作框架]草案》之规定所必需,不应审查仲裁裁决的实体问题。

10. 定义

为本《[示范法/合作框架]草案》以及附录 I《示范规则》之目的:

10.1 "仲裁裁决"是指根据《示范规则》作出的任何仲裁裁决。

10.2 "企业对消费者交易"是指卖方与消费者之间等价的商业交易。

10.3 "中央数据交换中心"是指提供持续的数据库、网站和管理支持的整个 ODR 流程的协调员。

10.4 "消费者"或"买方"是指为个人、家庭或居家用途(而非转售或其他商业活动)而进行消费者交易的自然人。

10.5 "消费者主管机构"指每个参加国指定的消费者保护政府机构,负责监督《[示范法/合作框架]草案》条款在各自国家的执行情况。

10.6 "消费者国"指缔约国,卖方在该国提供服务,交付或应该交付或提供消费者所购买或租赁的物品。

10.7 "消费者交易"指消费者与卖方之间的交易。

10.8 "所涉及的法院"指法庭、机构或专家小组,无论其名称为何,均应由卖方所在国授权承认和执行仲裁裁决,并由买方或国家指定机构向其提供此类仲裁裁决以供其承认或执行。

10.9 "电子商务"指通过计算机连结的网络所进行的交易。

10.10 "经济危害"指消费者在消费者交易中承受的实际金钱损失。

10.11 "国家管理员"指消费者主管机构指定的实体,用以管理跨境电子商务纠纷的进展、解决和执行。

10.12 "ODR 委员会"指美洲消费者纠纷解决委员会,由来自每个参加国的代表组成。

10.13 "抵销"指针对在有关交易中引起的全部或部分消费者索赔的抗辩,但不包括其他交易下的欠款。

10.14 "卖方"指作为其商业或专业活动的一部分而参与消费者交易的自然人或法人。

10.15 "卖方国家"指卖方主营业地所在的、合同订立地国家。

10.16 "文书"和"书面"包括物理和电子形式的数据消息,只要其中包含的信息可供当事人和仲裁员随后援用。

附录 I:电子解决跨境电子商务消费者纠纷的示范规则草案

1. 目的

本规则旨在与美洲国家组织《[示范法/合作框架]草案》(由国家发起的 ODR 倡议)合并使用,以帮助解决跨境电子商务纠纷。本规则旨在通过在线谈判、调解或仲裁的方式简单、透明、迅速且低成本地解决纠纷。

2. 申诉的类型

2.1 本规则仅适用于涉及企业对消费者交易的合同纠纷,并且:

a. 买方索赔的金额不超过[10,000 美元]或等值的其他货币,卖方提出的任何抵销请求也不超过此限。

b. 交易之时在一个缔约国内拥有住所或者合法居住的买方与在另一缔约国国内从事商业并进行交易的卖方之间发生纠纷;且

(1)索赔涉及未按照交易时达成的协议将所售货物、所租赁货物或应提供的服务进行交付,未及时交付,未适当收费或借记,未提供给买方或其指定人;

(2) 与交易有关的虚假陈述合理地影响到消费者订立交易的决定;

(3)双方早些时候已经按照本程序达成和解,但卖方未能遵守和解协议。

2.2　附录Ⅱ(电子启动表格)穷尽式地列举了买方在第 2.1 条下可以提出的索赔事由。

2.3　本规则中的任何规定均不得解释为限制买方采取其他补救措施(例如第三方组织或支付系统提供的不具约束力的调解、仲裁或保护程序)的自由。

2.4　本规则中的任何规定均不得解释为剥夺买方或卖方在国家救济渠道之前提出超出本节确定的索赔范围的任何索赔的权利。

3. 卖方接受程序

3.1　买方可以使用本程序对卖方提出索赔,只要后者已根据《[示范法/合作框架]草案》第 8 条同意用本程序处理/仲裁针对自己的申诉。

4. 在线启动/谈判阶段

4.1　买方只能在付款后 6 个月内,或者合同约定的产品或服务交付日后 6 个月内(以较晚者为准)启动本程序。对于分期付款销售,买方只能在购买日或者合同约定的产品或服务的交付日起 6 个月内(以较晚者为准)启动本程序。如果根据本规则第 2.1(b)(3)条对未得到履行的和解协议提出诉请,则买方可以在和解协议规定的完成日后 3 个月内重新启动案件。买方可以从和解协议最终达成时案件所处的程序阶段重新开始案件。

4.2　为了开始本程序,买方必须访问中央数据交换中心网站,并在那里填写在线启动表格。见《[示范法/合作框架]草案》第 5.3 条以及附录Ⅱ。

4.3　买方在在线启动表格上陈述他/她对事实的了解以及自己对解决纠纷的任何建议方案。

4.4　提交表格后,中央数据交换中心会自动将新申请中收集的信息发送给国家管理员和卖方。发送此通知后,卖方将在 7 个自然日内做出回应。

4.5　如果卖方未在 7 天内响应,则视为卖方拒绝谈判,案件将自动进入在线仲裁阶段。

4.6　如果卖方在 7 天之内回应了谈判的邀请,并接受了买方提出的解决方案，则会自动向买方发送一条消息，以证明协议已达成、该案已了结。系统将生成一份正式记录在线和解内容的协议，并将其发送给双方当事人。

4.7　如果卖方在7天之内回应了谈判的邀请，但不接受买方提出的解决方案，则卖方仍将有机会陈述自己对事实的了解以及解决纠纷的任何建议方案。

4.8　如果买方未接受卖方提出的任何解决方案，则双方可以继续谈判，或经任何一方请求，案件将移至在线仲裁阶段。

4.9　买方提交在线启动表格后，双方将有20个自然日进行谈判，并按其意愿尽可能多地交换提议和信息。如果双方未能在20天内达成和解，则将发送短信给他们，使他们有机会进入下一阶段或终止程序。

5. 在线仲裁阶段

5.1　如果买方通过电子方式书面决定进行在线仲裁，则卖方所在国的国家管理员将从中央数据交换中心维护的ODR提供者列表中选择一个在线ODR提供者。仲裁地为卖方所在国。

5.2　ODR提供者通过任命一名在线仲裁员并以电子通信将其姓名及任何披露信息通知当事各方，进行在线仲裁。当事人可在任命通知后48小时内反对该仲裁员的任命。如果ODR提供者在48小时内未收到反对意见，则仲裁员得以确认。如有异议，ODR提供者将在48小时内邀请另一方提供电子意见，然后再次确认仲裁员或任命新的仲裁员。

5.3　一旦任命了在线仲裁员，中央数据交换中心应使仲裁员能够访问有关买方或卖方根据这些程序所发送的有关本纠纷的所有信息。

5.4　然后，在线仲裁员应根据所提交的信息对案件进行评估，并确定纠纷是否可以在仲裁员的协助下和解。如有可能，则仲裁员可以与买方和卖方进行通信以尝试达成协议。如果双方达成协议，仲裁员应据此作出裁决。

5.5　如果无法通过双方协议/和解达成解决方案，则在线仲裁员将为当事人提供最后的机会和最后期限，以解释当事人对当前问题的看法，并提供他们认为相关的最后信息。

5.6　在特殊情况下，在线仲裁员可以要求当事人提供其他书面证据。

5.7　除本节另有规定外，在线仲裁应在仲裁员被任命后或者在提出异议的情况下仲裁员得到再次确认后的20天内以裁决的方式完成。在特殊情况下，ODR提供者可以代表在线仲裁员向国家管理员请求延期裁决。

5.8　除非在线仲裁员另有指示，否则所有通讯均将以电子形式进行。

6. 裁决

6.1　在线仲裁员对索赔作出裁决时,应审查所有文件和声明,作出一个适当的最终决定。在作出决定时,仲裁员应考虑买方在(请求)清单中所选择的请求,相关的事实和情况,以及合同的条款和条件。如果无法从合同条款中得出结论,则仲裁员应在公平的基础上,基于对这些规则的解释并且不参考或者不要求证明准据法,裁决请求并给予救济。在给予救济时,仲裁员可以依照本规则下令付款,退还产品或服务,和/或更换产品或服务。仲裁员在计算经济损失时应考虑到买方因交易而保留的任何经济价值。仲裁员可以使用同一笔交易产生的卖方索赔来减少或抵销卖方所欠的金额,但当反诉超过买方诉请时不得就超过的部分为卖方提供救济。索赔是否涉及虚假陈述[见第 2.1(b)(ii)条],应根据卖方广告合理产生的印象来确定,隐藏的免责声明不应阻止广告被视作虚假陈述。仲裁员应将根据本规则谈判达成的、双方同意的和解协议[见第 2.1(b)(iii)条]视为双方之间的合同。

6.2　在线仲裁员应在双方当事人提交最后意见后的 7 天内,或者在国家管理员根据第 5.7 条授权的期限内,使用附录Ⅲ的表格提交裁决。该裁决将自动以电子方式发送给双方。未能遵守该期限不构成质疑该裁决的依据。

6.3　在线仲裁员的裁决为终局裁决,对双方均具有约束力,并且为执行之目的应构成适当签署的裁决。根据本规则进行仲裁的各方应被视为已同意,在具有相应管辖权的任何法院请求下令执行仲裁裁决。

6.4　一旦在线仲裁员作出裁决并通知当事各方,除非仲裁裁决另有指示,否则卖方将有 7 天的时间遵守结果。

6.5　中央数据交换中心将要求买方确认卖方已经遵守了在线仲裁员决定的内容。

6.6　如果买方声明卖方在第 6.4 条规定的期限内未遵守仲裁裁决的义务,则买方、卖方所在国的国家管理员或消费者主管机构可以依据《示范法/协作框架》第 9 条采取措施执行该裁决。

7. 代表与协助

当事人可以选择由他人代表或协助。律师的代理应被允许,但不是强制性的。

8. 语言

在线调解/仲裁应以与交易相关的语言进行,除非在纠纷发生后双方同意使用另一种语言。如对交易所使用的语言有分歧,仲裁语言应由在线仲裁员确定。

9. ODR 费用

如果案件指定了在线仲裁员，则卖方将被收取适度的合理费用。付款将直接支付给中央数据交换中心/国家管理员。见《[示范法/合作框架]草案》第8.4条。

亚太经合组织关于跨境 B2B 纠纷《ODR 协作框架》的示范程序规则

Ⅰ. 介绍性规则

第1条　适用范围

1. 本规则适用于企业对企业的纠纷，前提是销售或服务合同的当事方约定与该交易有关的纠纷应根据本规则解决，并且该纠纷属于本规则的范围。本规则不适用于消费者交易。

2. 本规则应适用于 ODR 程序，当事人可协议修改本规则的内容；如果当事人拟修改的内容与 ODR 程序准据法中不允许当事人减损的法律规定相冲突，则该法律规定优先。

第2条　定义

为本规则之目的：

1. "ODR"或网上纠纷解决是通过使用电子通信以及其他信息和通信技术解决纠纷的一种机制。

2. "ODR 提供者"是根据本规则管理和协调 ODR 程序的机构，包括在适当情况下管理 ODR 平台。

3. "ODR 平台"是根据本规则生成、发送、接收、存储、交换或以其他方式处理通信的系统。

4. "申请人"是根据本规则启动 ODR 程序的任何当事人。

5. "被申请人"是通知所针对的任何一方当事人。

6. "消费者交易"是为个人或家庭目的订立的合同。

7. "通信"是以电子、磁力、光学或类似手段生成、发送、接收或储存的信息为手段的任何通信（包括声明、要求、通知、答复、提交、通知或请求）。

8. "电子地址"是网上纠纷解决程序各当事方指定用于交换与该程序有关的通信的信息系统或其部分。

第3条　通信

1. ODR程序过程中的所有通信均应通过ODR平台发送给ODR提供者。

2. 根据第1款向ODR提供者所发出的通信,如果经ODR提供者根据第4款通知各当事方其可用性,应被视为已接收。

3. 对于来自当事人或中立人的电子地址的任何通信,ODR提供者应迅速确认已收到。

4. ODR提供者应迅速通知当事人或中立人,在ODR平台上向该当事人或中立人发出的任何通信已经可用。

5. ODR提供者应迅速通知所有当事人和中立人谈判程序的结束、调解程序的开始、调解程序的结束以及仲裁程序(如有)的开始。

Ⅱ. ODR程序的启动

第4条　通知

1. 申请人应根据第4款向ODR提供者发出通知。该通知应尽可能附有申请人所依赖的所有文件和其他证据,或包含这些文件和证据的出处。

2. ODR提供者应当及时通知被申请人该通知在ODR平台上已可用。

3. 继第1款规定的给ODR提供者的通知发出后,ODR提供者通知当事人该启动通知在ODR平台上已可用,则视为ODR程序启动。

4. 该通知应包括:

(a)申请人的姓名和指定电子地址,以及被授权在ODR程序中代表申请人行事的申请人代表(如有)的姓名和指定电子地址;

(b)申请人知道的被申请人以及被申请人的代表人(如有)的姓名和电子地址;

(c)提出索赔所依据的理由;

(d)解决纠纷的任何提议;

(e)申请人希望使用的程序语言;

(f)申请人以及(或者)申请人代表的签名,或者其他身份识别和认证手段。

第5条　答复

1. 被申请人应在收到ODR平台上的通知后7日内,根据第2款向ODR提供者发送对通知的答复。答复应尽可能附有申请人所依赖的所有文件和其他证据,或包含这些文件和证据的出处。

2. 答复内容应包括：

(a)被申请人和在 ODR 程序中被授权的被申请人代表(如有)的姓名和指定的电子地址；

(b)对提出索赔所依据的理由的答复；

(c)为解决争端提出的任何解决办法；

(d)被申请人和(或)被申请人代表的签名或其他识别和认证手段；

(e)载有提出反诉依据的任何反诉通知。

3. 被申请人可以在提交通知时提供任何其他相关信息，包括支持其答复的信息，以及与寻求其他法律救济有关的信息。

Ⅲ. ODR 程序的阶段

第 6 条　谈判阶段

1. 答复不包括反诉的，应在向 ODR 提供者发出答复并将其通知申请人后开始谈判阶段。答复确实包括反诉的，谈判阶段应在申请人就该反诉发出答复并将其通知被申请人后，或者在第 5 条规定的答复期限届满后(以较早者为准)开始谈判阶段。

2. 程序的谈判阶段应包括当事方之间通过 ODR 平台进行谈判。

3. 如果被申请人未在第 5 条第 1 款规定的期限内按照该条第 2 款所附表格向 ODR 提供者发送对通知的答复，或者一方或双方当事人请求将程序转入程序调解阶段，或者一方当事人选择不参与程序的谈判阶段，则应立即启动 ODR 程序的调解阶段。

4. 如果各当事方在程序谈判阶段开始后的 10 日内未通过谈判解决纠纷，应立即开始 ODR 程序的调解阶段。

5. 当事方可以同意一次性延长达成和解的最后期限。但是，这种延期不得超过 10 日。

第 7 条　调解阶段

1. ODR 程序的调解阶段开始后，ODR 提供者应根据第 11 条迅速指定一名中立人，并向各当事方告知根据第 11 条第 1 款规定的任命以及第 3 款规定的调解阶段期满的最后期限。

2. 指定后，中立人应与当事方沟通以试图达成和解协议。

3. 如果当事方在接到根据第 11 条第 1 款指定中立人的通知后 10 日内未通

过调解解决纠纷，ODR 程序应根据第 8 条进入程序的最后（仲裁）阶段。

第 8 条　仲裁阶段

1. 调解阶段结束时，中立人应着手向各当事方发送最后通信的日期。该日期应不迟于调解阶段结束后 10 日。

2. 各当事方都有责任证明其主张或抗辩所依据的事实。

3. 中立人应根据当事方提交的信息对纠纷进行评估，并作出裁决。ODR 提供者应将裁决通知当事方，并将裁决记录在 ODR 平台上。

4. 裁决应以书面形式作出，由中立人签署，并应注明作出裁决的日期和仲裁地点。

5. 对于第 4 款的要求：

（a）如果裁决所包含的信息可以被事后查阅，则视为满足对裁决书面形式的要求；

（b）如果使用数据来识别中立人的身份并表明其认可裁决所含的信息，则满足对裁决应被签署的要求。

6. 裁决书应说明其依据的简要理由。

7. 应迅速作出裁决，最好是在 ODR 提供者确定的程序节点后 10 日内作出。

8. 经所有当事方同意，或在法律义务要求一方当事人披露的条件和程度内，或为保护或追求合法权利，或在由法院或其他主管当局主持的法律程序中，裁决可被公布。

9. 该裁决为最终裁决，对当事方具有约束力。当事方应毫不拖延地履行裁决。

10. 在所有案件中，中立人应根据合同条款作出决定，决定时应考虑到任何相关事实和情况，以及适用于本交易的任何贸易惯例。

11. 中立人应适用当事人指定的适用于纠纷实体问题的法律规则。如未指定，则中立人应适用其认为合适的法律。

12. 只有在当事人明示授权中立人作为友好调解人或者以公平善意为原则作出决定时，中立人才应据此作出决定。

第 9 条　裁决书的更正

在收到裁决书后 5 日内，一方当事人可通知另一方当事人，请求中立人更正裁决中的任何计算、文书、排版错误或类似性质的任何错误或遗漏。中立人认为请求有正当理由的，应在收到请求后 2 日内作出更正，包括简要说明理由。

此类更正应在 ODR 平台上记录在案,并构成裁决的一部分。中立人可以在裁决发出后 5 日内主动作出此种更正。

第 10 条 和解

在 ODR 程序的任何阶段达成和解的,应在 ODR 平台上记录此种和解条款,届时,ODR 程序将自动终止。

Ⅳ. 中立人的指定、权利和职能

第 11 条 中立人的指定

1. ODR 提供者应在程序调解阶段启动后迅速指定中立人。指定中立人后,ODR 提供者应立即将中立人的姓名和与该中立人有关的任何其他相关信息或识别信息通知当事方。

2. 中立人接受指定,即确认其能够投入必要的时间,按照本规则规定的时限认真、高效地进行 ODR 程序。

3. 中立人应在接受指定时声明其公正性和独立性。中立人自被指定之时起和在整个 ODR 程序期间,应毫不迟延地向 ODR 提供者披露可能对其公正性或独立性产生合理怀疑的任何情形。ODR 提供者应迅速将此类信息告知当事方。

4. 任何一方当事人均可(i)在中立人指定通知后的 2 个自然日内对其指定提出异议,且无须说明理由;或者(ii)在 ODR 程序期间的任何时候,在其注意到可能对中立人的公正性或独立性产生合理怀疑的事实或事项时,随时对中立人的指定提出异议,并说明引起此种怀疑的事实或事项。

5. 一方当事人根据第 4 款第(1)项对指定中立人提出异议的,该中立人应自动被取消资格,由 ODR 提供者指定另一名中立人代替。任何一方当事人在每次发出指定通知后,最多可以对中立人的指定提出 3 项异议,此后,ODR 提供者对中立人的指定将成为最终的指定,但须符合第 4 款第(ii)项的规定。或者,在任何指定通知发出后 2 日内未提出异议的,该指定将成为最终指定,但须符合第 4 款第(ii)项的规定。

6. 一方当事人根据第 4 款第(ii)项对指定中立人提出异议的,ODR 提供者应在 3 日内就是否更换该中立人作出决定。

7. 任何一方当事人均可在中立人最终指定后 3 日内,反对 ODR 提供者向中立人提供谈判阶段产生的信息。该 3 日期限届满后,在无任何异议的情况下,ODR 提供者应将 ODR 平台上现有的所有信息转交给中立人。

8. 中立人的人数应为 1 人。

第 12 条　中立人的辞职或更换

中立人在 ODR 程序期间辞职或不得不更换的,ODR 提供者应根据第 11 条指定一名中立人接替其职务。ODR 程序应在被替换的中立人停止履行其职能的阶段恢复进行。

第 13 条　中立人的权利

1. 在遵守本规则的前提下,中立人可以以其认为适当的方式进行 ODR 程序。

2. 中立人在行使本规则规定的职能时,应当进行 ODR 程序,以避免不必要的拖延和费用,并为解决纠纷提供一个公平有效的程序。在这样做时,中立人应始终保持完全独立和公正,并应平等对待双方当事人。

3. 除根据第 11 条第 8 款提出的任何异议外,中立人应根据 ODR 程序期间发出的所有通信进行 ODR 程序,其相关性应由中立人确定。ODR 程序应仅以这些材料为基础进行,除非中立人另有决定。

4. 在程序期间的任何时候,中立人可以请求或允许当事方在中立人确定的期限内提供补充资料、出示文件、证物或其他证据(根据中立人确定的费用和其他条件)。

5. 中立人应有权对自己的管辖权作出裁决,包括对任何将纠纷提交 ODR 的协议的存在或有效性提出异议。为此目的,构成合同一部分的纠纷解决条款应视为独立于合同其他条款的协议。中立人认定合同无效,不应自动导致纠纷解决条款无效。

6. 中立人在进行其认为必要的调查后,可酌情延长本规则规定的任何最后期限。

V. 一般规定

第 14 条　最后期限

ODR 提供者或相关情况下的中立人应在程序进行期间将所有相关期限通知当事方。

第 15 条　纠纷解决条款

纠纷解决条款应指定或者当事人协议确定 ODR 平台以及 ODR 提供者。

第 16 条　仲裁地点

当事方未确定仲裁地点的,ODR 提供者应在适当考虑案情的基础上选择仲裁地点。

第 17 条　适用程序的语言

ODR 程序应以根据本规则将纠纷提交 ODR 的协议的语言进行,如果没有这种协议,ODR 提供者应确定程序中使用的一种或多种语言。一方当事人在通知或答复中表示希望以另一种语言进行程序的,ODR 提供者应确定可供当事方选择的程序语言,ODR 程序应以当事方选择的一种或多种语言进行。

第 18 条　代表

一方当事人可以由其选定的一人或多人代表或协助。ODR 提供者必须将这些人的姓名和指定的电子地址以及代理权告知对方当事人。

第 19 条　责任的免除

除故意不当行为外,当事方在适用法律允许的最大限度内,放弃根据本规则规定的与 ODR 程序有关的任何作为或不作为而对 ODR 提供者和中立人提出的任何请求。

第 20 条　仲裁阶段的费用分配

仲裁费用原则上应由败诉的一方或多方当事人承担。但是,如果 ODR 提供者/仲裁员在考虑到案情的情况下认定分担费用是合理的,ODR 提供者/仲裁员可以在裁决书中对每项费用进行分摊。

第 21 条　费用的定义

"费用"仅包括:(1)中立人的费用由 ODR 提供者根据《ODR 框架》第 4.2 条确定;(2)中立人在仲裁阶段所需的专家咨询和其他协助的合理费用;(3)各方当事人在仲裁阶段发生的法律费用和其他费用;(4)ODR 提供者的任何费用和开支。

程序规则附录

合同的 ODR 示范条款

本合同所产生的任何纠纷、分歧或诉请,凡属于亚太经合组织 ODR 规则(规定以谈判、调解和有约束力的仲裁进行在线纠纷解决)调整范围的,均应根据现行有效的《亚太经合组织关于跨境 B2B 纠纷〈ODR 协作框架〉的示范程序规则》(简称《示范程序规则》)解决。

注：当事人应考虑增加：

(a)ODR 提供者为……[机构名称]

(b)中立人的人数为 1 人。

(c)仲裁地为……[城镇与经济体]

(d)仲裁程序使用的语言为……

根据《示范程序规则》第 13 条提交的独立性声明范本

本人不偏不倚，独立于每一方，并将持续如此。据我所知，过去或现在不存在任何可能使人对我的公正性或独立性产生合理怀疑的情况。如在 ODR 程序进行期间任何此类情况可能引起我的关注，我应迅速通知各方当事人以及任何其他中立人。

欧洲议会及欧盟理事会 2013 年 5 月 21 日关于消费者纠纷替代性纠纷解决及修订(EC)2006/2004 号条例和 2009/22/EC 号指令的 2013/11/EU 号指令

第 1 章　一般条款

第 1 条　主题事项

本指令的目的在于，通过实现高水平的消费者保护促进内部市场的正常运作，实现此目的的方式是确保消费者能够在自愿的基础上将其对商家的申诉提交给提供独立、公正、透明、有效、快速以及公平的替代性纠纷解决程序的机构。本指令无损强制要求参与此类程序的国内立法的效力，只要此类立法没有阻碍当事人行使其寻求司法救济的权利。

第 2 条　范围

1. 本指令适用于在欧盟设立的商家与在欧盟居住的消费者之间因销售或服务合同义务所致之纠纷相关的、由 ADR 机构介入的、国内以及跨境纠纷的法院外解决程序，该 ADR 机构提议或者制定一个解决方案，或者召集各方当事人以便协助当事人友好解决纠纷。

2. 本指令不适用于：

(a)负责处理纠纷的自然人由个别商家雇用或者完全由个别商家支付费用

的纠纷解决机构所提供的程序,除非成员国允许将此类程序作为本指令所规定的 ADR 程序,并且此类程序满足第Ⅱ章的要求,包括第 6.3 条所规定的独立性和透明度的具体要求;

(b)商家运营的消费者投诉处理体系以前的程序;

(c)涉及一般利益的非经济性服务;

(d)商家之间的纠纷;

(e)商家与消费者直接进行的谈判;

(f)诉讼过程中由法官主持的调解;

(g)商家对消费者提起的程序;

(h)医疗专业人士向病人提供的用于评估、保持或恢复病人健康的医疗服务,包括开处方、配药以及提供医药产品和医疗器械;

(i)继续或高等教育公共服务。

3. 本指令为 ADR 机构以及 ADR 程序确立统一的质量要求,以便在其实施后所有欧盟消费者得以获取高质量、透明、有效以及公平的法院外救济机制。成员国可以维持或者制定不同于本指令的规则,以确保更高水平的消费者保护。

4. 本指令确认,成员国有权决定在其境内设立的 ADR 机构是否有权力强行做出一个解决方案。

第 3 条　与其他欧盟法律的关系

1. 除非本指令另有规定,如果本指令的任何条款与其他欧盟法律中的、与消费者对商家提起的法院外救济程序相关的条款相冲突,则本指令的条款优先。

2. 本指令不影响 2008/52/EC 号指令。

3. 本指令第 13 条不影响与该条同时适用的其他欧盟法律中的、关于法院外救济程序的消费者信息的条款。

第 4 条　定义

1. 为本条之目的:

(a)"消费者"指为其贸易、商业、工艺或专业之外的目的行事的任何自然人;

(b)"商家"指为贸易、商业、工艺或专业之目的,以其名义或代表其行事的任何自然人或者法人,后者无论为私有或公有;

(c)"销售合同"指商家转让或者承诺转让货物所有权给消费者,并且消费

者支付或者承诺支付价款的合同,包括同时以货物和服务为标的的合同;

(d)"服务合同"指销售合同之外的、商家提供或者承诺提供服务给消费者并且消费者支付或者承诺支付价款的合同;

(e)"国内纠纷"指消费者订购货物或者服务时的居住地所在国与商家的设立地所在国为同一成员国的销售或者服务合同所导致的合同纠纷;

(f)"跨境纠纷"指消费者订购货物或者服务时的居住地所在国与商家的设立地所在国为不同成员国的销售或者服务合同所导致的合同纠纷;

(g)"ADR 程序"指第 2 条提及的、符合本指令要求并且由 ADR 机构实施的程序;

(h)"ADR 机构"指长期设立的、以 ADR 程序解决纠纷并且依据第 20.2 条被列入名单的机构,无论其名称如何;

(i)"主管当局"指成员国为本指令之目的指定或者设立的国家级、地区级或地方级公共权力机构。

2. 商家的设立地:

(a)如果商家为自然人,则为其经营地;

(b)如果商家为公司、其他法人、自然人联盟或法人联盟,则为其法定住所、管理中心地或者经营地,包括分支机构、代理机构或任何其他机构。

3. ADR 机构的设立地:

(a)如果该机构由自然人运营,则为该机构实施 ADR 活动的地点;

(b)如果该机构由法人、自然人联盟或法人联盟运营,则为该法人、自然人联盟或法人联盟实施 ADR 活动的地点或者法定住所;

(c)如果该机构由行政机关或者其他公共机构运营,则为该行政机关或者其他公共机构的所在地。

第 2 章　ADR 机构和 ADR 程序的可及性以及对 ADR 机构和 ADR 程序的要求

第 5 条　ADR 机构和 ADR 程序的可及性

1. 成员国应当促进消费者获取 ADR 程序,并应确保本指令适用范围内的、涉及在成员国境内设立的商家的纠纷能够被提交至符合本指令要求的 ADR 机构处理。

2. 成员国应确保 ADR 机构:

(a)维护一个及时更新的网站,为当事人提供可便捷获取的 ADR 程序信

息,以确保消费者能够在线提交申诉以及必要的证明文件;

(b)应当事人请求,用耐用的介质向当事人提供本款(a)项提及的信息;

(c)(如适用)确保消费者能够线下提交申诉;

(d)确保当事人能够用电子手段交换信息,或者(如适用)用邮寄手段交换信息;

(e)受理国内和跨境纠纷,包括524/2013号欧盟条例所涵盖的纠纷;

(f)在处理指令适用范围内的纠纷时,采取必要措施以便确保个人数据的处理符合ADR机构设立地的成员国实施《95/46/EC号指令》的国内立法所确立的个人数据保护规则。

3. 为履行其在第1款下的义务,成员国确保存在一个兜底性的ADR机构,用来处理第1款所提及的、但任何现有ADR机构均不受理的纠纷。为履行该义务,成员国可以借助在其他成员国设立的ADR机构,或者区域性、跨国性、泛欧洲的纠纷解决机构,只要该机构能够覆盖不同成员国的商家,并且无损该成员国履行其确保ADR机构充分覆盖以及可及性的义务。

4. 成员国可自行决定允许ADR机构保持或者制定拒绝受理特定纠纷的程序规则,拒绝的理由如下:

(a)消费者没有尝试联系商家以便讨论其申诉,并将寻求与商家直接解决问题作为第一步;

(b)该纠纷纯属无事生非或无理取闹;

(c)该纠纷正在或者此前曾经被另一ADR机构或法院处理;

(d)申诉请求的金额超出预设金额门槛的上限或者下限;

(e)消费者未在ADR机构规定的时限内提交申诉,该期限自消费者向商家提出申诉日起算不得少于1年;

(f)处理此类纠纷会严重损害ADR机构的有效运营。

如果根据ADR机构的程序规则,该机构不能处理提交给它的某个纠纷,则该ADR机构应自收到申诉文件起3周内向双方当事人解释不能受理纠纷的理由。

此类程序规则不得实质性损害消费者获取ADR程序的权利,包括消费者在跨境纠纷案件中的此项权利。

5. 如果成员国允许ADR机构预设金额门槛,以限制ADR程序的使用,则成员国应确保该门槛设置的高低程度不会实质性地阻碍消费者向ADR机构提交申诉。

6. 如果某 ADR 机构根据第 4 款提及的程序规则不能受理提交给它的某个申诉,则不得要求成员国确保消费者能够将该申诉提交给另一个 ADR 机构。

7. 如果处理特定经济部门内相关纠纷的某 ADR 机构有能力处理该部门内某一商家的相关纠纷,但该商家并非组建或者资助该 ADR 机构的组织或协会的成员,则就该商家的相关纠纷而言,成员国应被视为已经履行其在第 1 款下的义务。

第 6 条　专业性、独立性和公正性

1. 成员国应确保负责纠纷解决程序的自然人具备必要的专长,独立并且公正。为此,应确保该人:

(a)具备消费者纠纷替代性解决或者司法解决领域的必要知识和技能,并对法律有一般性了解;

(b)任职期限应足以确保其独立行动,并且无正当理由不得将其解职;

(c)不受任何一方当事人或其代表的指示;

(d)其报酬的支付与纠纷解决程序的结果无关;

(e)无不当迟延地向 ADR 机构披露可能影响其独立性和公正性的任何情形,或者可能造成与待处理纠纷之任何一方当事人利益冲突的情形。该披露义务持续贯穿 ADR 程序始终。如果 ADR 机构仅有一个此类自然人,则本项规定不适用。

2. 成员国应确保,在第 1 款(e)项提及的情况下,ADR 机构备有以下程序:

(a)相关自然人被另一自然人取代,以便主持 ADR 程序;如若不能,则

(b)相关自然人不主持 ADR 程序,如果可能,ADR 机构向当事人提议将纠纷提交给有权处理该纠纷的另一 ADR 机构;如若不能,则

(c)将相关情形披露给当事人,如果当事人知晓相关情形以及自己的异议权后未提出异议,则允许相关自然人继续进行 ADR 程序。

本款规定无损第 9.2 条(a)项的效力。

如果 ADR 机构仅有一位自然人,则仅适用本款第一段(b)项及(c)项的规定。

3. 如果成员国决定允许将 2.2 条(a)项提及的程序作为本指令所界定的 ADR 程序,则该成员国应确保这些程序在满足第 1 款和第 5 款所规定的一般要求的同时,满足以下具体要求:

(a)负责纠纷解决程序的自然人由同等人数的消费者组织代表以及商家代表构成的合议机构任命,或者该自然人构成该合议机构的一部分,并且该自然

人的任命程序透明；

(b)负责纠纷解决程序的自然人应被给予不短于3年的任职期限，以确保其行动的独立；

(c)负责纠纷解决程序的自然人承诺，自其在纠纷解决机构的职务终止后3年内，不为商家或者商家具有成员资格的专业组织或商业协会工作；

(d)纠纷解决机构与商家不存在任何上下级或者功能性的联系，与商家的经营实体完全分离，并且有可自由支配的、独立于商家总预算的充足预算以履行其职责。

4. 如果主持ADR程序的自然人由商家具有会员资格的专业组织或商业协会雇用，或者完全由后者支付费用，则成员国应确保在满足第1款和第5款所规定的一般要求的同时，他们有独立的、可自由支配的、足以保障其履行职责的专用预算。

如果相关自然人是某合议机构的组成部分，该合议机构由同等人数的专业组织或商业协会代表以及消费者组织代表组成，并且相关自然人由该专业组织或商业协会雇用或者完全由其支付费用，则本款规定不适用。

5. 如果ADR机构中主持纠纷解决的自然人是某合议机构的组成部分，则成员国应确保ADR机构为该合议机构提供同等数量的消费者利益代表以及商家利益代表。

6. 为第1款(a)项之目的，成员国应鼓励ADR机构为负责ADR的自然人提供培训。如果有此培训，主管当局应基于其依据第19.3条(g)项之规定所获悉的信息，监督ADR机构的培训计划。

第7条 透明

1. 成员国应确保ADR机构在其网站上、经请求以持久介质以及以其认为合适的其他清楚、易懂的方式，公开以下信息：

(a)ADR机构的联系方式，包括邮政地址和电子邮件地址；

(b)ADR机构已根据第20.2条的规定被列入名单这一事实；

(c)主持ADR程序的自然人的身份、任命方式及其任期；

(d)如果主持ADR程序的自然人由商家雇用或者完全由商家支付费用，则其专业性、公正性以及独立性的情况；

(e)如果该机构是协助解决跨境纠纷的ADR机构网络的成员，则列明该信息；

(f)有权受理之纠纷的类型，及其门槛(如有)；

(g)纠纷解决的程序规则,以及 ADR 机构根据第 5.4 条的规定可能拒绝受理纠纷的理由;

(h)提交申诉书以及进行 ADR 程序所使用的语言;

(i)解决纠纷可能用以作为依据的规则类型(例如法律条文、公平考量、行为守则);

(j)当事人将纠纷提交 ADR 程序解决的前置要求,包括消费者需先尝试直接与商家联系解决纠纷;

(k)当事人是否有权从程序撤出;

(l)如果需要当事人承担费用,费用的承担方式,包括程序结束时确定费用分摊方式的规则;

(m)ADR 程序平均花费的时间;

(n)ADR 程序结果的法律效力,包括必要时对不履行有约束力的决定处以罚款;

(o)ADR 决定的可执行性,如其具有相关性。

2. 成员国应确保 ADR 机构在其网站、经请求以耐久介质以及以其认为合适的其他方式公开其年度活动报告。报告应包括有关国内和跨境纠纷的下列信息:

(a)收到的纠纷数量,以及申诉的类型;

(b)频繁发生并且造成消费者与商家之间纠纷的系统性或重要问题;提供此类信息的同时可以就今后如何避免或者解决此类问题提出建议,以便提高商家的标准、促进信息交换和最佳实践;

(c)ADR 机构拒绝受理之纠纷的比例,以及第 5.4 条规定的各类拒绝理由所占的比例;

(d)如涉及第 2.2 条(a)项所提及的程序,提议或者强行作出的解决方案中有利于消费者、有利于商家以及友好解决的案件各自的比例;

(e)被中止的 ADR 程序的比例,以及中止原因(如知晓);

(f)解决纠纷平均花费的时间;

(g)ADR 程序结果的遵守率(如知晓);

(h)ADR 机构在促进跨境纠纷解决的 ADR 机构网络中的合作情况(如适用)。

第 8 条　效率

成员国应确保 ADR 程序有效率,并且符合以下要求:

(a)无论当事人在何处,都能够在线上和线下轻松进入 ADR 程序;

(b)当事人进入 ADR 程序无须配备律师或者法律顾问,但程序不得剥夺当事人在程序的任何阶段获得独立建议、由第三方代表自己或者协助自己的权利;

(c)消费者使用 ADR 程序应当免费,或者仅支付象征性的费用;

(d)收到包含申诉相关信息的所有文件后,ADR 机构应立即通知当事人此项纠纷;

(e)自收到完整的申诉材料之日起 90 个自然日,ADR 程序的结果应予公布。如遇高度复杂的纠纷,ADR 机构可酌情延长 90 个自然日的期限。应告知各方当事人该期限已被延长,以及结束纠纷预期所需的时长。

第 9 条　公平

1. 成员国应确保在 ADR 程序中:

(a)在合理时间内,当事人应有机会表达其观点,有机会由 ADR 机构提供另一方所提出的主张、证据、文件、事实以及专家声明、观点,并有机会作出相应的评论;

(b)当事人被告知,他们无须配备律师或者法律顾问,但他们在程序的任何阶段均有权寻求独立的建议、由第三方代表自己或者协助自己;

(c)书面或以耐久介质告知当事人 ADR 程序的结果,并说明此结果的依据。

2. 如果 ADR 程序旨在提出解决纠纷的建议,则成员国应确保:

(a)如果当事人对程序的表现或者操作不满意,可以在程序的任何阶段撤出。应在程序开始前告知当事人此项权利。如果成员国国内法强制要求商家参与 ADR 程序,则本项规定仅适用于消费者。

(b)在当事人达成或者接受 ADR 程序提议的解决方案之前,应告知他们:

(i)有权拒绝达成或者接受提议的方案;

(ii)参与 ADR 程序并不妨碍其通过法院诉讼寻求救济的机会;

(iii)提议的解决方案可能有别于适用法律规则作出的法院判决。

(c)在当事人同意或遵循提议的解决方案之前,应告知他们同意或遵循该解决方案的法律后果。

(d)在对提议的解决方案表示同意之前,当事人应被给予合理的时间进行考虑。

3. 如果 ADR 程序应国内法的要求规定,一旦消费者接受提议的解决方案,则程序的结果对商家产生约束力，那么第 9.2 条的规定仅适用于消费者。

第 10 条　自由

1. 如果消费者与商家在纠纷发生前达成了向 ADR 机构提出申诉的协议，并且该协议产生了剥夺消费者将该纠纷诉诸法院解决的权利的效果，则成员国应确保该协议对消费者不具有约束力。

2. 如果 ADR 程序旨在以强加一个解决方案给当事人的方式解决纠纷，则只有在当事人已被事前告知该方案具有约束力并且专门就此表示接受的前提下，该解决方案才对当事人具有约束力。如果成员国规则要求该方案对商家有约束力，则不要求商家专门就此表示接受。

第 11 条　合法性

1. 对于旨在以强加一个解决方案给消费者的方式解决纠纷的 ADR 程序，成员国应确保：

(a) 没有法律冲突时，强加的解决方案不得剥夺消费者和商家惯常居住地所在的成员国法律中不得以协议减损的条款给予该消费者的保护；

(b) 存在法律冲突时，如果依据第 593/2008 号（欧共体）条例第 6.1 条和第 6.2 条的规定决定适用于销售或服务合同的法律，ADR 机构强加的解决方案不得剥夺消费者惯常居住地所在的成员国法律中不得以协议减损的条款给予该消费者的保护；

(c) 存在法律冲突时，如果依据《1980 年 6 月 19 日关于合同义务法律适用的罗马公约》第 5.1 条至第 5.3 条的规定决定适用于销售或服务合同的法律，ADR 机构强加的解决方案不得剥夺消费者惯常居住地所在的成员国法律中的强制性规则给予该消费者的保护。

2. 为本指令之目的，"惯常居住"的含义应依据第 593/2008 号（欧共体）条例的规定确定。

第 12 条　ADR 程序对时限和时效期间的影响

1. 如果当事人为解决纠纷求助于其结果不具有约束力的 ADR 程序，则成员国应确保该当事人不会因 ADR 程序的进行导致时限或时效期间届满，从而无法就该纠纷提起后续司法程序。

2. 第 1 款之规定无损成员国加入的国际协议所包含的时限或诉讼时效条款的效力。

第3章　信息及合作

第13条　商家提供消费者信息

1. 如果商家承诺或者有义务通过ADR机构解决其与消费者之间的纠纷，则成员国应确保在其境内设立的商家告知消费者覆盖本商家的ADR机构是哪家或者哪些家。该信息应包括相关ADR机构的网址。

2. 第1款所提及的信息应以清晰、可理解、易获取的方式通过商家的网站（如有）予以提供，或者可行时以商家与消费者的销售或服务合同的一般条款与条件的方式予以提供。

3. 如果在成员国境内设立的商家与消费者之间的纠纷在消费者直接向商家投诉后无法得到进一步的解决，成员国应确保商家提供给消费者第1款所提及的信息，并明确告知自己是否愿意通过相关ADR机构解决该纠纷。应以纸面或其他耐久介质的方式提供此信息。

第14条　对消费者的帮助

1. 对于跨境销售或服务合同所导致的纠纷，成员国应确保消费者能够获取帮助，以访问在另一成员国运营并且有能力处理该消费者的跨境纠纷的ADR机构。

2. 成员国应将其在第1款下的任务授予欧盟消费者中心网络在本国的中心、消费者组织或者其他机构。

第15条　一般信息

1. 成员国应确保ADR机构、欧洲消费者中心网络的中心以及依据第14.2条规定所指定的机构在其网站以提供链接至委员会网站的方式，以及在其处所随时以持久介质的方式，公开第20.4条所提及的ADR机构名单。

2. 成员国应鼓励相关消费者组织以及商业协会通过其网站及其认为合适的其他任何方式，公开第20.4条所提及的ADR机构名单。

3. 委员会以及成员国应确保适当地宣传消费者如何进入ADR程序以解决本指令所涵盖的纠纷之信息。

4. 委员会以及成员国应采取配套措施，以鼓励欧盟以及成员国层面的消费者组织以及专业组织提高对ADR机构及其程序的认识，并促进商家与消费者接受ADR。还应鼓励这些机构在收到消费者的申诉后向消费者提供适格ADR机构的信息。

第16条　ADR机构间的合作与经验交流

1. 成员国应确保ADR机构间就跨境纠纷的解决进行合作，并就跨境以及国内纠纷解决的最佳实践经验进行定期交流；

2. 委员会应支持和促进成员国ADR机构的联网、最佳实践及经验的交流和推广；

3. 如果欧盟某个行业领域内有协助解决跨境纠纷的ADR机构网络，成员国应鼓励处理该领域纠纷的ADR机构加入该网络；

4. 委员会应公布含有第3款提及之网络的名称及联系方式的名单。委员会应在必要时更新此名单。

第17条　ADR机构与负责实施欧盟消费者保护法的成员国机构之间的合作

1. 成员国应确保ADR机构与负责实施欧盟消费者保护法的成员国机构之间进行合作；

2. 在消费者反复提起申诉的商业领域，此项合作应特别包含实务信息的互换。在处理个体纠纷必要以及可行的情况下，此项合作还应包含成员国机构向ADR机构提供技术评估及信息；

3. 成员国应确保第1款和第2款所提及的合作与信息互换符合《95/46/EC号指令》有关个人数据保护的规则；

4. 本条不影响负责实施欧盟消费者保护法的成员国机构所承担的职业及商业保密义务。ADR机构应遵守其设立地所在的成员国立法所确立的职业保密义务或者其他类似义务。

第4章　主管当局及委员会的任务

第18条　主管当局的指定

1. 各成员国应指定一个主管当局，以履行第19条和第20条所规定的职能。各成员国可以指定多个主管当局。如果成员国如此行事，则应确定其中一个作为委员会的唯一联络点。各成员国应将主管当局的信息通报给委员会，如有多个主管当局，则应将所有主管当局连同被指定的唯一联络点的信息通报给委员会。

2. 委员会应建立一个主管当局名单，名单应包含第1款提及的唯一联络点信息，并将该名单公布在欧盟官方杂志上。

第19条 纠纷解决机构应通知主管当局的信息

1. 成员国应确保在其境内设立的纠纷解决机构，如打算成为本指令所界定的ADR机构并且根据第20.2条的规定被列入名单，则向主管当局通知以下信息：

(a)机构的名称、联系方式及网址；

(b)机构的组织架构及其资金来源信息，包括负责纠纷解决的自然人以及其报酬、任期和雇用者的信息；

(c)机构的程序规则；

(d)如果收费，其收费情况；

(e)纠纷解决程序的平均耗时；

(f)申诉书提交以及程序进行所使用的语言；

(g)关于纠纷解决程序所覆盖的纠纷类型的声明；

(h)纠纷解决机构依第5.4条之规定可以拒绝受理特定纠纷的理由；

(i)关于机构是否属于本指令适用范围内的ADR机构、是否符合第2章规定的质量要求的声明，并说明理由。

如果(a)项至(h)项所提及的信息发生变化，ADR机构应无不当迟延地通知主管当局该变化。

2. 如果成员国决定允许第2.2条所提及的程序，则应确保适用此类程序的ADR机构在向主管当局通知第1款提及之信息和声明的同时，向主管当局通知必要的、用以评估ADR机构是否符合第6.3条关于独立性和透明度之具体额外要求的信息。

3. 成员国应确保ADR机构每两年向主管当局通报以下信息：

(a)收到纠纷的数量，以及申诉的类型；

(b)达成结果前即终止的ADR程序的比例；

(c)解决纠纷平均花费的时间；

(d)ADR程序结果的遵守率(如知晓)；

(e)频繁发生并且导致消费者与商家之间纠纷的系统性或重要问题。提供此类信息的同时可以就今后如何避免或者解决此类问题提出建议；

(f)对其在促进跨境纠纷解决的ADR机构网络中之合作(如有)的有效性评估；

(g)依据第6.6条的规定对负责ADR的自然人的培训(如有)；

(h)对其所提供的ADR程序的有效性的评估，以及可能改善其表现的方法。

第 20 条　主管当局和委员会的任务

1. 各主管当局应特别基于其依据第 19.1 条规定所获取的信息评估,已通知自己的纠纷解决机构是否属于本指令范围内的 ADR 机构,是否符合第 2 章规定的质量要求,以及是否符合实施第 2 章规定的成员国法律的质量要求,包括符合欧盟法却超出本指令要求的国内规定。

2. 各主管当局应基于第 1 款提及的评估,将所有已通知给自己并且符合第 1 款规定之条件的 ADR 机构列入名单。

该名单应包括以下信息:

(a)第一段提及的 ADR 机构的名称、联系方式及网址;

(b)如果收费,其收费情况;

(c)申诉书提交以及程序进行所使用的语言;

(d)ADR 程序所覆盖的纠纷类型;

(e)ADR 机构所覆盖的部门以及纠纷类型;

(f)对当事人或其代表实际出席的要求;(如若适用)包括该 ADR 机构以口头或者书面方式进行 ADR 程序的声明;

(g)程序的结果在性质上有无约束力;

(h)ADR 机构依第 5.4 条之规定可以拒绝受理特定纠纷的理由。

各主管当局应向委员会通知本款第一段提及的名单。如果主管当局收到第 19.1 条第二段所要求通知的任何变化,应无不当迟延地将更新后的名单以及相关信息通知给委员会。

如果本指令所规定的 ADR 机构名单中的某个纠纷解决机构不再符合第 1 款提及的要求,相应的主管当局应联系该纠纷解决机构,告知其违反的规定,并请求其及时改正。如果该纠纷解决机构未能在三个月内满足第 1 款提及的要求,主管当局应将其从本款第一段提及的名单中除名。更新的名单及相关信息应以无不当迟延的方式通知委员会。

3. 如果某成员国指定了多个主管当局,则应由第 18.1 条提及的唯一联络点将名单以及第 2 款提及的更新名单通知委员会。该名单及其更新应涉及在该成员国设立的所有 ADR 机构。

4. 委员会应将依据第 2 款规定通知给自己的 ADR 机构列入一个名单,并在收到变化通知时更新该名单。委员会应通过其网站以及耐久介质公布该名单及其更新。委员会应将该名单及其更新发送给主管当局。如果成员国依据第 18.1 条的规定指定了唯一联络点,则委员会应将该名单及其更新发送给唯一联络点。

5. 各主管当局应在其网站设立一个通向委员会相关网站的链接,以公开第4款提及的ADR机构汇总名单。此外,各主管当局应以耐久介质公开该汇总名单。

6. 截至2018年7月9日,以及其后的每四年,各主管当局应发布并向委员会报送一份有关ADR机构发展与运作的报告。该报告应特别:

(a)指出ADR机构的最佳实践;

(b)在适当时,指出阻碍处理国内以及跨境纠纷的ADR机构运作的问题,并辅以数据;

(c)在适当时,就如何提高ADR机构的效率以及有效运作提出建议。

7. 如果一成员国依据第18.1条指定了多个主管当局,则应由第18.1条规定的唯一联络点发布本条第6款提及的报告。该报告应涉及在该成员国设立的所有ADR机构。

第5章 最后条款

第21条 罚则

成员国应为违反国内规定(尤其是依据第13条所制定的国内规定)的行为确立罚则,并应采取一切必要措施以确保其实施。该罚则应有效、相称且具有劝阻作用。

第22条 修正(欧共体)第2006/2004号条例

在(欧共体)第2006/2004号条例的附件中增加以下一项:

"20.《欧洲议会及欧盟理事会2013年5月21日关于消费者纠纷替代性纠纷解决的2013/11/EU号指令》(OJ L 165, 18.6.2013, p. 63):第13条。"

第23条 修正第2009/22/EC号指令

在第2009/22/EC号指令的附件Ⅰ中增加以下一项:

"14.《欧洲议会及欧盟理事会2013年5月21日关于消费者纠纷替代性纠纷解决的2013/11/EU号指令》(OJ L 165, 18.6.2013, p. 63):第13条。"

第24条 通报

1. 成员国应在2015年7月9日前向委员会通报:

(a)在适当时,依据第14.2条规定所指定的机构的名称以及联系方式;

(b)依据第18.1条规定所指定的主管当局,包括唯一联络点。

成员国应将上述信息的任何后续变化通知委员会。

2. 成员国应在 2016 年 1 月 9 日前将第 20.2 条提及的首份名单通报给委员会。

3. 委员会应将第 1 款(a)项提及的信息发送给所有成员国。

第 25 条　转化

1. 成员国应在 2015 年 7 月 9 日前使遵守本指令所必需的法律、法规、行政规定生效。成员国应立即将这些规定的文本通知委员会。

成员国通过这些规定时,应包含对本指令的引用,或在官方发布之时附有此类引用。成员国应确定如何进行此类引用。

2. 成员国应将其在本指令涵盖领域内出台的国内法的主要规定的文本告知委员会。

第 26 条　报告

2019 年 7 月 9 日前,以及其后的每 4 年,委员会应向欧洲议会、欧盟委员会以及欧洲经济与社会委员会提交一份本指令实施情况的报告。该报告应考虑 ADR 机构的发展和运用,以及本指令对消费者与商家的影响,特别是消费者的认知以及商家的采纳程度。该报告应在适当时附有修订本指令的建议。

第 27 条　生效

该指令应在其于《欧盟官方公报》上发布后的第 20 天生效。

第 28 条　对象

本指令针对欧盟成员国。

欧洲议会及欧盟理事会 2013 年 5 月 21 日关于消费者纠纷在线纠纷解决及修订(EC)2006/2004 号条例和 2009/22/EC 号指令的(EU)524/2013 号条例

鉴于《欧洲联盟运行条约》,特别是其第 114 条,鉴于立法草案分发给欧盟各国议会后欧盟委员会所提出的建议,鉴于欧洲经济和社会委员会按照一般立法程序所提的意见:

(1)《欧洲联盟运行条约》(TFEU)第 169(1)条和第 169(2)(a)条规定,欧盟将通过依据《欧洲联盟运行条约》第 114 条所采取的措施为实现高水平的消费者保护作出贡献。《欧盟基本权利宪章》第 38 条规定,欧盟政策应确保高水平的消费者保护。

(2)根据《欧洲联盟运行条约》第26(2)条,内部市场应包括没有内部边界的区域,以确保货物和服务的自由流通。为了使消费者对内部市场的数字维度充满信心并从中受益,有必要让他们获取简单、高效、快速和低成本的方法,以解决由在线商品销售或服务提供所引起的纠纷。当消费者跨境购物时,这一点尤其重要。

(3)在2011年4月13日题为"单一市场法——促进增长和强化信心的12个杠杆——'共同创造新增长'"的通报中,欧盟委员会确定了替代性纠纷解决(ADR)的立法,其中包括电子商务领域,作为在单一市场促进增长和强化信心的十二个杠杆之一。

(4)内部市场的分散阻碍了竞争力和增长的发展。此外,在欧盟内部,商品销售或服务提供所产生之纠纷的简单、高效、快捷和低成本解决方式的可及性、质量以及意识存在不均衡,这构成了内部市场的壁垒,削弱了消费者和商家对跨境购物和销售的信心。

(5)2011年3月24日至25日以及10月23日,欧洲理事会邀请欧洲议会和理事会在2012年年底前采取第一套优先措施,以给单一市场带来新的动力。

(6)内部市场是消费者在日常生活中旅行、购物和付款的现实环境。消费者是内部市场的关键参与者,因此应成为其核心。内部市场的数字化维度对于消费者和商家都至关重要。消费者逐渐线上购物,越来越多的商家线上销售。消费者和商家应该对在线交易充满信心,因此消除现有障碍并增强消费者信心至关重要。可靠而有效的在线纠纷解决(ODR)的可及性将极大地助力这一目标的实现。

(7)能够寻求简单且低成本的争议解决方案,可以增强消费者和商家对数字单一市场的信心。但是,消费者和商家仍然面临寻找诉讼外解决方案的阻碍,尤其是跨境在线交易引起的纠纷。因此,这些纠纷目前常常无法解决。

(8)ODR为在线交易所引起的纠纷提供了一种简单、有效、快速和低成本的诉讼外解决方案。但是,目前缺乏使消费者和商家通过电子手段解决此类纠纷的机制。这导致消费者受到损害,尤其是成为跨境在线交易的障碍,并给商家造成了不平衡的竞争环境,进而阻碍了在线商务的整体发展。

(9)该条例应适用于诉讼外解决在欧盟居住的消费者针对在欧盟设立的商家提起的纠纷,这些纠纷被欧洲议会和理事会于2013年5月21日发布的关于消费者纠纷替代性纠纷解决的《2013/11/EU号指令》(消费者ADR指令)所涵盖。

(10)为了确保 ODR 平台也可以用于 ADR 程序,使商家可以针对消费者提出申诉,如果《2013/11/EU 号指令》第 20(2)条所列出的 ADR 机构提供了相关的 ADR 程序,则本条例还应适用于诉讼外解决商家针对消费者的争议。本条例适用于此类纠纷,但并不因此赋予成员国任何义务,以确保 ADR 机构提供此类程序。

(11)尽管跨境在线交易的消费者和商家将从 ODR 平台受益,但该条例也应适用于国内在线交易,以便在线商业领域真正实现公平竞争。

(12)该条例不应损害欧洲议会和理事会于 2008 年 5 月 21 日发布的关于民事和商事调解特定事项的《2008/52/EC 号指令》。

(13)"消费者"的定义应涵盖在贸易、商业、手工艺或专业之外行事的自然人。但是,如果合同的订立目的部分在该人的贸易之内、部分在其贸易之外(双重目的合同),并且贸易目的在整个交易中不占主导地位,则该人也应被视为消费者。

(14)"在线销售或服务合同"的定义应涵盖以下情况下的销售或服务合同:商家或商家的中介通过网站或其他电子方式提供了商品或服务,而消费者通过这些渠道订购了商品或服务。还应当包括消费者通过移动电子设备(例如移动电话)访问网站或其他信息社会服务的情况。

(15)本条例不适用于消费者和商家之间因线下订立的销售或服务合同而引起的纠纷,以及商家之间的纠纷。

(16)该条例应与《2013/11/EU 号指令》结合使用,该指令要求成员国确保在欧盟居住的消费者与在欧盟设立的商家之间因商品销售或服务提供所引起的所有纠纷都可以提交给 ADR 机构。

(17)在通过 ODR 平台将纠纷提交给 ADR 机构之前,成员国应鼓励消费者通过任何适当的方式与商家联系,以期友好地解决纠纷。

(18)本条例旨在在欧盟层面创建 ODR 平台。ODR 平台应采用交互式网站的形式,为消费者和商家提供在线交易纠纷诉讼外解决的单一入口。ODR 平台应提供有关诉讼外解决商家与消费者之间在线销售和服务合同纠纷的一般信息。它应允许消费者和商家使用任一欧盟机构的官方语言填写电子申诉书以便提出申诉,并附上相关文件。它应将纠纷转交给有权处理有关争议的 ADR 机构。ODR 平台应免费提供电子案件管理工具,以便 ADR 机构通过 ODR 平台与当事人进行纠纷解决程序。ADR 机构不应被强制使用该案件管理工具。

(19)欧盟委员会应负责ODR平台的开发、运营和维护,并提供该平台运行所需的所有技术设施。ODR平台应提供电子翻译功能,使当事人和ADR机构能够通过ODR平台交换信息,这在适当情况下对于解决纠纷是必要的。该功能应足以处理所有必要的翻译,并在必要时以人工干预加以支持。委员会还应在ODR平台上提供申诉人可以向ODR联络点请求协助的信息。

(20)ODR平台应能与ADR机构进行安全的数据交换,并尊重《欧洲互操作性框架》的基本原则,后者是依据欧洲议会和理事会于2004年4月21日发布的为公共管理机构、企业和公民提供互操作交付的泛欧洲电子政务服务的《2004/387/EC号决定》(IDABC)。

(21)ODR平台应允许访客通过《2004/387/EC号指令》附件二所建立的"您的欧洲门户网站"访问本平台,该门户网站为欧盟的企业和公民提供欧洲多种语言的在线信息和交互式服务的访问权限。ODR平台应在"您的欧洲门户网站"上突出显示。

(22)欧盟层面的ODR平台应以成员国现有的ADR机构为基础,并尊重成员国的法律传统。因此,通过ODR平台收到申诉的ADR机构应适用其自身的程序规则,包括费用规则。但是,本条例旨在确立一些适用于此类程序的通用规则,以保证其有效性。通用规则应包括确保此类纠纷解决不要求当事人或其代表实际前往ADR机构的规则,除非其程序规则规定了此种可能,并且经当事人同意。

(23)确保依据《2013/11/EU号指令》第20(2)条所列出的所有ADR机构均已在ODR平台注册,并充分涵盖在线销售或服务合同所引起之纠纷的在线诉讼外解决。

(24)本条例不应妨碍任何在线运营的现有纠纷解决机构或者欧盟内任何ODR机制的运作。它不应阻止纠纷解决机构或机制处理直接提交给他们的在线纠纷。

(25)每个成员国应为ODR联络点指定至少两名ODR顾问。ODR联络点应当为通过ODR平台提交的纠纷所涉及的当事人提供支持,但没有义务翻译与该纠纷有关的文件。成员国有可能将ODR联络点的职责委托给欧洲消费者中心网络的本国中心。成员国应利用这种可能性,以便使ODR联络点充分受益于欧洲消费者中心网络的本国中心在促进消费者与商家之间的纠纷解决方面的经验。欧盟委员会应建立ODR联络点网络,以促进其合作与工作,并与成员国合作,共同为 ODR 联络点提供适当的培训。

(26)有效救济权和公正审判权是《欧盟基本权利宪章》第 47 条规定的基本权利。ODR 不是为了也不能取代法院程序,也不应剥夺消费者或商家在法院寻求救济的权利。因此,本条例不应阻止当事人行使其诉诸司法系统的权利。

(27)本条例对信息的处理应严格保密,并且应遵守欧洲议会和理事会于 1995 年 10 月 24 日发布的《95/46/EC 号指令》中规定的保护个人数据的规则以及欧洲议会和理事会于 2000 年 12 月 18 日发布的关于共同体机构和组织处理个人数据以及此类数据自由流动的《(EC)45/2001 号条例》。这些规则应适用于 ODR 平台的各参与方根据本条例进行的个人数据处理,无论他们是单独行动还是与其他此类参与方共同行动。

(28)根据第《(EC)45/2001 号条例》第 11、12 条,以及根据《95/46/EC 号指令》第 10、11 条通过的国内立法,委员会应公开发布全面的隐私声明,将 ODR 平台对个人数据的处理告知数据主体并获得其同意,同时告知他们所享有的与数据处理相关的权利。此外,欧盟委员会应以简洁明了的语言说明该平台的不同参与方所负责的处理工作。

(29)本条例不影响国内立法中有关 ADR 保密性的规定。

(30)为了确保广大消费者对 ODR 平台的了解,在欧盟建立的从事在线销售或服务合同的商家应在其网站上提供指向 ODR 平台的链接。商家还应提供其电子邮件,以便消费者获得首要联络方式。大部分在线销售和服务合同是通过在线市场签订的,这些市场汇集或促进了消费者和商家之间的在线交易。在线市场是允许商家向消费者提供其产品和服务的在线平台。因此,此类在线市场同样负有提供 ODR 平台链接的义务,此项义务应不影响《2013/11/EU 号指令》第 13 条的规定,该规定要求商家告知消费者可以涵盖该商家的 ADR 程序,以及商家是否承诺使用 ADR 程序解决与消费者之间的纠纷。此外,该义务不影响欧洲议会和理事会于 2011 年 10 月 25 日发布的关于消费者权益的《2011/83/EU 号指令》第 6(1)(t)条和第 8 条。《2011/83/EU 号指令》第 6(1)(t)条规定,对于远距离或者经营场所外签订的消费者合同,商家应在消费者受合同约束之前,告知消费者诉讼外救济的可能性以及获取的途径。出于提高消费者意识的相同考虑,成员国应鼓励消费者协会和商业协会提供指向 ODR 平台网站的链接。

(31)依据《欧洲联盟运行条约》第 290 条,考虑到 ADR 机构界定各自适用范围的标准,采取行动的权力应下放给委员会,以调整申诉人在 ODR 平台的电子申诉书中所提供的信息范围。尤为重要的是,欧盟委员会在筹备工作期间,包括在专家级别上,进行适当的磋商。欧盟委员会在准备和起草授权法案时,应确保同步、及时和适当地将有关文件转交欧洲议会和理事会。

(32)为了确保本条例实施的统一性,应将 ODR 平台的运作、提交纠纷的方式以及 ODR 联络点网络内的合作等方面的实施权力授予委员会。此类权力的行使应符合欧洲议会和理事会于 2011 年 2 月 16 日发布《(EU)182/2011 号条例》的规定,后者含有成员国制约委员会行使实施权力的规则和一般原则。鉴于其纯技术性,应使用咨询程序通过与电子申诉表有关的实施行为。审查程序应用于通过有关 ODR 联络点网络的 ODR 顾问之间的合作方式的规则。

(33)在实施本条例时,欧盟委员会可在适当情况下咨询欧洲数据保护主管。

(34)由于成员国无法充分实现本条例的目标(建立一个受共同规则约束的、处理在线纠纷的欧洲 ODR 平台),考虑到规模和效果,该目标可以在欧盟层面得到更好的实现,因此欧盟可以根据《欧洲联盟条约》第 5 条所规定的辅助性原则采取措施。根据该条所规定的相称原则,本条例没有超出实现该目标所必需的范围。

(35)本条例尊重基本权利,尤其遵守《欧盟基本权利宪章》所认可的原则及规定,特别是第 7 条、第 8 条、第 38 条、第 47 条。

(36)已根据《(EC)45/2001 号条例》第 28(2)条的规定与欧洲数据保护主管进行了磋商,后者于 2012 年 1 月 12 日发表了意见,已通过本条例。

第1章 一般规定

第1条 主题事项

本条例的目的是通过实现高水平的消费者保护,推动内部市场的正常运行,尤其是通过欧洲 ODR 平台(以下简称 ODR 平台)提供的数字维度促进独立、公平、透明、有效、快速、公正地以诉讼外方式解决消费者与商家之间的纠纷。

第2条 范围

1. 本条例适用于在欧盟居住的消费者与在欧盟设立的商家之间因在线销售或服务合同的合同义务所致之纠纷相关的、由《2013/11/EU 号指令》第 20(2)条列举的 ADR 机构介入并且使用到 ODR 平台的法院外纠纷解决。

2. 如果消费者惯常居住地所在的成员国国内法允许 ADR 机构解决相关纠

纷,则本条例适用于商家针对消费者提起的、本条第 1 款提及之纠纷的法院外解决。

3. 成员国应告知委员会,对于商家向消费者发起的本条第 1 款所提及的纠纷,其法律是否允许 ADR 机构介入解决。主管机关在将《2013/11/EU 号指令》第 20(2)条提及的清单通知委员会时,应一并通知处理此类纠纷的 ADR 机构。

4. 本条例可适用于商家针对消费者发起的本条第 1 款所提及的纠纷,但这并不造成成员国承担确保 ADR 机构对此类纠纷提供法院外解决程序的任何义务。

第 3 条　与其他欧盟法律的关系

本条例不影响《2008/52/EC 号指令》的效力。

第 4 条　定义

1. 为本条例之目的:

(a)"消费者"指《2013/11/EU 号指令》第 4(1)(a)条所界定的消费者。

(b)"商家"指《2013/11/EU 号指令》第 4(1)(b)条所界定的商家。

(c)"销售合同"指《2013/11/EU 号指令》第 4(1)(c)条所界定的销售合同。

(d)"服务合同"指《2013/11/EU 号指令》第 4(1)(d)条所界定的服务合同。

(e)"在线销售或服务合同"指商家或其中介通过网站或其他电子方式提供商品或服务,而消费者已通过该网站或其他电子方式订购此类商品或服务的销售或服务合同。

(f)"在线市场"指欧洲议会和理事会于 2000 年 6 月 8 日颁布的关于内部市场中信息社会服务(尤其是电子商务)的某些法律方面的《2000/31/EC 号指令》(《电子商务指令》)第 2(b)条所规定的服务提供者,该服务提供者允许消费者和商家在其在线市场的网站签订在线销售和服务合同。

(g)"电子方式"指完全通过电线、无线电、光学方式或其他电磁方式传输、传送和接收用于处理(包括数字压缩)和存储数据的电子设备。

(h)"替代性纠纷解决程序"(ADR 程序)指本条例第 2 条所指的法院外解决纠纷的程序。

(i)"替代性纠纷解决机构"(ADR 机构)指《2013/11/EU 号指令》第 4(1)(h)条定义的 ADR 机构。

(j)"申诉人"指通过 ODR 平台提交纠纷的消费者或商家。

(k)“被申诉人”指通过ODR平台被提交纠纷的消费者或商家。

(l)“主管当局”指《2013/11/EU号指令》第4(1)(i)条所界定的公共机构。

(m)“个人数据”指与已识别或可识别的自然人(“数据主体”)相关的任何信息;可识别的人是指可以被直接或间接识别的人,特别是通过参考身份号码或者特定于该人的身体、生理、心理、精神、经济、文化或社会身份的一个或多个因素。

2. 应该分别根据《2013/11/EU号指令》第4(2)条和第4(3)条确定商家和ADR机构的设立地点。

第2章 ODR平台

第5条 ODR平台的设立

1. 欧盟委员会负责ODR平台的开发、运行、维护、资金和数据安全,平台应具备所有翻译功能以便实现本条例之目的。ODR平台应易于使用。ODR平台的开发、运营和维护应确保从设计阶段就尊重其用户的隐私(“设计中的隐私”),包括弱势用户在内的所有人(“为所有人设计”)都可以访问和使用ODR平台。

2. 对于寻求本规则涵盖的诉讼外解决纠纷的消费者和商家,ODR平台应是一个单一的入口。它应该是一个互动网站,允许用户用欧盟机构的所有官方语言通过电子方式免费访问。

3. 欧盟委员会应酌情通过其向欧盟公民和企业提供信息的网站,尤其是依据《2004/387/EC号决定》建立的“您的欧洲门户”,提供通往ODR平台的链接。

4. ODR平台应具备以下功能:

(a)提供电子申诉书,申诉人可根据第8条填写该表;

(b)就纠纷事项通知被申诉人;

(c)根据第9条,确定有权受理的ADR机构,并将纠纷转交给各方已同意的ADR机构;

(d)提供免费的电子案件管理工具,使当事人和ADR机构可以通过ODR平台在线进行纠纷解决程序;

(e)通过ODR平台为当事人和ADR机构提供解决纠纷所需的信息翻译,并进行交换;

(f)提供电子表格,ADR机构应凭该表提交第10(c)条所述的信息;

(g)提供反馈系统,使当事人可以对ODR平台的功能以及解决其纠纷的

ADR 机构发表意见；

(h)公开以下内容：

(i)有关 ADR 作为诉讼外解决纠纷手段的一般信息；

(ii)根据《2013/11/EU 号指令》第 20(2)条列出的能够处理本条例涵盖的争议的 ADR 机构的信息；

(iii)关于如何通过 ODR 平台提交纠纷的在线指南；

(iv)成员国根据本条例第 7(1)条指定的 ODR 联络点的信息，包括联系方式；

(v)纠纷结果的统计数据已通过 ODR 平台传输给 ADR 机构。

5. 委员会应确保第 4 款(h)项所提及信息是准确、最新的，并以清晰、易懂并易于获取的方式提供。

6. 根据《2013/11/EU 号指令》第 20(2)条列出的，有权处理本法规所涵盖的争议的 ADR 机构，应在 ODR 平台上进行电子注册。

7. 欧盟委员会应通过实施法案，就行使本条第 4 款规定的职能的方式采取措施。依照本条例第 16(3)条规定的审查程序通过此类实施法案。

第 6 条　ODR 平台的测试

1. 委员会应在 2015 年 1 月 9 日前测试 ODR 平台和申诉书的技术功能及用户友好性，包括翻译方面的功能。测试应与成员国的 ODR 专家以及消费者和商家代表进行合作和评估。委员会应将测试结果制作成报告提交给欧洲议会和理事会，并采取适当措施解决潜在问题，确保 ODR 平台的有效运行。

2. 在本条第 1 款所指的报告中，委员会还应描述其打算采取的技术和组织措施，确保 ODR 平台满足《(EC)45/2001 条例》中规定的隐私要求。

第 7 条　ODR 联络点网络

1. 每个成员国应指定一个 ODR 联络点，并将其名称和联系方式通报给委员会。成员国可以将 ODR 联络点的职责委托给欧洲消费者中心网络在该国的分中心、消费者协会或者其他组织。每个 ODR 联络点应至少设置 2 名 ODR 顾问。

2. 通过履行下列职责，ODR 联络点应为经 ODR 平台提交的申诉书相关之纠纷的解决提供支持：

(a)经请求，协助当事人与适格 ADR 机构间交流，包括(特别是)：

(i)帮助提交申诉书以及必要的相关文件；

(ii)向当事人以及 ADR 机构提供 ODR 顾问所在的 ODR 联络点之设立国所适用的、有关销售和服务合同的消费者权利方面的一般性信息；

(iii)提供欧盟 ODR 平台运行的信息；

(iv)向当事人解释特定 ADR 机构的程序规则；

(v)在纠纷无法通过 ODR 平台得以解决时，告知申诉人其他救济渠道。

(b)基于其履行职责的实践经验，每两年向委员会以及成员国提交活动报告。

3. 如果当事人经常居住地在同一成员国，则 ODR 联络点没有义务履行第 2 款所列的职能。

4. 尽管有第 3 款的规定，成员国可在考虑国情的情况下，决定纠纷当事人经常居住地在同一成员国时，ODR 联络点履行第 2 款所列的一项或多项职能。

5. 委员会应建立联络点网络（“ODR 联络点网络”），使得联络点之间能够合作，帮助其执行第 2 款所列的功能。

6. 委员会应每年至少召开两次 ODR 联络点网络成员会议，以交流最佳做法，并讨论 ODR 平台运行中遇到的任何反复发生的问题。

7. 委员会应通过关于 ODR 联络点之间合作方式的规则。此类实施法案应依照第 16(3)条规定的审查程序予以通过。

第 8 条　申诉书的提交

1. 为了向 ODR 平台提交纠纷，申诉人应填写电子申诉书。申诉书应易于使用并且可以在 ODR 平台上轻松访问。

2. 申诉人要提交的信息应足以确定有权受理的 ADR 机构。该信息列在本条例的附件中。申诉人可以附上支持申诉书的文件。

3. 为了确定《2013/11/EU 号指令》第 20(2)条所列出的、处理本条例所涵盖纠纷的 ADR 机构受理案件的标准，委员会应被授权依据本条例第 17 条采取行动，以适应本条例附件所列的信息。

4. 委员会应制定有关电子申诉书形式的规则，并按照第 16(2)条所述的咨询程序予以通过。

5. 通过申诉书及其附件所收集和处理的信息应准确、相关且不过度。

第 9 条　申诉书的处理与传递

1. 如果电子申诉书的所有必要部分均已填写，则 ODR 平台应处理该申诉。

2. 如果申诉书尚未完全填写，则应告知申诉人提供缺少的信息，否则将无法进一步处理申诉。

3. 在收到完整填写的申诉书后，ODR 平台应以易于理解的方式、以被申诉人选择的欧盟机构官方语言的任一种将申诉及以下数据及时转递给被申诉人：

(a)双方当事人须就处理纠纷的ADR机构达成一致，否则申诉无法得到进一步处理。

(b)有权受理此项纠纷的ADR机构信息，此项信息来自申诉书，或者由ODR平台根据申诉书的内容自动进行匹配。

(c)如果被申诉人是商家，商家在10个自然日内回复自己是否承诺或者有法定义务使用特定的ADR机构解决与消费者的纠纷，以及自己是否愿意使用平台发送过来的ADR机构中的某一家。

(d)如果被申诉人是消费者，且商家有义务使用特定的ADR机构，则被申诉的消费者须在10日内回复是否同意该机构处理纠纷；如果作为申诉人的商家并无义务使用特定的ADR机构，则被申诉的消费者需回复是否愿意选择平台发送过来的ADR机构中的某一家。

(e)被申诉人在其设立或居住的成员国的ODR联络点的名称和联系方式，以及第7条第2款(a)项所述职能的简要说明。

4. 在收到被申诉人提供的第3(c)(d)条所要求的信息后，ODR平台应以一种易于理解的方式、以申诉人选择的欧盟机构官方语言的任一种将以下信息及时通知给申请人：

(a)第3(a)条所提及的信息。

(b)如果申诉人是消费者，商家根据第3(c)条提及的ADR机构的信息，并且须在10日内回复是否同意该机构处理纠纷。

(c)如果申诉人是商家且没有义务使用特定的ADR机构，则被申诉的消费者根据第3(d)条须在10日内回复是否同意该机构处理纠纷。

(d)被申诉人在其设立或居住的成员国的ODR联络点的名称和联系方式，以及第7条第2款(a)项所述职能的简要说明。

5. 第3(b)条以及第4(b)(c)条所指的信息应包括对每个ADR机构以下特征的描述：

(a)ADR机构的名称、联系方式及网址。

(b)使用ADR程序的费用。

(c)可以执行ADR程序的一种或多种语言。

(d)使用ADR程序的平均时间。

(e)ADR程序的结果是否有约束力。

(f)根据《2013/11/EU号指令》第5(4)条，ADR机构拒绝处理特定纠纷的理由。

6. ODR 平台应立即、自动将纠纷转递给当事双方根据第 3、4 款同意的 ADR 机构。

7. 收到申诉书的 ADR 机构应根据《2013/11/EU 号指令》第 5(4)条及时告知当事双方是否同意由其解决纠纷。同意处理纠纷的 ADR 机构还应将其程序规则及费用告知当事人。

8. 当事人在提交申诉书后 30 日内不同意由 ADR 机构解决纠纷,或者 ADR 机构拒绝处理纠纷时,纠纷不得被进一步处理。应告知申诉人联系 ODR 顾问以获取有关其他补救方法的一般信息。

第 10 条　纠纷的解决

同意根据本条例第 9 条处理纠纷的 ADR 机构应:

(a)在《2013/11/EU 号指令》第 8(e)条所述的期限内完成 ADR 程序;

(b)不要求当事人或其代表亲自出席,除非程序规则对此有规定并经当事人同意;

(c)立即将以下信息发送到 ODR 平台:

(i)收到申诉文件的日期;

(ii)纠纷的主题;

(iii)ADR 程序结束的日期;

(iv)ADR 程序的结果;

(d)无须通过 ODR 平台进行 ADR 程序。

第 11 条　数据库

欧盟委员会应采取必要措施,建立并维护一个电子数据库,并在其中存储根据第 5(4)条和第 10(c)条所处理的信息,在此过程中应适当考虑第 13(2)条。

第 12 条　个人数据的处理

1. 为第 10 条之目的,根据第 9 条受理申诉的 ADR 机构有权查询第 11 条提及之与特定待处理案件相关的个人数据。出于第 7(2)条和第 7(4)条之目的,ODR 联络点在履行其职能所必需的限度内,有权查询与特定纠纷相关的个人数据。

2. 出于监控 ODR 平台的运行情况以及第 21 条提及之向上汇报的目的,欧盟委员会有权查看 ADR 机构根据第 10 条的要求向平台通报的有关纠纷处理信息;出于监控 ODR 平台的运行和维护情况(包括监督 ADR 机构和 ODR 联络点使用平台的情况)之目的,欧盟委员会可在必要的限度内处理平台内用户的个人数据。

3. 与纠纷有关的个人数据应保存在本条第 1 款所指的数据库中,保存时间仅为实现收集目的所需,并确保数据主体能够访问他们的个人数据以行使其权利;此类信息最迟应自纠纷处理完毕日[以第 10(c)(iii)条规定的 ADR 机构传递给 ODR 平台的日期为准]起满 6 个月后自动予以删除。该保存期限同样应适用于处理相关纠纷的 ADR 机构或者 ODR 联络点在国内文件中所保存的个人数据,除非该 ADR 机构的程序规则或国内法的具体条文规定了更长的保存时限。

4. 根据欧盟《95/46/EC 号指令》第 2 条(d)项的规定,ODR 顾问依据本条例进行数据处理活动时,应被视为相应数据的控制人,并应确保其行为符合该 ODR 顾问就职的 ODR 联络点所在的成员国实施《95/46/EC 号指令》的国内法的规定。

5. 根据欧盟《95/46/EC 号指令》第 2 条(d)项的规定,ADR 机构依据本条例进行数据处理活动时,应被视为相应数据的控制人,并应确保其行为符合该 ADR 机构设立地的欧盟成员国实施《95/46/EC 号指令》的国内法的规定。

6. 就本条例项下的职责及相应的个人数据处理而言,委员会应被视为《(EC)45/2001 号条例》第 2 条(d)项所规定的控制人。

第 13 条　数据的保密与安全

1. ODR 联络点应遵守职业秘密规则或者相关成员国国内法中的类似保密义务。

2. 委员会应采取适当的技术和组织保障措施,以确保依据本条例所处理的信息的安全,包括《(EC)45/2001 号条例》第 22 条所规定的适当的数据获取限制、安全计划以及安全事故。

第 14 条　消费者信息

1. 在欧盟内设立的进行在线销售或服务的商家以及在欧盟内设立的在线市场,应在其网站提供一个指向欧盟 ODR 平台的链接。这个链接应当易于被消费者获取。在欧盟内设立的进行在线销售或服务的商家应注明自己的电子邮箱。

2. 在欧盟内设立的进行在线销售或服务的商家,如果其承诺或者有义务通过某个或多个 ADR 机构解决其与消费者之间的纠纷,则应告知消费者欧盟 ODR 平台的存在以及通过该平台解决纠纷的可能。他们应在自己网站提供一个指向欧盟 ODR 平台的链接,如果他们通过电子邮件发送邀约,则应在该邀约中提供一个这样的链接。该信息也可以通过在线销售以及服务合同的一般条款和条件加以提供。

3. 本条第 1 款和第 2 款不影响《2013/11/EU 号指令》第 13 条以及欧盟其他法律法规所规定的有关消费者信息的诉讼外救济程序,这些条款与本条一并适用。

4.《2013/11/EU 号指令》第 20(4)条提及的 ADR 机构列表及其最新信息应在 ODR 平台上发布。

5. 成员国应确保 ADR 机构、欧洲消费者中心网络、《2013/11/EU 号指令》第 18(1)条中定义的主管当局,以及在适当情况下根据《2013/11/EU 号指令》第 14(2)条指定的机构均提供了一个指向欧盟 ODR 平台的链接。

6. 成员国应鼓励消费者协会和商家协会提供指向欧盟 ODR 平台的链接。

7. 当商家有义务根据第 1、2、3 款的规定提供信息时,他们应在可能的情况下一起提供该信息。

第 15 条 主管当局的作用

每个成员国的主管当局应评估在该国建立的 ADR 机构是否遵守本条例规定的义务。

第 3 章 最终条款

第 16 条 委员会程序

1. 欧盟委员会应由《(EU)182/2011 号条例》所指的委员会予以协助。

2. 凡提及本款,应适用《(EU)182/2011 号条例》第 4 条。

3. 凡提及本款,应适用《(EU)182/2011 号条例》第 5 条。

4. 如果委员会通过书面程序取得根据第 2、3 款提出的意见,在提交意见的时限内,当委员会主席做出决定或委员会成员以简单多数提出要求时,应终止该无结果的程序。

第 17 条 代表权的行使

1. 在本条规定的条件下,欧盟委员会有权采取委托行为。

2. 自 2013 年 7 月 8 日起,可在不固定的期限内授权实施第 8(3)条所述之委托行为。

3. 欧洲议会或理事会可随时撤销第 8(3)条所提及之权力下放。撤销决定应终止其所指定的权力下放。该决定应在《欧盟官方公报》发布后的次日或指定的较晚日期生效。它不应影响任何已生效授权行为的效力。

4. 欧盟委员会通过授权法案后应立即将其同时通知欧洲议会和理事会。

5. 根据第8(3)条采取的授权行动只有在欧洲议会或理事会获得通知后的两个月内未对其表示反对,或者在该期限届满之前欧洲议会和理事会均已通知欧盟委员会他们不会反对的情况下生效。在欧洲议会或理事会的提议下,该期限可延长两个月。

第18条 处罚

成员国应制定适用于违反本条例的处罚规则,并应采取一切必要措施确保执行。规定的处罚必须有效、相称且具有劝阻性。

第19条 《(EC)2006/2004号条例》修正案

欧洲议会和理事会在《(EC)2006/2004号条例》的附件中增加了以下几点:

21. 欧洲议会和理事会于2013年5月21日通过关于消费者纠纷在线纠纷解决的《(EU)524/2013号条例》(消费者ODR条例)(OJ L 165, 18.6.2013, p.1):第14条。

第20条 《2009/22/EC号指令》修正案

欧洲议会和理事会对《2009/22/EC号指令》的修正如下:

(1)在第1条第(1)款和第(2)款以及第6条第(2)款(b)项中,将"附件Ⅰ中所列的指令"改为"附件Ⅰ中所列的欧盟法案";

(2)在附件Ⅰ的标题中,"指令列表"一词由"欧盟法案列表"一词代替;

(3)在附件Ⅰ中增加了以下几点:

15. 欧洲议会和理事会于2013年5月21日通过关于解决消费者纠纷的在线纠纷的《(EU)524/2013号条例》(消费者ODR条例)(OJ L 165, 18.6.2013, p.1):第14条。

第21条 报告

1. 欧盟委员会应每年向欧洲议会和理事会报告ODR平台的运行情况,并在ODR平台投入运行后的1年内向欧洲议会和理事会进行第一次报告。

2. 2018年7月9日起及之后每3年,欧盟委员会应向欧洲议会和理事会提交一份关于本条例实施情况的报告,尤其是关于申诉书的用户友好性以及在条例附件中列出的可能需要修改信息的报告。该报告在必要时可附有适用本条例的建议。

3. 如果在同年提交第1、2款所提及之报告,则只需要提交一份联合报告。

第22条 生效

1. 本条例应在《欧盟官方公报》发布后的第20天生效。

2. 除以下规定外,本条例自2016年1月9日起适用:

—第2(3)条和第7(1)(5)条自2015年7月9日起生效;

—第5(1)(7)条、第6条、第7(7)条、第8(3)(4)条、第11条、第16条以及第17条自2013年7月8日起适用。

本法规的全部内容具有约束力,并直接适用于所有成员国。

于2013年5月21日在史特拉斯堡完成。

附件

提交申诉书时应提供的信息:

(1)申诉人是消费者或者商家;

(2)消费者的姓名、邮箱及地址;

(3)商家的姓名、邮箱及地址;

(4)如有申诉人代表,其姓名、邮箱及地址;

(5)申诉人或其代表使用的语言;

(6)被申诉人使用的语言(如果已知);

(7)申诉所涉及商品或服务的类型;

(8)商品或服务是否由商家提供,消费者是通过网站还是其他电子方式订购;

(9)订购的商品或服务的价格;

(10)消费者订购商品或服务的日期;

(11)消费者是否已经与商家直接接触;

(12)ADR机构或法院是否正在处理或曾经处理过该纠纷;

(13)申诉书的类型;

(14)申诉书的说明;

(15)如果申诉人是消费者,则商家有义务或已根据《2013/11/EU号指令》第13(1)条使用的ADR机构(如果已知);

(16)如果申诉人是商家,则该商家承诺或有义务使用的ADR机构。

参考文献

一、著作类

1. 中国国际经济贸易仲裁委员会主编:《中国国际商事仲裁年度报告 2020 ~ 2021》,法律出版社 2021 年版。

2. 胡仕浩、龙飞主编:《多元化纠纷解决机制改革精要》,中国法制出版社 2019 年版。

3. 涂舜:《电子签名笔迹鉴定理论与实务研究》,法律出版社 2019 年版。

4. 齐树洁主编:《外国调解制度》,厦门大学出版社 2018 年版。

5. 孙巍编著:《〈联合国关于调解所产生的国际和解协议公约〉立法背景及条文释义》,法律出版社 2018 年版。

6. 薛源:《跨境电子商务网上争议解决机制研究》,中国政法大学出版社 2014 年版。

7. 赵秀文:《国际商事仲裁法》(第 3 版),中国人民大学出版社 2012 年版。

8. 张玉卿:《国际货物买卖统一法:联合国国际货物销售合同公约释义》,中国商务出版社 2009 年版。

9. 卢云华等:《在线仲裁研究》,法律出版社 2008 年版。

10. 李虎:《网上仲裁法律问题研究》,中国民主法制出版社 2005 年版。

11. Nadja Alexander & Sabine Walsh, *EU Mediation Law Handbook: Regulatory Robustness Ratings for Mediation Regimes*, Wolters Kluwer, 2017.

12. Pablo Cortés, *The New Regulatory Framework for Consumer Dispute Resolution*, Oxford University Press, 2016.

13. Net Neutrals & Colin Adamson, *Online Dispute Resolution: An International Business Approach to Solving Consumer Complaints*, AuthorHouse, 2015.

14. Mohamed S. Abdel Wahab, Ethan Katsh & Daniel Rainey, *Online Dispute Resolution: Theory and Practice*, Eleven International Publishing, 2012.

15. Pablo Cortés, *Online Dispute Resolution for Consumers in the European Union*, Routledge, 2011.

二、论文类

1. 马骁:《优化司法确认程序的制度定位、推进原则和工作机制》,载《人民法院报》2020 年 3 月 26 日。

2. 杨秉勋:《〈新加坡调解公约〉与我国调解制度的新发展》,载《人民调解》2020 年第 1 期。

3. 栗峥:《人工智能与事实认定》,载《法学研究》2020 年第 1 期。

4. 李芬娟、易海峰:《我国跨境电商发展现状、问题及其出口贸易效应研究——以我国对欧盟的出口贸易为例》,载《商业经济研究》2019 年第 17 期。

5. 张金平:《欧盟个人数据权的演进及其启示》,载《法商研究》2019 年第 5 期。

6. 唐琼琼:《〈新加坡调解公约〉背景下我国商事调解制度的完善》,载《上海大学学报(社会科学版)》2019 年第 4 期。

7. 陆晓燕:《"裁判式调解"现象透视——兼议"事清责明"在诉讼调解中的多元化定位》,载《法学家》2019 年第 1 期。

8. 宋阳:《论国际商事惯例(习惯)中的主观要素》,载《环球法律评论》2019 年第 2 期。

9. 齐树洁:《德国调解制度》,载《人民调解》2019 年第 1 期。

10. 高薇:《互联网争议解决中的执行问题——从司法、私人到去中心化数字执行》,载《法商研究》2018 年第 6 期。

11. 邓春梅:《中国调解的未来:困境、机遇与发展方向》,载《湘潭大学学报

(哲学社会科学版)》2018 年第 6 期。

12. 刘敬东、王路路:《"一带一路"倡议下我国对外国仲裁裁决承认与执行的实证研究》,载《法律适用》2018 年第 5 期。

13. 韦伟强:《〈仲裁法〉的修改与完善——从一起仲裁执行异议之诉案件所进行的实证分析》,载《社会科学家》2018 年第 5 期。

14. 刘瑛、林舒婷:《借鉴〈联合国国际贸易法委员会国际商事仲裁示范法〉完善中国〈仲裁法〉》,载《太原师范学院学报(社会科学版)》2018 年第 3 期。

15. 余斌:《论大数据人工智能时代司法裁判层级的适用——以商事裁判为例》,载《学术研究》2018 年第 3 期。

16. 左卫民:《关于法律人工智能在中国运用前景的若干思考》,载《清华法学》2018 年第 2 期。

17. 吴习彧:《裁判人工智能化的实践需求及其中国式任务》,载《东方法学》2018 年第 2 期。

18. 冯洁:《人工智能对司法裁判理论的挑战:回应及其限度》,载《华东政法大学学报》2018 年第 2 期。

19. 孙新宽:《论数字内容合同的权利救济体系——以欧盟〈数字内容合同指令议案〉为中心》,载《北京航空航天大学学报(社会科学版)》2017 年第 6 期。

20. 金晶:《数字时代经典合同法的力量——以欧盟数字单一市场政策为背景》,载《欧洲研究》2017 年第 6 期。

21. 左海聪:《论〈联合国国际货物销售合同公约〉中商事惯例的规范性效力——基于公约第 9 条第 2 款的分析》,载《法学评论》2017 年第 2 期。

22. 张圣翠:《仲裁程序争议司法审查制度比较与借鉴》,载《上海财经大学学报》2017 年第 2 期。

23. 朱科:《试论国际商事仲裁司法审查的基本原则》,载《河南社会科学》2016 年第 11 期。

24. 杨夕斌:《欧盟跨境金融消费纠纷处理平台对我国的启示》,载《国际金融》2016 年第 11 期。

25. 邵淼等:《可靠电子签名在仲裁领域中的应用研究》,载《信息安全研究》2016 年第 6 期。

26. 刘晓红、王徽:《论中国引入国际商事仲裁机构的法律障碍与突破进路——基于中国自贸区多元化争议解决机制构建的几点思考》,载《苏州大学学报(法学版)》2016 年第 3 期。

27. 于喜富:《论争议可仲裁性司法审查之启动程序》,载《法学评论》2016年第3期。

28. 吴弘:《金融纠纷非讼解决机制的借鉴与更新——金融消费者保护的视角》,载《东方法学》2015年第4期。

29. 何其生:《国际商事仲裁司法审查中的公共政策》,载《中国社会科学》2014年第7期。

30. 李晶:《国际商事仲裁中临时措施在中国的新发展——以民诉法修改和仲裁规则修订为视角》,载《西北大学学报(哲学社会科学版)》2014年第6期。

31. 薛源:《跨境电子商务交易全球性网上争议解决体系的构建》,载《国际商务(对外经济贸易大学学报)》2014年第4期。

32. 郑世保:《ODR裁决书强制执行机制研究》,载《法学评论》2014年第3期。

33. [德]海因茨·佩特·曼泽尔:《欧洲买卖法改革与德国履行障碍法教义学(上)——〈消费品买卖指令〉转化为国内法后的欧洲买卖法》,沈小军译,载《交大法学》2014年第3期。

34. 邓瑞平、唐海涛:《电子商务时代网上仲裁:困境与出路》,载《河北法学》2013年第12期。

35. 程晓雪、齐树洁:《欧洲小额诉讼程序:规则与实践》,载《法治研究》2013年第10期。

36. 胡荻:《论我国仲裁裁决不予执行与撤销制度重叠的困境及其重构》,载《法治研究》2013年第10期。

37. 杜焕芳:《近年来中国法院对国际商事仲裁的司法审查》,载《商事仲裁第十辑》2013年。

38. 居伊·勒费佛尔、玛丽·克洛德·瑞格、焦杰:《论商事主体适用国际商事惯例的不确定性》(下),载《中国律师》2012年第8期。

39. 张圣翠:《论我国仲裁裁决撤销制度的完善》,载《上海财经大学学报》2012年第1期。

40. 陈晶莹:《论CISG项下国际惯例的效力——兼析我国〈民法通则〉第142条的改良》,载《国际贸易问题》2011年第5期。

41. 郑世保:《ODR研究》,西南政法大学2010年博士学位论文。

42. 李凤琴:《欧盟合同之债法律适用制度的新发展》,载《时代法学》2010年第2期。

43. 沈木珠:《国际贸易合同适用国际贸易惯例的实证分析》,载《国际贸易问题》2009 年第 5 期。

44. 马迁:《网上仲裁的法律问题研究》,载《河南社会科学》2009 年第 2 期。

45. 刘哲伟:《国家介入:我国 ODR 建设的新思路》,载《网络法律评论》2009 年。

46. 高兰英:《ODR 的管辖权问题探析》,载《河北法学》2008 年第 10 期。

47. 王慧:《国际商事合同中法律规避与意思自治的制约与权衡》,载《河北法学》2007 年第 12 期。

48. 孙南申:《涉外仲裁司法审查的若干问题研究——以仲裁协议为视角》,载《法商研究》2007 年第 6 期。

49. 左海聪:《国际商事条约和国际商事惯例的特点及相互关系》,载《法学》2007 年第 4 期。

50. 范铭超:《英国法院对商事仲裁裁决的司法审查权》,载《法治论丛》2006 年第 5 期。

51. 胡绪雨:《国际商事惯例的作用空间与效力基础》,载《当代法学》2006 年第 2 期。

52. 黄亚英:《论〈纽约公约〉与仲裁协议的形式》,载《法学杂志》2004 年第 2 期。

53. 肖永平、谢新胜:《ODR:解决电子商务争议的新模式》,载《中国法学》2003 年第 6 期。

54. 郭玉军、肖芳:《网上仲裁的现状与未来》,载《法学评论》2003 年第 2 期。

55. 何易:《欧盟消费者销售法指令与联合国国际货物销售合同公约之比较》,载《法学评论》2003 年第 2 期。

56. 刘满达:《论争议的在线解决》,载《法学》2002 年第 8 期。

57. 钟丽:《在线仲裁的界定及其仲裁地问题探讨》,载《社会科学》2002 年第 3 期。

58. 单文华:《中国有关国际惯例的立法评析——兼论国际惯例的适用》,载《中国法学》1997 年第 3 期。

59. 陈健、郭东妹:《ODR 模式的最新发展探析》,载《北京仲裁》2013 年第 4 期。

60. Staudenmayer Dirk, *The Directives on Digital Contracts: First Steps*

towards the Private Law of the Digital Economy, 28 European Review of Private Law 219 (2020).

61. Vanherpe Jozefien, *White Smoke, but Smoke Nonetheless: Some (Burning) Questions regarding the Directives on Sale of Goods and Supply of Digital Content*, 28 European Review of Private Law 251 (2020).

62. Jorge Morais Carvalho, *Sale of Goods (Directive* 2019/771) *and Supply of Digital Content and Digital Services (Directive* 2019/770): *Scope and Degree of Harmonisation*, 12 Cuadernos Derecho Transnacional 930 (2020).

63. Timothy Schnabel, *Recognition by any Other Name: Article* 3 *of the Singapore Convention on Mediation*, 20 Cardozo Journal Conflict Resolution 1181 (2019).

64. Allan J. Stitt, *The Singapore Convention: When Has a Mediation Taken Place (Article* 4), 20 Cardozo Journal Conflict Resolution 1173 (2019).

65. Nicholas F. Ⅲ Palmieri, *Data Protection in an Increasingly Globalized World*, 94 Indiana Law Journal 297 (2019).

66. Jorge Morais Carvalho, *Sale of Goods and Supply of Digital Content and Digital Services-Overview of Directives* 2019/770 *and* 2019/771, 8 Journal of European Consumer and Market Law 194 (2019).

67. Nicolas Vermeys, *ODR as a Public Service: The Access to Justice-Driven Canadian Experience*, 6 International Journal of Online Dispute Resolution 227 (2019).

68. Kare Lilleholt, *A Half-Built House: The New Consumer Sales Directive Assessed as Contract Law*, 28 Juridica International 3 (2019).

69. Erik Bjorling, *In the Procedural Surroundings of Consumer Protection: Online Dispute Resolution, the Adversarial Principle, and Tendencies toward Settlement*, 13 Masaryk University Journal of Law and Technology 311 (2019).

70. Jean-Christophe Boulet, *The Singapore Convention and the Metamorphosis of Contractual Litigation*, 20 Cardozo Journal of Conflict Resolution 1209 (2019).

71. Janja Hojnik, *Digital Content as a Market Commodity Sui Generis: EU Lawyers (Finally) Moving from Newton Physics to Quantum Physics*, 22 Economic and Social Development, International Scientific Conference on Economic and Social Development: The Legal Challenges of Modern World 73 (2018).

72. Axel Metzger, et al. , *Data-Related Aspects of the Digital Content Directive*, 9 Journal of Intellectual Property, Information Technology, and Electronic Commerce Law 90 (2018).

73. Faye Fangfei Wang, *Online Dispute Resolution: Best Practices in Comparative Perspective*, 12 Journal of Comparative Law 472 (2017).

74. Karin Sein, *What Rules Should Apply to Smart Consumer Goods: Goods with Embedded Digital Content in the Borderland between the Digital Content Directive and Normal Contract Law*, 8 Journal of Intellectual Property, Information Technology and E-Commerce Law 96 (2017).

75. FANG Xuhui, *Recent ODR Developments in China*, 4 International Journal of Online Dispute Resolution 32 (2017).

76. Lehmann Matthias, *A Question of Coherence, the Proposals on EU Contract Rules on Digital Content and Online Sales*, 23 Maastricht Journal of European and Comparative Law 752 (2016).

77. Matthias Lehmann, *A Question of Coherence-The Proposals on EU Contract Rules on Digital Content and Online Sales*, 23 Maastricht Journal of European and Comparative Law 752, 754 (2016).

78. Ethan Katsh & Colin Rule, *White Papter: What We Know and Need to Know about Online Dispute Resolution*, 67 South Carolina Law Review 329 (2016).

79. Pavel Loutocky, *Online Dispute Resolution to Resolve Consumer Disputes from the Perspective of European Union Law: Is the Potential of ODR Fully Used*, 10 Masaryk University Journal of Law and Technology 113 (2016).

80. Kristijan Poljanee, *Party Autonomy and the EU Online Consumer Dispute Resolution*, 3 InterEULawEast: Journal of International & European Law, Economics & Market Integrations 45 (2016).

81. Loos Marco B. M. , *Enforcing Consumer Rights through ADR at the Detriment of Consumer Law*, 24 European Review of Private Law 61 (2016).

82. Maxime Hanriot, *Online Dispute Resolution (Odr) as a Solution to Cross Border Consumer Disputes: The Enforcement of Outcomes*, 2 McGill Journal of Dispute Resolution 1 (2015 -2016).

83. Louis E Del Duca, Colin Rule & Brian Cressman, *Lessons and Best*

Practices for Designers of Fast Track, Low Value, High Volume Global Ecommerce ODR Systems, 4 Penn State Journal of Law & International Affairs 242 (2015).

84. Pablo Cortés, *The impact of EU law in the ADR landscape in Italy, Spain and the UK: time for change or missed opportunity?*, 16 ERA Forum 125 (2015).

85. Daniel Rainey, *Glimmers on the Horizon: Unique Ethical Issues Created by ODR*, 21 Dispute Resolution Magazine 20 (2014 – 2015).

86. Anjanette H. Raymond & Scott J. Shackelford, *Technology, Ethics, and Access to Justice: Should an Algorithm Be Deciding Your Case*, 35 Michigan Journal of International Law 485 (2014).

87. Horst Eidenmüller & Martin Engel, *Against False Settlement: Designing Efficient Consumer Rights Enforcement Systems in Europe*, 29 Ohio State Journal on Dispute Resolution 261 (2014).

88. Marianne Roth & Marianne Stegner, *Mediation in Austria*, 3 Yearbook on International Arbitration 367 (2013).

89. Linda Mulcahy, *The Collective Interest in Private Dispute Resolution*, 33 Oxford Journal of Legal Studies 59 (2013).

90. William P. Johnson, *The Hierarchy That Wasn't There: Elevating "Usage" to its Rightful Position for Contracts Governed by the CISG*, 32 Northwestern Journal of International Law and Business 263 (2012).

91. Markus Altenkirch, *A Fast Online Dispute Resolution Program to Resolve Small Manufacturer-Supplier Disputes: Using the ODR M-S Program*, 67 Dispute Resolution Journal 48 (2012).

92. Daleen Millard & Bespoke Justice, *On Financial Ombudsmen, Rules and Principles*, 44 De Jure 232 (2011).

93. Lucille M. Ponte, *Getting a Bad Rap? Unconscionability in Clickwrap Dispute Resolution Clauses and a Proposal for Improving the Quality of These Online Consumer "Products"*, 26 Ohio State Journal on Dispute Resolution 119 (2011).

94. Cole Steven J., *Fifteen Years of ODR Experience: The BBB Online Reliability Trust Mark Program*, 43 Uniform Commercial Code Law Journal 443 (2010 – 2011).

95. F. Grzegorczyk, *Jednolity rynek europejski jako determinanta rozwoju*

prawa konsumenckiego w Unii Europejskiej (*Single European market as a factor determining development of consumer law in the European Union*), 19. 4 Kwartalnik Prawa Prywatnego 905 (2010).

96. Colin Rule, Vikki Rogers& Louis Del Duca, *Designing a Global Consumer Online Dispute Resolution* (*ODR*) *System for Cross-Border Small Value-High Volume Claims—OAS Developments*, 42 Uniform Commercial Code Law Journal 221 (2010).

97. Franco Ferrari, *Trade Usage and Practices Established between the Parties under the CISG*, 5 International Business Law Journal 571 (2003).

三、国际组织报告及文件

1.《第二工作组(争议解决)第六十八届会议(2018 年 2 月 5 日至 9 日,纽约)工作报告》, A/CN. 9/934,2018 年 2 月 19 日。

2.《第二工作组(争议解决)第六十六届会议(2017 年 2 月 6 日至 10 日,纽约)工作报告》,A/CN. 9/901,2017 年 2 月 16 日。

3.《第二工作组(仲裁和调解)第六十四届会议(2016 年 2 月 1 日至 5 日,纽约)工作报告》,A/CN. 9/867,2016 年 2 月 10 日。

4.《第二工作组(仲裁和调解)第六十三届会议(2015 年 9 月 7 日至 11 日,维也纳)工作报告》, A/CN. 9/861,2015 年 9 月 17 日。

5. Report of Working Group Ⅲ (Online Dispute Resolution) on the work of its thirty-third session, A/CN. 9/868, 11 March 2016.

6. Report of Working Group Ⅲ (Online Dispute Resolution) on the Work of Its Thirty-first Session, A/CN. 9/833, 3 March 2015.

7. Online dispute resolution for cross-border electronic commerce transactions—Proposal by the Governments of Colombia and the United States of America, A/CN. 9/WG. Ⅲ/WP. 134, 20 January 2015.

8. Online Dispute Resolution for Cross-border Electronic Commerce Transactions: Overview of Private Enforcement Mechanisms-Note by the Secretariat, A/CN. 9/WG. Ⅲ/WP. 124, 13 September 2013.

9. Report of Working Group Ⅲ (Online Dispute Resolution) on the Work of Its Twenty-seventh Session, A/CN. 9/769, 3 June 2013.

10. Online Dispute Resolution for Cross-Border Electronic Commerce Transactions: Draft Procedural Rules—Proposal by the European Union Observer Delegation, A/CN. 9/WG. Ⅲ/WP. 121, 22 May 2013.

11. Online Dispute Resolution for Cross-border Electronic Commerce Transactions: Draft Procedural Rules-Addendum-Note by the Secretariat, A/CN. 9/WG. Ⅲ/WP. 119/Add. 1, 12 March 2013.

12. Report of Working Group Ⅲ (Online Dispute Resolution) on the Work of Its Twenty-sixth Session, A/CN. 9/762, 19 November 2012.

13. Report of Working Group Ⅲ (Online Dispute Resolution) on the Work of Its Twenty-fourth Session, A/CN. 9/739, 21 November 2011.

14. Report of Working Group Ⅲ (Online Dispute Resolution) on the Work of its Twenty-second Session, A/CN. 9/716, 17 January 2011.

15. Online Dispute Resolution for Cross-border Electronic Commerce Transactions-Note by the Secretariat, A/CN. 9/WG. Ⅲ/WP. 107, 17 March 2011.

16. Report of Working Group Ⅲ (Online Dispute Resolution) on the Work of Its Twenty-second Session, A/CN. 9/716, 17 January 2011.

17. Online Dispute Resolution for Cross-border Electronic Commerce Transactions-Note by the Secretariat, A/CN. 9/WG. Ⅲ/WP. 105, 13 October 2010.

18. Report of the United Nations Commission on International Trade Law—Fifty-first session, A/73/17.

19. Report of the United Nations Commission on International Trade Law, Forty-eighth Session, A/70/17.

20. Report of the United Nations Commission on International Trade Law—Forty-fourth Session, A/66/17.

21. Report of the United Nations Commission on International Trade Law—Forty-third Session, A/65/17.

22. APEC Electric Commerce Steering Group, Regulations, Policies and Initiatives on E-Commerce and Digital Economy for APEC MSMEs' Participation in the Region, March 2020.

23. APEC Collaborative Framework for Online Dispute Resolution of Cross-Border Business to Business Disputes, 2019/CSOM/012anxb; 22 November 2019.

24. Commercial Justice in a Digital World – Online Dispute Resolution, 2016/SOM1/EC/WKSP1/010.

25. Functioning of the European ODR Platform-Statistical report, December 2020.

26. Report from the Commission to the European Parliament, the Council and the European Economic and Social Committee on the Application of Directive 2013/11/EU of the European Parliament and of the Council on Alternative Dispute Resolution for Consumer Disputes and Regulation (EU) No 524/2013 of the European Parliament and of the Council on Online Dispute Resolution for Consumer Disputes, COM(2019) 425 final, 25 September 2019.

27. Report from the Commission to the European Parliament and the Council on the Functioning of the European Online Dispute Resolution Platform Established under Regulation (EU) No 524/2013 on Online Dispute Resolution for Consumer Disputes, COM (2017)744 final, 13 December 2017.

28. EDPS, Opinion 4/2017 on the Proposal for a Directive on certain aspects concerning contracts for the supply of digital content, 14 March 2017.

29. Towards New rules on Sales and Digital Content-Analysis of the Key Issues, PE 599.359, March 2017.

30. Opinion of the European Economic and Social Committee on the "Proposal for a directive of the European Parliament and of the Council on certain aspects concerning contracts for the supply of digital content" (COM(2015) 634 final – 2015/0287 (COD)) and the "Proposal for a directive of the European Parliament and of the Council on certain aspects concerning contracts for the online and other distance sales of goods" (COM(2015) 635 final – 2015/0288 (COD)), OJ C 264, 20 July 2016.

31. The European Consumer Centres Network – 10 years serving Europe's Consumers-Anniversary Report 2005 – 2015.

32. Proposal for a Directive of The European Parliament and of The Council on Certain Aspects concerning Contracts for the Online and Other Distance Sales of Goods, COM/2015/0635 final – 2015/0288(COD), 9 December 2015.

33. Proposal for a Directive of The European Parliament and of The Council on Certain Aspects concerning Contracts for the Supply of Digital Content, COM/

2015/0634 final, 2015/0287(COD), 9 December 2015.

34. Commission Staff Working Paper: Executive Summary of the Impact Assessment-Accompanying the Document Proposal for a Directive of the European Parliament and of the Council on Alternative Dispute Resolution for Consumer Disputes (Directive on consumer ADR) and Proposal for a Regulation of the European Parliament and of the Council on Online Dispute Resolution for Consumer Disputes (Regulation on consumer ODR), SEC(2011) 1409 final, 29 November 2011.

35. Proposal for a Regulation of The European Parliament and of The Council on A Common European Sales Law, Brussels, COM(2011)635 final, 2011/0284 (COD), 11 October 2011.

36. Communication from the Commission to the European Parliament and the Council-A more Coherent European Contract Law-An action plan, COM(2003)68 final, 12 February 2003.

37. Legislative Guidelines for Inter-American Law on Availability of Consumer Dispute Resolution and Redress for Consumers submitted by the United States of America for CIDIP-Ⅶ, OAS, CP/CAJP-2652/08 add. 1rev. 1, 3 May 2010.

38. Draft [Model Law/Cooperative Framework] for Electronic Resolution of Cross-Border E-Commerce Consumer Disputes, OAS, Draft/Borrador2/22/2010.

四、网络文献

1.《进口商品纠纷案增多,多家跨境电商遭杭州互联网法院“点名”》,载澎湃网,https://www.thepaper.cn/newsDetail_forward_3158627。

2.《考拉海购服务协议》,载阿里旺旺网,https://terms.alicdn.com/legal-agreement/terms/suit_bu1_other/suit_bu1_other202003231515_29928.html?spm=a2v0d.b64726952.0.0.25e14f51FSsLRO。

3.《联合国贸法会有关文件所推行的网上争议解决原则是什么?与〈调解规则〉有没有一致性?》,载一带一路国际商事调解中心网,http://www.bnrmediation.com/CN/CommonProblem/df5166a6-7630-417c-b314-68ff8f39cba1?&Page=2。

4.《贸易法委员会立法案文与贸易法委员会非立法案文之间有何区别?》,

载联合国国际贸易法委员会网,https://uncitral. un. org/zh/about/faq/texts。

5.《上海仲裁委员会仲裁规则》,载上海仲裁委员会网,http://www. accsh. org/index. php? m = content&c = index&a = lists&catid = 73&pdfurl = http://www. accsh. org/uploadfile/2018/0930/20180930105602470. pdf。

6.《数据统计》,载上海仲裁委员会网,http://www. accsh. org/index. php? m = content&c = index&a = lists&catid = 42&menu = 6 - 42 - 。

7.《天猫国际争议处理规范》,载天猫国际网,https://rule. tmall. hk/rule/rule_detail. htm? id = 1519&tag = self。

8.《网络购物合同纠纷司法大数据解读》,载中国法院网,https://www. chinacourt. org/article/detail/2018/03/id/3252255. shtml。

9.《洋码头平台服务协议》,载洋码头网,https://seller. ymatou. com/sellerbook/platform-rules/service-standards/service-rules. html。

10.《在线纠纷解决(ODR)服务平台注册服务协议》,载众信在线纠纷解决服务平台网,https://www. globalodr. com/Account/Register。

11.《中国电子商务报告 2018》,载商务部网,http://images. mofcom. gov. cn/dzsws/201905/20190530100539785. pdf。

12.《自营经营者信息》,载考拉海购网,https://pages. kaola. com/pages/activity/Businessentity. shtml? _ h5da = true&kpm = MjAxOA% 3D% 3D. aHR0cHM6Ly9tLW1hbGwua2FvbGEuY29tL21lcmNoYW50cw% 3D% 3D. Xw% 3D% 3D. Xw% 3D% 3D% 40% 40Xw% 3D% 3D&spm = 0. 0. 0. 0。

13. All About Chargebacks, https://sift. com/sift-edu/fraud-basics/all-about-chargebacks#Chargeback-Process-Step - 4.

14. Arbitration Fees, https://www. arbresolutions. com/fees - 2/.

15. Attachment A-The Renewed APEC Agenda for Structural Reform (2016 - 2020), https://www. apec. org/meeting-papers/sectoral-ministerial-meetings/structural-reform/2015_structural/attachment-a.

16. BBB Accreditation Standards Overview, https://www. bbb. org/bbb-accreditation-standards.

17. Challenging our decisions, https://www. lgo. org. uk/information-centre/about-us/our-performance/challenging-our-decisions.

18. Consumer Conditions Scoreboard 2017 Edition, https://ec. europa. eu/info/sites/info/files/consumer-conditions-scoreboard - 2017 - edition_en. pdf.

19. Commission for Local Administration in England-Financial Regulations, https://www. lgo. org. uk/information-centre/about-us/our-performance/spending.

20. Consumer Organisations Call for Action Against Unfair Terms in Alibaba/AliExpress' contracts with consumers, https://www. beuc. eu/publications/beuc-pr - 2019 - 016_consumer_organisations_call_for_action_against_unfair_terms_in_alibaba-aliexpress_contracts_with_consumers. pdf.

21. Cross-border Online Shopping within the EU-Learning from Consumer Experiences, https://www. anec. eu/images/documents/ANEC-RT - 2015 - SERV - 005. pdf.

22. Focus Reports, https://www. lgo. org. uk/information-centre/reports/focus-reports.

23. Framework Document between the Department for Communities and Local Government and the Commission for Local Administration in England, https://assets. publishing. service. gov. uk/government/uploads/system/uploads/attachment_data/file/261338/131127_Framework_Document_between_the_Department_for_Communities_and_Local_Government_and_the_Commission_for_Local_Administration_in_England. pdf.

24. Frequently Asked Questions, https://www. thefurnitureombudsman. org/faq-resources/frequently-asked-questions/#faq_faq.

25. Functioning of the European ODR Platform-Statistics 2nd Year, https://ec. europa. eu/info/sites/info/files/2nd_report_on_the_functioning_of_the_odr_platform_3. pdf.

26. Guidance on Running a Complaints System, https://democracy. bathnes. gov. uk/documents/s26572/Complaints2App3. pdf.

27. How do We Remain Independent?, https://www. thefurnitureombudsman. org/faq-resources/frequently-asked-questions/#faq_faq.

28. How to Become a Mediator, http://www. hkmaal. org. hk/en/HowToBecomeAMediator. php.

29. ICDR Manufacturer/Supplier Online Dispute Resolution Program-Frequently Asked Questions, https://www. icdr. org/sites/default/files/document_repository/ICDR_FAQs_OnlineDR_Manufacturer_Supplier_English. pdf.

30. ICDR Protocol for Manufacturer/Supplier Disputes, https://www. icdr.

org/sites/default/files/document_repository/ICDR_Protocol_English. pdf.

31. Information in English, https://www. degeschillencommissie. nl/english/.

32. International Dispute Resolution Procedures, https://www. icdr. org/sites/default/files/document_repository/ICDR_Rules. pdf.

33. Mediation Act to Commence from 1 November 2017, https://www. mlaw. gov. sg/news/press-releases/mediation-act-to-commence-from – 1 – november – 2017.

34. Mediation Rules & Regulations, https://www. arbresolutions. com/mediationrules/.

35. Models of Alternative Dispute Resolution: A Report for the Legal Ombudsman, https://www. legalombudsman. org. uk/media/he4bmjpx/models-alternative-dispute-resolution-report – 141031. pdf.

36. Online Dispute Resolution Effective, https://www. news. gov. hk/eng/2020/04/20200413/20200413_110404_476. html.

37. Organization Chart, https://www. lgo. org. uk/information-centre/about-us/who-we-are/our-structure.

38. Our Legal Framework, https://www. lgo. org. uk/information-centre/about-us/our-legal-framework.

39. Possible Outcomes, https://www. lgo. org. uk/make-a-complaint/possible-outcomes.

40. Quick Query: PayPal Exec On Payment Disputes, https://www. practicalecommerce. com/Quick-Query-PayPal-Exec-On-Payment-Disputes.

41. Review of Adult Social Care Complaints 2018 – 2019, https://www. lgo. org. uk/information-centre/reports/annual-review-reports/adult-social-care-reviews.

42. Review of Local Government Complaints 2018 – 19, https://www. lgo. org. uk/information-centre/reports/annual-review-reports/local-government-complaint-reviews#gdpr.

43. Rules for the Handling of Complaints Against an Accredited Mediator, http://www. hkmaal. org. hk/en/MediationRules_RulesForTheHandling. php.

44. Rules & Regulations Business to Business Program, https://www. arbresolutions. com/rules-regulations-business-to-business-program/.

45. Rules & Regulations Businesses to Individuals Program, https://www.

arbresolutions. com/rules-regulations-businesses-to-individuals-program/.

46. Singapore Internaitonal Mediation Institute (SIMI) Assessment of Professtional Conduct for SIMI Mediators, https://www. simi. org. sg/Portals/0/Code%20of%20Conduct/SIMI%20Assessment%20Of%20Professional%20Conduct%20%5BJAN%202017%5D. pdf.

47. Terms and Conditions, https://www. gearbest. com/about/terms-and-conditions. html.

48. Terms and Conditions, https://sale. aliexpress. com/__pc/ym1QYdCzjk. htm? spm = a2g0o. ams_81407. j9a11ab. 1. 6c02hNT7hNT7fr.

49. Trust Marks Report 2013 – Can I Trust the Trust Mark?, https://ec. europa. eu/info/sites/default/files/trust_mark_report_2013_en. pdf.

50. Warranty and Return, https://www. gearbest. com/about/warranty-and-return. html.

51. What's the Dispute Process after I have Opened a Dispute?, https://customerservice. aliexpress. com/knowledgeDetail? spm = service_hall. 24300481. 0. 0. a8ee4300VgG3QZ&hcAppId = 1248&hcFromCode = Xn2Tk1tb7&knowledgeId = 7300eacc0edc4279b12bbddcad2ac951.

52. What we Can and Cannot Look at, https://www. lgo. org. uk/make-a-complaint/what-we-can-and-cannot-look-at.

53. Charte du Médiateur de l'Assurance, https://www. mediation-assurance. org/la-charte-du-mediateur/.

54. La Médiation de l'Assurance Rapport D'Activité 2018, https://www. mediation-assurance. org/wp-content/uploads/2021/06/Rapport _ annuel _ 2018 _ LMA. pdf.

55. La Médiation de l'Assurance Rapport D'Activité 2016, https://www. mediation-assurance. org/wp-content/uploads/2021/06/Rapport _ annuel _ 2016 _ LMA. pdf.

56. Le médiateur national de l'énergie-Rapport D'Activité 2020, https://www. energie-mediateur. fr/wp-content/uploads/2021/05/MNE-RA2020 – INTER-ACTIF. pdf.

57. Le médiateur national de l'énergie-Rapport D'Activité 2019, https://www. energie-mediateur. fr/wp-content/uploads/2020/RA-MNE – 2019. pdf.

58. Le médiateur national de l'énergie-Rapport D'Activité 2018, https://www. energie-mediateur. fr/wp-content/uploads/RA_MNE2018_UK. pdf.

59. Rapport d'activité 2020 – de La Médiation de l'Assurance, https://www. mediation-assurance. org/wp-content/uploads/2021/08/Rapport _ annuel _ 2020 _ LMA_page-simple. pdf.

60. Das Schlichtungsverfahren, https://soep-online. de/das-schlichtungsverfahren/.

61. Die Aufgaben der söp, https://soep-online. de/die-aufgaben-der-soep/.

62. Söp_ Jahresbericht 2020, https://soep-online. de/wp-content/uploads/2021/03/soep_Jahresbericht – 2020 – kEf – 1. pdf.

63. Söp_ Jahresbericht 2019, https://soep-online. de/wp-content/uploads/2020/03/V_Jahresbericht – 2019. pdf.

64. Söp_Jahresbericht 2018, https://soep-online. de/assets/files/14. 03. _soep_Jahresbericht%202018. pdf.

65. Söp_ Jahresbericht 2017, https://soep-online. de/assets/files/soep _ Jahresbericht%202017_V. pdf.

66. Söp_Satzung, https://soep-online. de/assets/files/5. 2016_soep-Satzung_. pdf.

67. Söp_Verfahrensordnung, https://soep-online. de/assets/files/A1. 2018 _ soep-Verfahrensordnung. pdf.

68. Was ist eine Kfz-Schiedsstelle?, https://www. kfz-schiedsstellen. de/.

69. Wie kommt das Verfahren ins Rollen? https://www. kfz-schiedsstellen. de/.

70. ADR-organisatie, https://www. degeschillencommissie. nl/over-ons/adr-organisatie.

71. Brancheorganisaties, https://www. degeschillencommissie. nl/over-ons/branches/.

72. De andere partij wil de zaak alsnog samen oplossen. Wat nu?, https://www. degeschillencommissiezorg. nl/wat-kunt-u-dan-doen/.

73. De Geschillencommissie Jaarverslag 2014 – Beroep en Bedrijf, https://www. degeschillencommissie. nl/wp-content/uploads/jaarverslag-sgb – 2014. pdf.

74. De Geschillencommissie Jaarverslag 2014 – Consumentenzaken, https://www. degeschillencommissie. nl/wp-content/uploads/jaarverslag-sgc – 2014. pdf.

75. Kan ik in beroep gaan tegen de uitspraak?, https://www. degeschillen-commissie. nl/vragen/in-beroep-tegen-uitspraak/.

76. Over De Geschillencommissie, https://www. degeschillencommissie. nl/over-ons/over-de-organisatie/.

77. Wat is marginale toetsing?, https://www. degeschillencommissie. nl/vragen/wat-is-marginale-toetsing/.

78. Wat is nakomingsgarantie?, https://www. degeschillencommissie. nl/vragen/nakomingsgarantie/.

79. Wat is klachtengeld?, https://www. degeschillencommissie. nl/vragen/klachtengeld/.

80. Wat kost het?, https://www. degeschillencommissie. nl/komt-u-niet-tot-een-oplossing/.